Diercke
Spezial

Südostasien

Autoren:
Thilo Girndt
Frauke Kraas
Stefan Müller
Martin Pries

unter Mitwirkung der Verlagsredaktion

Ⓩ **Zusatzaufgaben**
Die Aufgaben festigen das vorhandene Wissen und können zusätzlich zu den anderen Aufgaben bearbeitet werden.

* Ein* hinter einem Begriff weist darauf hin, dass sich ein erläuternder Text im Glossar am Ende des Buches befindet.

Titelbild: Schwimmendes Dorf in der Lan-Ha-Bucht in Südvietnam (shutterstock: Nguyen Quang Ngoc)

Frauke Kraas ist Autorin der Kapitel 1.2, 5.1, 5.5 und 5.6

westermann GRUPPE

© 2020 Westermann Bildungsmedien Verlag GmbH, Braunschweig, www.westermann.de

Druck A¹ / Jahr 2020
Alle Drucke der Serie A sind im Unterricht parallel verwendbar.

Redaktion: Thilo Girndt
Druck und Bindung: Westermann Druck GmbH, Braunschweig

ISBN 978-3-14-**151640**-1

Inhaltsverzeichnis

„Emerging Market" für Wirtschaftsanalysten, Sorgenkind für Regenwaldschützer, Eldorado für Ethnologen und Sprachforscher und Pflichtdestination für weltreisende Rucksacktouristen. Der Blick nach Südostasien offenbart für jeden etwas anderes. Und auch Geographen finden hier eine Menge spannender Themen und Fragen: Wie verwundbar sind die südostasiatischen Staaten in einem Hotspot für gefährliche Naturereignisse? Ist der Anbau der Ölpalme das Ende für den tropischen Regenwald? Lässt sich das Modell der nachholenden Entwicklung im Gänseflug beliebig fortsetzen? Wie gut vorbereitet sind die südostasiatischen Staaten auf die fortschreitende Alterung ihrer Gesellschaften? Was für Folgen hat die Urbanisierung in der globalisierten Weltwirtschaft?

Gliederung des Bandes

- Im ersten Kapitel wird nach einer kurzen Vorstellung der südostasiatischen Staaten und ihrer Geschichte der Naturraum näher betrachtet. Im Mittelpunkt steht dabei die Vulnerabilität Südostasiens, das durch jederzeit mögliche Erdbeben, Tsunamis, Vulkanausbrüche und Taifune gefährdet ist.
- Im zweiten Kapitel stehen bevölkerungsgeographische Fragestellungen im Fokus. Neben aktuellen Entwicklungen wie dem demografischen Wandel und den verschiedenen Formen der Migration werden das nicht immer konfliktfreie Nebeneinander der verschiedenen Ethnien und Religionen und die Bekämpfung der Armut einer näheren Betrachtung unterzogen.
- Im dritten Kapitel werden die Intensivierung und der Strukturwandel in der Landwirtschaft, die damit verbundenen ökologischen und sozialen Probleme sowie der Wandel der Landnutzung und der Besitzstrukturen analysiert. Neben den wichtigen Produkten Reis und Palmöl werden auch die Fischerei und Aquakulturen betrachtet.
- Das vierte Kapitel thematisiert die wirtschaftliche Entwicklung Südostasiens. Exemplarisch werden die „Tigerstaaten" Singapur und Malaysia sowie Vietnam und Laos vertieft. Am Beispiel Thailand wird der Versuch, räumliche Disparitäten zu überwinden, diskutiert. Ein weiterer Schwerpunkt des Kapitels ist der Tourismus.
- Das fünfte Kapitel widmet sich schließlich der Stadt. Fortschreitende Metropolisierung, die Global und Smart City Singapur, die immer weiter in die Fläche wachsende Megastadt Jakarta und die Slums von Manila sind die Einzelthemen. Aber auch der Frage, wie (südostasiatische) Städte mit ihrem urbanen Kulturerbe umgehen können, wird nachgegangen.

Zur Konzeption der Reihe

Das vorliegende Konzept der Reihe Diercke Spezial stellt das selbstständige, problemorientierte Arbeiten und Lernen in den Vordergrund. Erklärende Autorentexte treten in diesem Konzept hingegen weitgehend zurück. Fertige Antworten wird man vergebens suchen. Es wird eine Vielzahl von Materialien wie Grafiken, Karten, Diagramme und Textquellen eingesetzt. So wird nicht nur Fachwissen vermittelt und räumliche Orientierung ermöglicht, sondern auch Methodenkompetenz angebahnt, Kommunikation angeregt und Beurteilungsfähigkeit gefördert. Die doppelseitigen, aufgabengeleiteten Arbeitsseiten beginnen jeweils mit einer kurzen Einleitung in die Thematik und der Problematisierung. Die Erschließung des Themas ist an die Bearbeitung der Aufgaben gebunden, die mithilfe der Materialien dann in der Regel individuell oder kooperativ erfolgt. Webcodes führen zum Internetangebot schueler.diercke.de bzw. zu den Atlasseiten. Die ersten Doppelseiten eines Kapitels haben zudem die Aufgabe, in das Thema einzuführen und wichtige Fragen aufzuwerfen.
Neben normalen thematischen Doppelseiten gibt es Sonderseiten mit Methodentrainings sowie einem Klausurtraining am Ende des Buches. Schließlich wird auf der jeweils letzten Seite das Kapitel inhaltlich zusammengefasst. Hinweise auf weiterführende Literatur und Internetlinks runden das Angebot ab. Neu eingeführte Fachbegriffe werden entweder an Ort und Stelle auf der jeweiligen Arbeitsseite oder im Glossar im Anhang (Hinweis *) erklärt. Mithilfe dieser Konzeption wird angestrebt, dass die Thematik des Bandes selbstständig im Sinne des entdeckenden Lernens erschlossen wird.

1 ÜBERBLICK UND NATURRAUM

Bromo, Vulkan auf Java

1.1 Südostasien – exotisch, lebendig und modern

„Südostasien ist exotisch und tropisch, freundlich und herzlich, historisch und fromm und bietet sonnige Strände, dunstige Wälder, lebendige, moderne Städte sowie verschlafene Dörfer."
Reiseführer Lonely Planet

„Die Besonderheit Südostasiens ist die unglaubliche Vielfalt, die einem in der Region begegnet. Dies gilt auch im Hinblick auf die jeweiligen Volkswirtschaften, die teilweise sehr unterschiedlichen wirtschaftspolitischen Grundsätzen anhängen, sich aber dennoch alle sehr dynamisch entwickeln."
Daniel Marek, Verband der deutschen Asienwirtschaft (2018)

„Aus der topographischen, klimageographischen und naturräumlichen Vielfalt Südostasiens schälen sich drei typische Lebensräume heraus, welche die traditionelle Bevölkerungsentwicklung und Landnutzung bestimmen: die Stromtiefländer mit ihren Reisebenen, die Bergregionen, geprägt von ethnischen Minderheiten, und die Küstensäume mit ihren spezifischen Inwertsetzungsmöglichkeiten."
Hans Gebhardt, deutscher Geograph (2011)

M1　Zitate zu Südostasien

M2　Bangkok (Thailand)

M3　Skyline von Kuala Lumpur (Malaysia)

M4　Balinesische Tänzerin

Tigerstaaten

Ende des vorherigen Jahrhunderts galten einige südostasiatische Staaten gemeinsam mit den ostasiatischen Ländern Südkorea, Taiwan und Hongkong plötzlich als wirtschaftliche Wunderkinder. Ihr Weg der nachholenden Entwicklung wurde zum weltweit beachteten Modell erhoben. Doch mit der Asienkrise 1997/98 und vor allem dem rasanten wirtschaftlichen Aufstieg des gigantischen Nachbarn China ist es ruhiger um die Tigerstaaten geworden. Während einige der südostasiatischen Länder den Weg zur modernen Industrienation bereits beschritten haben oder aber mindestens kurz davor stehen, gibt es andere, die in Stagnation und Unterentwicklung verharren.

M5　Angkor Wat ist einer der größten Sakralbauten der Menschheit. Die Tempelanlage, etwa 240 km nordwestlich der kambodschanischen Hauptstadt Phnom Penh, gehört zu der mehr als 200 km^2 großen Region, die zwischen dem 9. und 15. Jahrhundert das Zentrum des Khmer-Königreichs Kambuja war. Heute ist Angkor Wat die bedeutendste Sehenswürdigkeit Südostasiens, die jährlich von Millionen von Touristen besichtigt wird.

M 6 Halongbucht in Nordvietnam

Kegelkarst

„In Teilen der mesozoischen Ketten, in denen Kalksedimente abgelagert wurden, entwickelten sich unter dem tropischem Klima die eindrucksvollen (Voll-)Formen des Kegel- und Turmkarstes. Die heute für den Tourismus wichtigen Turm- und Kegelkarstgebiete liegen v. a. in Nordvietnam mit der Halongbucht sowie in Südthailand mit der Phangnga-Bucht und der Provinz Krabi. In Halong [...] ist das Meer zwischen den Kegeln und Türmen eingedrungen und hat so Schwärme von kleinen, oft fantastisch geformten Inseln geschaffen.“
Quelle: Karl Vorlaufer: Südostasien. Darmstadt: WBG, 2018, S. 18

Kaffee aus ... Vietnam

Kaum jemand, der hierzulande in einer Tasse Kaffee rührt, ahnt, dass er gleich ein Produkt aus Vietnam trinken wird. Nach dem Kaffeeriesen Brasilien hat sich das im Verhältnis kleine, kommunistische Land auf Platz zwei der Kaffeeproduzenten weltweit vorgearbeitet. Ursprünglich von französischen Missionaren nach Vietnam gebracht, wird Kaffee dort bereits seit mehr als hundert Jahren kultiviert. Aber erst im Zuge der wirtschaftlichen Öffnung des Landes um 1980 entdeckte man das wirtschaftliche Potenzial und baute den Kaffeeanbau massiv aus. Zu 96 Prozent stammt der Kaffee von kleinen Farmen, nur ein geringer Teil wird auf staatlichen Kaffeeplantagen produziert. Heute werden in erster Linie die widerstandsfähigeren, aber weniger aromatischen Robusta-Kaffeesorten angebaut und man setzt mehr auf Quantität statt Qualität. Hauptabnehmer des billigen vietnamesischen Kaffees ist Deutschland, wo er häufig in Mischungen und Instantprodukten weiterverarbeitet wird.

M 7 Landminenopfer in Kambodscha
Nahezu 30 Jahre andauernde kriegerische Auseinandersetzungen haben Kambodscha zu einem der am stärksten mit Landminen und Blindgängermunition belasteten Länder gemacht. Obgleich erhebliche Fortschritte bei der Räumung erzielt werden konnten, sind immer noch rund 270 Opfer pro Jahr zu beklagen.

M 8 Kaffee-Ernte in Vietnam

Kriege in Südostasien

In der zweiten Hälfte des 20. Jahrhunderts war Südostasien Schauplatz etlicher Kriege und Bürgerkriege, die besonders auch unter der Zivilbevölkerung Millionen von Opfern forderten. Diese Auseinandersetzungen (Indochinakrieg 1946–1954, Laotischer Bürgerkrieg 1953–1975, Vietnamkrieg 1955–1975, Kambodschanischer Bürgerkrieg 1970–1993) waren vor allem durch den Konflikt kommunistischer und antikommunistischer Kräfte geprägt. In sie waren mit Frankreich, den USA und der Sowjetunion sowie China maßgeblich auch Großmächte von außerhalb der Region involviert. Besonders der Vietnamkrieg gilt als Stellvertreterkrieg der direkt und indirekt beteiligten Supermächte. Heutige Konflikte in der Region haben meist einen ethnischen, religiösen und/oder ressourcenbezogenen Hintergrund.

1. Notieren Sie Ihre Assoziationen zu Südostasien in einer Assoziationswolke.
2. Recherchieren Sie zu Ihren Assoziationen Bilder, kurze Texte, Zitate etc.
3. Gestalten Sie in der Klasse mit Ihren Fundstücken ein Info-Poster.

1.2 Die Staaten Südostasiens

Nicht nur dass sich Südostasien in einen festländischen Raum (Hinterindien) und einen insularen Raum (Malaiischer Archipel) gliedert, die Großregion ist auch sonst ein sehr heterogenes Gebilde: Kleinststaaten und Flächenstaaten verteilt auf Tausende von Inseln, die zum Teil Hunderte von Kilometern auseinanderliegen, Monarchien und zwei sozialistische Republiken, stagnierende Entwicklungsländer und dynamische Hightech-Industriestaaten und zudem eine Vielfalt von Ethnien und Religionen, die ihresgleichen sucht.

1. Charakterisieren Sie die geographische Lage Südostasiens (Atlas).
2. Gliedern Sie Südostasien nach verschiedenen Kriterien.

Myanmar

Das überwiegend buddhistische Myanmar (früher: Burma/Birma) weist aufgrund reicher Bodenschätze, tropischer Wälder und fruchtbarer Böden ein großes Entwicklungspotenzial auf. Seit Ende der britischen Kolonialzeit wurde es bis 2011 von Militärregimen regiert, ab 2011 mit einer Reform- und Öffnungspolitik, seit 2016 von einer demokratischen Regierung. Ethnische und Ressourcenkonflikte sowie regionale kriegerische Auseinandersetzungen, teils aus dem Ausland geschürt, zwischen den offiziell 135 ethnischen Bevölkerungsgruppen belasten die politische Stabilität. Der Großteil der Bevölkerung lebt von der Landwirtschaft; seit 2011 öffnet sich Myanmar für internationale Investitionen in Industrie und Tourismus. Aufgrund konsequenten Ausbaus der Infrastrukturen wurden die Landesperipherien in den letzten 20 Jahren immer mehr an das Kernland angebunden.

M 1   Bagan, historische Königsstadt in Myanmar

Thailand

Das Königreich Thailand ist der einzige Staat Südostasiens ohne koloniale Vergangenheit. Die Einheit von „Nation, Religion, König" prägt das gesellschaftliche Zusammenleben im Land. Seit den 1970er-Jahren, vor allem seit Beginn des sogenannten Thai-Booms 1987/88 erlebt das seit Ende des Zweiten Weltkriegs konsequent marktwirtschaftlich orientierte Land eine bemerkenswerte Wirtschaftsentwicklung. Modernisierte Landwirtschaft, exportorientierte Industrialisierung und ein bedeutender Tourismussektor machten Thailand zu einer der stärksten Wirtschaftsnationen Südostasiens. Die Mega- und Primatstadt* Bangkok ist mit großem Abstand das führende politische, wirtschaftliche und Bevölkerungszentrum des Landes. Mit starkem Ausbau der Transportinfrastrukturen wurden auch die anderen Landesregionen an den Großraum Bangkok angeschlossen; die regionalen Disparitäten sind jedoch noch immer sehr groß.

Vietnam

Nach kolonialer Fremdherrschaft durch China und Frankreich, Besetzung durch die Japaner im Zweiten Weltkrieg, Teilung in einen kommunistischen Norden und einen von der USA unterstützten Süden sowie nach dem verlustreichen Vietnamkrieg erfolgte eine Wiedervereinigung als kommunistisch-sozialistische Republik nach dem Vorbild der Sowjetunion. Nach gravierenden Misserfolgen der sozialistischen Planwirtschaft, der große Armut, Hungersnöte und Flüchtlingsströme folgten, erlebt Vietnam mit der wirtschaftlichen Öffnung des Landes zu einer marktorientierten Wirtschaft seit 1986 einen bemerkenswerten wirtschaftlichen Aufschwung und eine Verringerung der Armut.

M 2   Festländisches Südostasien

Laos

Der einzige Binnenstaat Südostasiens wird seit 1975 durch eine kommunistische Einheitspartei geführt, seit Mitte der 1980er-Jahre auf Basis einer marktorientierten Wirtschaft. Weit über die Hälfte der erwerbstätigen Bevölkerung ist in der Landwirtschaft tätig. Größte Devisenbringer sind ein auf wenige Zentren konzentrierter Kulturtourismus sowie der Export von Strom aus zahlreichen Wasserkraftprojekten, Holz(produkte) und Kaffee. Seit 1980 hat sich die Bevölkerungszahl auf knapp sieben Millionen verdoppelt. Sie konzentriert sich auf die Hauptstadtregion Vientiane und entlang des Mekong; die großflächigen Bergregionen sind sehr dünn besiedelt.

Kambodscha

Nördlich des Tonle Sap, des größten Sees Südostasien, entstand um Angkor mit dem Khmer-Reich (etwa 8.–15. Jh.) auf der Basis eines ausgeklügelten Bewässerungs-Reisfeldbaus eine der bedeutendsten frühen Hochkulturen, deren größte Ausdehnung sich fast über ganz Festlandsüdostasien erstreckte. Nach der Unabhängigkeit von der Kolonialmacht Frankreich folgten Bürgerkriege, das Terrorregime der kommunistischen Roten Khmer unter dem Diktator Pol Pot (1975–1978) sowie eine sozialistische Regierung, die von der Sowjetunion und Vietnam gestützt wurde. Heute zählt Kambodscha zu den ärmsten Ländern der Welt. Ein Drittel der Bevölkerung ist in der Landwirtschaft tätig. Wichtigster industrieller Arbeitgeber ist die Textilindustrie. Textilien, Kleidung und Schuhe sind auch die mit Abstand wichtigsten Exportprodukte Kambodschas (67 %). Tourismusmagnet ist die Region um Angkor Wat (M 4, S. 6).

	Einwohner (in Mio.)	Fläche (in km²)	souverän seit	Staatsform	Regierungssystem	Amtsprachen
Brunei	0,4	5765	1984	Erbmonarchie	absolute Monarchie	Malaiisch
Indonesien	268,4	1912988	1949	Republik	präsident. Demokratie	Indonesisch
Kambodscha	16,5	181035	1953	Wahlmonarchie	parlament. Demokratie	Khmer
Laos	7,1	236800	1954	Volksrepublik	Einparteiensystem	Lao
Malaysia	32,8	329733	1957	Wahlmonarchie	parlament. Demokratie	Malaiisch, (Englisch)
Myanmar	54,0	676552	1948	Republik	semipräsident. Demokratie[3]	Burmesisch
Osttimor[1]	1,3	14604	2002	Republik	parlament. Demokratie	Tetun, Portugiesisch
Philippinen	108,1	300000	1946	Republik	präsident. Demokratie	Tagalog, Englisch
Singapur	5,8	710	1965	Republik	parlament. Demokratie[4]	Englisch, Malaiisch, Mandarin, Tamil
Thailand	66,4	513115	13. Jh.	Erbmonarchie	konstitution. Monarchie[5]	Thai
Vietnam	95,7	331114	1976[2]	Volksrepublik	Einparteiensystem	Vietnamesisch

[1] Timor-Leste; [2] Wiedervereinigung; [3] bis 2010 Militärregime; [4] seit Gründung Einparteienstaat; [5] seit 2014 Militärregime   Quelle: Population Reference Bureau

M3   Die Staaten Südostasiens (Stand 2019)

Singapur

Das 1819 von den Briten als Handelsstützpunkt gegründete Singapur entwickelte sich seit seiner Unabhängigkeit 1965 rasant von einem Billiglohn- zu einem Hochtechnologie- und führenden Dienstleistungsstandort. Die strategische Lage des Stadtstaats am südlichen Zugang zur Straße von Malakka – eine der am stärksten befahrenen Wasserstraßen der Welt – und ein autoritäres Einparteiensystem (von Kritikern auch als „Entwicklungsdiktatur" bezeichnet) begünstigen diese Entwicklung. Erfolgreiche Wirtschaftspolitik, künstliche Landgewinnung, konsequente Flächennutzungsplanung, eine Politik quotenbasierter Verteilung der Bevölkerungsgruppen der Chinesen, Malaien und Inder und auf futuristische Gestaltung zielende Stadtplanung machten Singapur zur Global City*.

Philippinen

Die Philippinen liegen als Teil des „pazifischen Feuerrings" auf der Grenze zwischen Eurasischer und Philippinischer Kontinentalplatte. Die meisten ihrer etwa 7100 Inseln besitzen in Nord-Süd-Richtung verlaufende, weitläufige Gebirgsketten, die von zum Teil noch tätigen Vulkanen überragt werden. Die spanischen Kolonialherren brachten den bis heute dominierenden Katholizismus ins Land. Den Spaniern folgten die US-Amerikaner, die in der seit 1946 unabhängigen Inselrepublik noch immer großen politischen, militärischen und wirtschaftlichen Einfluss haben. Der Gegensatz einer reichen Oberschicht von Großgrundbesitzern und der oft armen Bevölkerungsmehrheit prägt die Philippinen stark. Auslands-Filipinos sind mit ihren Rücküberweisungen für das bis heute stark landwirtschaftlich geprägte Land ein bedeutender Wirtschaftsfaktor.

M4   Insulares Südostasien

Malaysia und Brunei

Malaysia besteht aus zwei durch das Südchinesische Meer getrennten Landesteilen: die Malaiische Halbinsel und der Norden der Insel Borneo. Durch die Lage an der Straße von Malakka liegt es in geostrategischer Schlüsselposition. Seit der britischen Kolonialherrschaft trägt der Export von Rohstoffen wie Tropenholz, Kautschuk, Palmöl und Zinn zum Wohlstand bei. Von Beginn der 1980er-Jahre an verfolgt das politisch stabile Malaysia erfolgreich eine konsequente Strategie exportorientierter Industrialisierung. In dem islamischen Land spielt die große chinesische Minderheit speziell in der Wirtschaft eine tragende Rolle. Eine starke Regional-, Bildungs- und Sozialpolitik schuf eine breite Mittelschicht.

Das kleine Sultanat Brunei zählt aufgrund seiner Erdölvorkommen zu den reichsten Ländern der Welt. Die ehemalige britische Kolonie wird durch einen absolut herrschenden Sultan regiert, der nach der Unabhängigkeit 1984 das islamische Scharia-Gesetz einführte.

Indonesien und Osttimor

Im größten Archipel der Welt mit mehr als 17500 Inseln leben auf einer Fläche von etwa 1800 km mal 5100 km Fläche über 265 Millionen Menschen. Auf der am dichtesten besiedelten Hauptinsel Java konzentrieren sich mehr als 60 Prozent der Bevölkerung Indonesiens. Etwa 360 verschiedene ethnische Gruppen leben im Vielvölkerstaat. Etwa 87 Prozent der Bevölkerung sind Moslems, circa zehn Prozent Christen. Neben Hindus (2 %) und Buddhisten (1 %) gibt es auch viele Anhänger von animistischen Glaubensvorstellungen. Etwa ein Drittel des Bruttoinlandsprodukts wird von Industrie und Bergbau erwirtschaftet, knapp 20 Prozent von Handel und Tourismus, etwa 15 Prozent vom Tourismus. Industriemäßiger Ölpalmenanbau trägt stark zur Abholzung der tropischen Regenwälder des Landes bei. Die Demokratische Republik Timor-Leste (Osttimor), ursprünglich portugiesische Kolonie, wurde 2002 nach 24 Jahren indonesischer Besatzung zum unabhängigen Staat.

1.3 Mekong – die Lebensader des festländischen Südostasiens

Ein Fluss – sechs Länder. Von der Quelle im tibetischen Hochland bis zum Mündungsdelta im Südchinesischen Meer haben die Menschen dem vielgestaltigen Mekong verschiedene Namen gegeben. In Tibet heißt er Dza Chu („Fluss der Felsen"), in der chinesischen Yunnan-Provinz Lancang Jiang („Turbulenter Fluss"). Er ändert dann in Myanmar (Mekaung Myit), Laos und Thailand (Mae Nam Khong) und Kambodscha (Mekongk) seinen Namen in Mekong, was so viel wie „Mutter des Wassers" bedeutet. Der vietnamesische Name Song Cuu Long („Neun-Drachen-Fluss") nimmt Bezug auf die vielen Mündungsarme im Delta. Am Oberlauf ist der Mekong ein schmaler Gebirgsfluss, der durch steile, felsige Schluchten tobt, auch im Mittellauf ist der Fluss wegen Stromschnellen, Wasserfällen und Schluchten nicht überall schiffbar. Im Unterlauf wird der Mekong zu einem gewaltigen Strom, der sich träge durch eine flache, grüne Landschaft bewegt und zur Hauptverkehrsader wird. Seit jeher werden über weite Strecken die durch die jährlichen Überschwemmungen fruchtbaren Flächen am Fluss landwirtschaftlich genutzt. Heute steht zudem die Nutzung hydroelektrischer Energie im Fokus.

Ⓩ 1. Legen Sie schematisch Höhenprofile von West nach Ost
   a) von Putao (Myanmar) bis Xichang (China),
   b) auf der Höhe von Luang Prabang (Laos),
   c) auf der Höhe von Stung Treng (Kambodscha) (Atlas).
2. a) Ordnen Sie dem Flussverlauf Klima- und Vegetationszonen zu (M1, Atlas).
   b) Beschreiben Sie die agrarische Nutzung (Atlas, M8).
3. Erklären Sie die Herkunft des großen Wasserpotenzials des Mekongs (M11, Atlas).
4. Fassen Sie die gesamtwirtschaftliche Nutzung der Flussregion der einzelnen Staaten in Stichworten (nach Branchen) zusammen (M1 – M11, Atlas).

Auf seiner langen Reise vom tibetischen Qinghai-Plateau in das Vietnamesische Mekong-Delta legt der Fluss fast 5000 km zurück und überwindet 5000 Höhenmeter, ein Großteil davon im chinesischen Oberlauf. An landschaftlicher Heterogenität und Biodiversität sind der Mekong und sein Einzugsgebiet kaum zu überbieten, nach dem Amazonas ist der Mekong der artenreichste Fluss weltweit. Ähnlich divers gestalten sich Kulturen und Lebensweisen entlang des Flusses und seiner Nebenflüsse. [...] Etwa 60 Mio. Menschen [leben] im südostasiatischen Einzugsgebiet des Mekong, weitere 9 Mio. Menschen entlang des Oberlaufs in der VR China. Gemeinsam ist diesen Menschen, dass sie zum Großteil von und mit dem Fluss leben. Die traditionellen Lebensweisen, obwohl in den letzten Jahrzehnten bereits intensivem Wandel unterworfen, sind eng an die Ökosysteme des heterogen ausgeprägten Flusses angepasst. Einschnitte und Veränderungen, wie beispielsweise durch die Implementierung von Staudammprojekten, wirken sich unmittelbar auf die Umwelt- und Lebensbedingungen der lokalen Bevölkerung aus, die vielfach ihrer wichtigsten Ressourcen beraubt wird. [...]
Die Auswirkungen von großen Staudämmen sind sehr komplex. Änderung des Abflussregimes, der Wandel der Landnutzung und Veränderungen der Eigenschaften des Wassers haben gravierende Auswirkungen auf die Ökosysteme. [...] Der Verlust von Biodiversität [ist] eine der gravierendsten Folgen, die direkten Einfluss auf die Lebensgrundlage der Menschen am Fluss hat. Fischfang ist ein integraler Bestandteil der Ernährung der Anrainer, die ihn zur Subsistenzversorgung* oder auch kommerziell betreiben. Für etwa 12 Mio. Menschen ist Fisch existenziell für die Ernährungssicherheit*.

Quelle: Stephanie Wehner: Umweltdegradation in Südostasien. In: Karl Husa, Rüdiger Korff, Helmut Wohlschlägl (Hrsg.): Südostasien. 2018, S. 133 – 135

M4 Quellentext zum Mekong

M1 Mekong und seine Nebenflüsse (Einzugsgebiet (800 000 km²)

M2 Traditionelle kambodschanische Fischer auf dem Mekong

M3 Nam-Ngum-Staudamm, erstes Wasserkraftwerk in Laos (Bau 1968 – 1984)

M5 Frachter im Mekongdelta. Die Augen sind Warnung an die im Fluss lebenden Geister.

M6 Cai Rang, schwimmender Markt in Can Tho im Mekongdelta (Vietnam)

Bereits seit 2006 kreuzt das hölzerne Boutique-Schiff „Mekong Pearl" auf dem oberen Teil des Mekong [in Laos]. [...] Die vor nicht allzu langer Zeit aufpolierte „Perle" gehört zu den luxuriöseren Kreuzfahrtschiffen auf dem Fluss. Mittlerweile sind auf dem oberen Mekong eine gute Handvoll Schiffe unterwegs. [...] Maximal 29 Passagiere haben Platz in den geräumigen Teakholz-Kabinen. [...]

An den Ufern zieht in gemächlichem Rhythmus eine faszinierende Landschaft vorbei: Felsen, Teakwälder, Bambusdickicht, Dörfer, die sich an Berghänge schmiegen, Fischer, die ruhig im Wasser stehen, Wasserbüffel, auf Sandbänken spielende Kinder, die dem Schiff zuwinken. [...] Das Klima ist angenehm und nicht so schwül wie etwa in Thailand. Bei Einbruch der Dunkelheit legt das Schiff an. Und bei Morgennebel erst mal nicht ab. Es gibt vom Mekong keine Navigationskarte und an Bord keine elektronischen Hilfsmittel. Sie würden eh nichts nützen in einem Fluss, in dem die Sandbänke ständig die Betten wechseln. [...]

M 9   Ausflugsschiff und Frachter auf dem Mekong in der Nähe der von Luang Prabang

Die meisten Routen der Boutique-Schiffe auf dem Mekong führen vom Dreiländereck über einen der spektakulärsten Flussabschnitte bis Vientiane [...]. Höhepunkt der Reise ist jedoch die prächtige Königsstadt Luang Prabang mit ihren vielen Tempeln. Hier treffen sich Rucksack- und Luxustouristen aus aller Welt, während in den Dörfern, die unterwegs passiert werden, die Zeit oft stehen geblieben zu sein scheint. Verwunschene Orte, die oft keinen Straßenanschluss haben, geschweige denn eine Anlegestelle.

Quelle: Inge Hufschlag: Laos zieht wie ein Film am Schiff vorbei. Die Welt 24.3.2019

M 7   Quellentext zu Flusskreuzfahrten auf dem Mekong in Laos

Weite Teile des Deltas sind während des Monsuns (Mai bis November) von Überschwemmungen betroffen, welche für mehrere Monate andauern und bis zu 50 % der Fläche bedecken können. Diese Überschwemmungen sind elementarer Bestandteil des Naturraums Mekong-Delta und ermöglichen erst dessen hohe landwirtschaftliche Produktivität: Sie liefern durch ihren Sedimenteintrag nicht nur wichtige Nährstoffe, sondern stellen auch eine ausreichende Wasserversorgung sicher und drängen in den küstennahen Gebieten den Salzwassereintrag zurück. Der seit der französischen Kolonialzeit vermehrt vorangetriebene und in späteren Wellen noch deutlich verstärkte Ausbau der hydraulischen

M 10   Reisfelder im Mekongdelta (Vietnam)

Infrastruktur mit Drainagen, Kanalsystemen und Deichen zur Be- und Entwässerung hat die Ausweitung und Intensivierung der landwirtschaftlichen Produktion im Mekong-Delta weiter gefördert. Die landwirtschaftliche Inwertsetzung konzentrierte sich dabei nach dem Ende des Vietnamkrieges zunächst auf den Reisanbau, getrieben vom Willen der Nationalregierung, eine autonome vietnamesische Nahrungsmittelversorgung zu erlangen. Mit dem Einsetzen des zunehmend marktwirtschaftlich orientierten Reformprozesses seit Mitte der 1980er-Jahre [...] ließ sich in den letzten drei Jahrzehnten neben der weiteren Intensivierung des Reisanbaus zudem eine besonders starke Ausweitung der Aquakulturen und des Obst- und Gemüseanbaus verzeichnen, jeweils mit zunehmender Exportorientierung. Heute ist das Mekong-Delta für über die Hälfte der gesamtvietnamesischen Reisproduktion und mehr als drei Viertel des nationalen Ertrags aus Aquakulturen verantwortlich. [Staudammprojekte, Aquakulturen, übermäßige Grundwasserentnahme und nicht zuletzt der Klimawandel (Extremfluten, Meeresspiegelanstieg) bedrohen die Deltaregion. Folgen sind unter anderem der Rückgang der Fischbestände, Versalzung, Landabsenkung und Küstenerosion.]

Quelle: Matthias Garschagen: Risikoraum Mekong-Delta. Geographische Rundschau 7-8/2016, S. 52

© Westermann 41118EX

Kambodscha

Vietnam

Tan An
Cao Lãnh
My Tho
Long Xuyen
Vinh Long
Ben Tre
Rach Gia
Can Tho
Tra Vinh
Vi Thanh
Golf von Thailand
Soc Trang
Süd-chinesisches Meer
Bac Lieu
Ca Mau

Mekong

0   50 km

- Reisanbau
- Obstplantagen
- geschützte Wälder
- Wald/Plantagen
- Brackwasser-Aquakultur
- Süßwasser-Aquakultur
- Mangrove/Aquakultur

M 8   Landnutzung im Mekongdelta

M 11   Quellentext zum Mekongdelta

 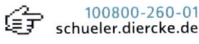

1.4 Leben mit der geologischen Aktivität: Tsunamis

Spektakuläre Vulkanausbrüche, gewaltige Erdbeben und überraschende Tsunamis – das Leben in Südostasien wird häufig und tiefgreifend durch geologische Prozesse beeinflusst. Ausgelöst werden diese Ereignisse durch die große tektonische Aktivität an den Rändern der Lithosphärenplatten* der Region. Die Folgen für die Menschen sind oft verheerend.

1. Erläutern Sie die tektonischen Vorgänge in Südostasien (M1, M2).
2. Ordnen Sie die Abbildungen M3 den tektonischen Vorgängen in der Karte M2 zu.
3. Erläutern Sie die Entstehung eines Tsunamis (M7).
4. Erklären Sie den Unterschied zwischen einer typischen Welle am Nordseestrand und einem Tsunami (M4).
5. Analysieren Sie die Tsunami-Schäden in Lhoknga (M8).
6. Schon zwei Jahre nach dem Tsunami 2004 überstiegen die Übernachtungen in den betroffenen thailändischen Touristenzentren die vor dem Tsunami. Nehmen Sie Stellung.

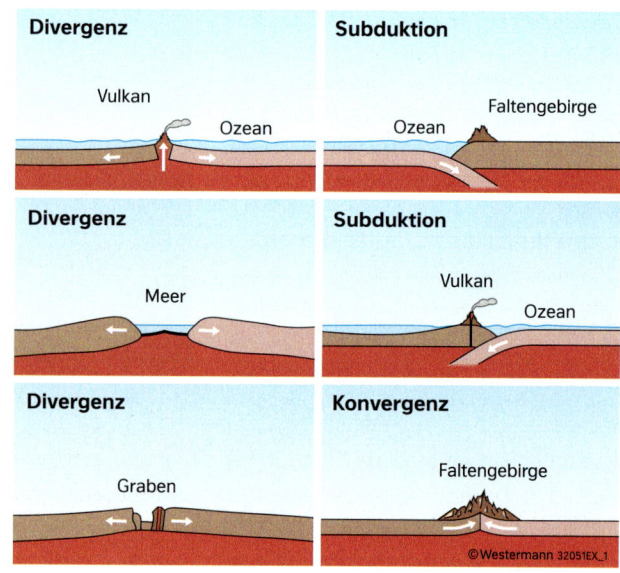

M3   Bewegungsprozesse der Lithosphärenplatten

Die Bildung von Faltengebirgen, Tiefseegräben und Inseln im südostasiatischen Raum sind das Ergebnis plattentektonischer Prozesse*, wobei der Charakter der Platten, ihre Bewegungen und die Typen der Plattenränder von Bedeutung waren. Die Indisch-Australische Platte und die Philippinische Platte drücken bis heute auf breiter Front gegen die Eurasische Platte. Im Sundagraben vor der Südküste Indonesiens und im Philippinengraben tauchen die genannten Platten unter die Eurasische Platte ab (Subduktion*). Die südostasiatische Inselwelt ist somit eine der geologisch aktivsten Zonen der Erde.

M1   Quellentext zur Geologie Südostasiens

Zahlreiche aktive Vulkane erstrecken sich perlschnurartig von Borneo über die gesamte indonesische Inselwelt bis zu den Philippinen. Neben Vulkanausbrüchen richten immer wieder schwere Erdbeben und Tsunamis große Schäden an.
Die Landschaften Südostasien lassen sich verschiedenen Entstehungsmechanismen und -zeiträumen zuordnen. Die größte, heute noch sichtbare oberflächenwirksame Wirkung fand mit der alpidischen Faltung im Tertiär statt. Als Folge entstanden etwa die bogenförmigen, langen Gebirgsketten im festländischen Südostasien und den Sundainseln.

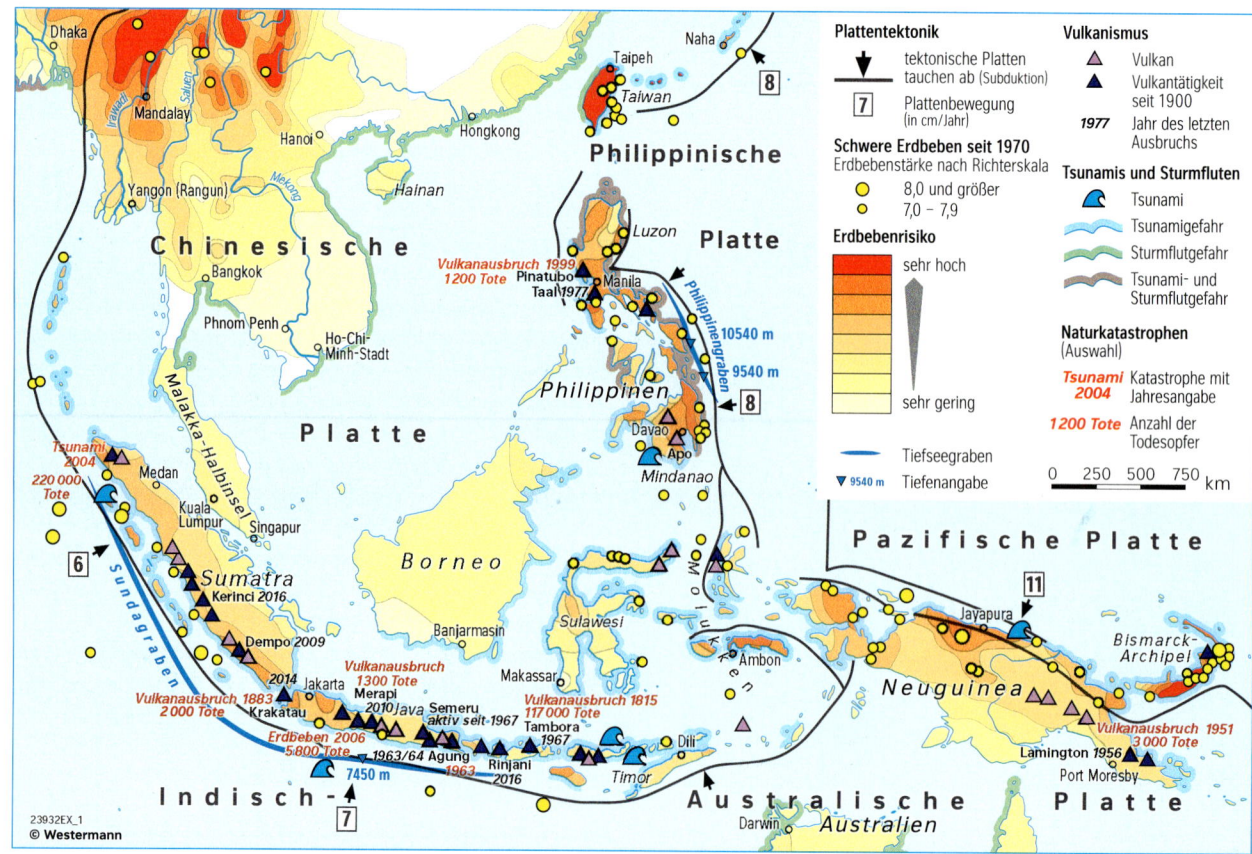

M2   Tektonik und Vulkanismus in Südostasien

100800-142-02
schueler.diercke.de
100800-242-03
schueler.diercke.de

Tsunami

Aus dem Japanischen („tsu" – der Hafen, „nami" – die Welle) übernommene Bezeichnung für lange Wellen mit Perioden von 3 bis 60 Minuten, die durch plötzliche Hebungen oder Senkungen des Meeresbodens angeregt werden. Ursachen sind meist starke Erdbeben, deren Hypozentren unter dem Meeresboden liegen und die eine vertikale Verschiebung des Meeresbodens verursachen.

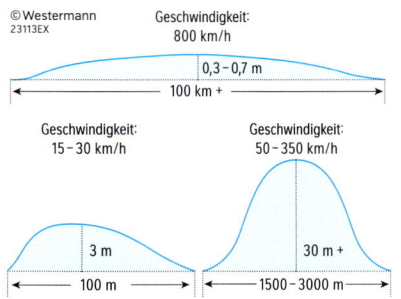

© Westermann
23113EX

Geschwindigkeit:
800 km/h

0,3 – 0,7 m
100 km +

Geschwindigkeit:
15 – 30 km/h

3 m
100 m

Geschwindigkeit:
50 – 350 km/h

30 m +
1500 – 3000 m

M 4   Wellentypen

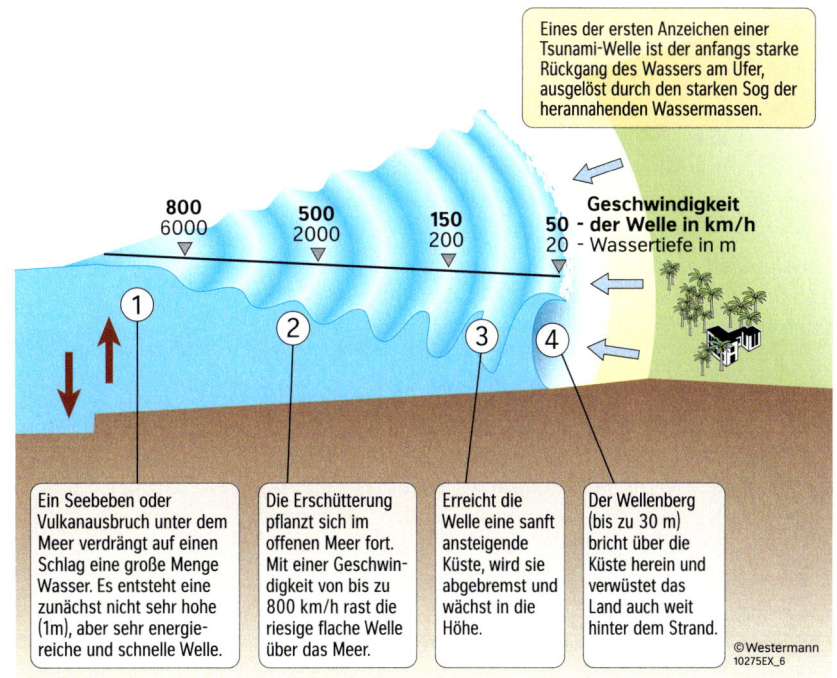

Eines der ersten Anzeichen einer Tsunami-Welle ist der anfangs starke Rückgang des Wassers am Ufer, ausgelöst durch den starken Sog der herannahenden Wassermassen.

| 800 | 500 | 150 | 50 | Geschwindigkeit der Welle in km/h |
| 6000 | 2000 | 200 | 20 | Wassertiefe in m |

① ② ③ ④

① Ein Seebeben oder Vulkanausbruch unter dem Meer verdrängt auf einen Schlag eine große Menge Wasser. Es entsteht eine zunächst nicht sehr hohe (1m), aber sehr energiereiche und schnelle Welle.

② Die Erschütterung pflanzt sich im offenen Meer fort. Mit einer Geschwindigkeit von bis zu 800 km/h rast die riesige flache Welle über das Meer.

③ Erreicht die Welle eine sanft ansteigende Küste, wird sie abgebremst und wächst in die Höhe.

④ Der Wellenberg (bis zu 30 m) bricht über die Küste herein und verwüstet das Land auch weit hinter dem Strand.

© Westermann
10275EX_6

M 7   Entstehung einer Tsunami-Welle

„Ich [...] erlebe den Tsunami auf einer 9,60 Meter langen Segelyacht. Etwa drei Seemeilen vor der Ostküste von Phuket. Die Welle läuft unter dem Boot durch, ohne dass ich etwas bemerke. Aus der Entfernung kann ich beobachten, wie ein großer Frachter im Hafen von Phuket sich bei spiegelglatter See plötzlich wie eine Zigarre am Horizont deutlich hebt und wieder senkt. Auf der anderen Seite der Insel und noch weiter im Norden, in Khao Lak, schlägt die verheerende Welle kurz darauf ein. Dort soll sie bis zu 15 Meter hoch gewesen sein."

M 5   Augenzeugenbericht aus Phuket vom Tsunami im Dezember 2004

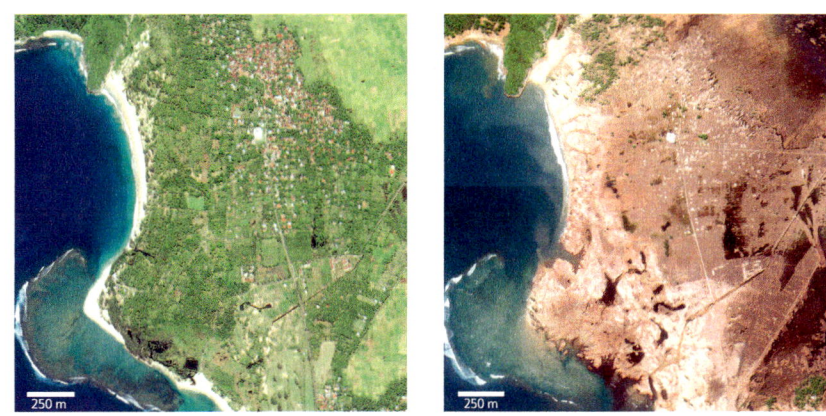

M 8   Lhoknga (Indonesien) vor und nach dem Tsunami im Dezember 2004

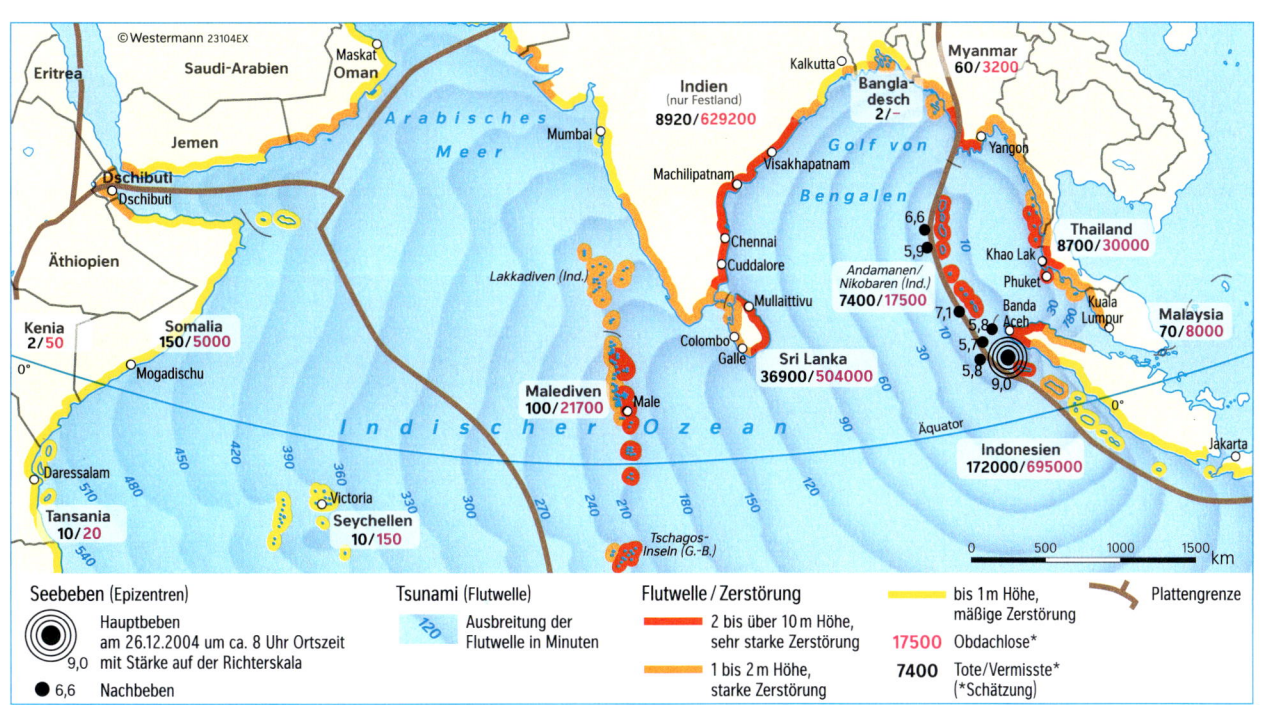

Seebeben (Epizentren)

◎ Hauptbeben am 26.12.2004 um ca. 8 Uhr Ortszeit
9,0 mit Stärke auf der Richterskala

● 6,6 Nachbeben

Tsunami (Flutwelle)

120 Ausbreitung der Flutwelle in Minuten

Flutwelle / Zerstörung

━━━ 2 bis über 10 m Höhe, sehr starke Zerstörung

━━━ 1 bis 2 m Höhe, starke Zerstörung

━━━ bis 1 m Höhe, mäßige Zerstörung

⌒ Plattengrenze

17500 Obdachlose*

7400 Tote/Vermisste* (*Schätzung)

M 6   Tsunami vom 26.12.2004

1.5 Leben mit der geologischen Aktivität: Vulkane

Der Vulkan Pinatubo auf den Philippinen galt als erloschen. Am 16. Juli 1990 wurde ein starkes Erdbeben 100 Kilometer vom Pinatubo entfernt entlang einer großen Verwerfung gemessen. Kleinere Erdbeben und Dampfexplosionen am 2. April 1991 am Vulkan zeigten: Der Vulkan ist erwacht. Nach dem ersten Erdbeben wurden Evakuierungsmaßnahmen für die Menschen ausgearbeitet, die in unmittelbarer Nähe zum Vulkan lebten. Als sich die Anzeichen für einen Ausbruch häuften, mussten etwa 60000 Menschen in einem Gebiet von 30 km um den Vulkan ihre Heimat verlassen. Am 15. Juni 1991 sprengte eine gewaltige Explosion die oberen 300 Meter des Vulkans weg. Die gewaltige Aschesäule stieg in den Himmel und erreichte einen Durchmesser von 400 km sowie eine Höhe von 35 km. Nach neun Stunden und zehn Minuten war die Eruption beendet. Circa 350 Menschen starben und 8300 Häuser wurden völlig zerstört.

1. Beschreiben Sie den Vulkanausbruch des Pinatubo mithilfe der Bilder M1 bis M3.
2. Ⓩ Nennen Sie wichtige Vulkane auf der Insel Java (Atlas).
3. Fassen Sie zusammen, welche Ereignisse große Schäden bei Vulkanausbrüchen verursachen können.
4. Erklären Sie den Einfluss eines Vulkanausbruchs auf das globale Klima (M6, M10).
5. Stellen Sie die Lagegunst und die Naturgefahr der Siedlungen in der Umgebung des Merapi gegenüber.
6. Beurteilen Sie die zum Teil dichte Besiedlung in Vulkannähe in Südostasien.

M3   Ausbruch des Pinatubo

Pyroklastischer Strom
(„pyr" (griech.) = Feuer, „klastós" (griech.) = zerbrochen)
Über 800 °C heißes Gas, vulkanische Asche und größere Brocken rasen mit über 400 km/h die Hänge eines Vulkans hinunter ins Tal.

Lahar
Vulkanische Asche wird durch Regenwasser aufgeweicht und fließt als Schlammstrom durch die Täler des Vulkans bergab.

Caldera
Sehr großer Vulkankrater, der entsteht, wenn sich die Magmakammer schnell entleert und die Vulkanspitze einstürzt.

M1   Pinatubo: Ein pyroklastischer Strom wälzt sich ins Tal.

M2   Die Caldera des Pinatubo 1991

M4   Die Caldera des Pinatubo heute, ein Touristenziel

Der Merapi ist der rastloseste unter den 129 aktiven Vulkanen Indonesiens. In den vergangenen 450 Jahren brach er durchschnittlich alle sieben Jahre aus. Entsprechend seiner Lage im Kollisionsbereich der Eurasischen und der Indoaustralischen Platte gehört er zu den explosiven Vulkanen. Diesen Typus findet man überall dort, wo die starren Lithosphärenplatten, welche die äußere Haut des Erdkörpers bilden, übereinandergeschoben werden. Die abtauchenden Platten und der darüberliegende Mantelkeil werden beim Subduktionsprozess teilweise aufgeschmolzen. Die Schmelzen beginnen gravitativ aufzusteigen. Auf dem Weg nach oben verändert sich ihre chemische Zusammensetzung, bis sie als kieselsäurereiche und hochviskose Magmen im Verlauf von Vulkaneruptionen an die Erdoberfläche gelangen. [...] Mit den katastrophalen Ausbrüchen des Tambora (1815), des Krakatau (1883) und des Pinatubo (1991) ereigneten sich drei der fünf großen explosiven Eruptionen der letzten zwei Jahrhunderte im südostasiatischen Raum. Abgesehen von den lokalen Verwüstungen wirken sich Vulkaneruptionen dieser Größenordnung auf das Klima aus, was in früherer Zeit weltweite Hungerkatastrophen auslöste.

Quelle: Birger-Gottfried Lühr: Spektrum der Wissenschaft 2/2001

M 5   Quellentext zu Vulkanausbrüchen in Südostasien

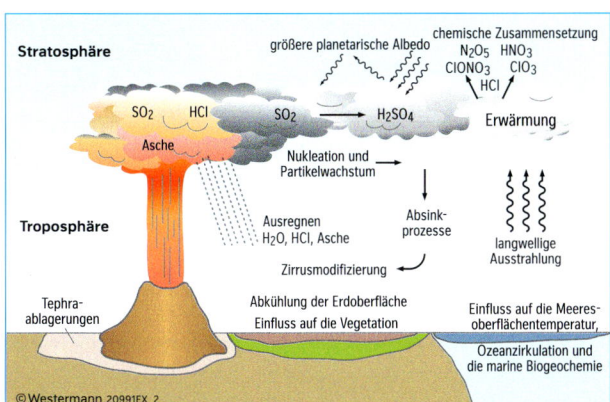

M 6   Klimaveränderung durch Vulkanausbruch

M 7   Zerstörungen durch vulkanische Asche in Yogyakarta 2011

„Wer den Südhang des Merapi hochfährt, taucht ein in eine graue Welt. [...] Hier liegt Kinahrejo, ein Dorf, das seit einem Jahr kein wirkliches Dorf mehr ist, nicht einmal eine Geisterstadt, sondern eine Mondlandschaft. [...] Sengende Gaswolken stoben über die Hänge des Vulkans, Einwohner verbrannten, Häuser und Bäume gingen in Flammen auf. Im Umkreis von gut vier Kilometern wurde fast alles zerstört, im rund 30 Kilometer entfernten Yogyakarta fiel Asche vom Himmel."

Simone Utler, deutsche Journalistin (2011)

M 8   Zitat zu den Folgen des Merapi-Ausbruchs 2010

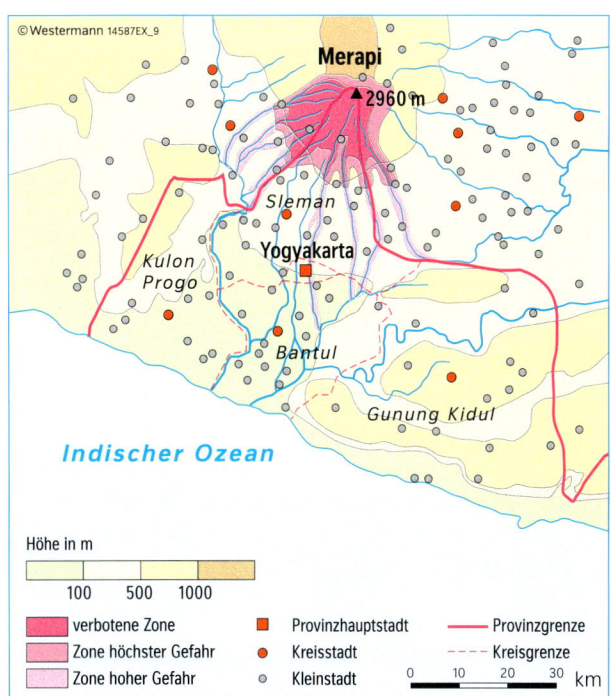

M 9   Gefahrenzonen am Merapi

Vulkaneruptionen können große Mengen von Gasen sowie festen Teilchen (Asche) in die obere Atmosphäre eintragen. Die vulkanische Asche fällt aufgrund ihrer Größe und Masse schnell aus der Atmosphäre aus. Der Klimaeffekt von Vulkanen resultiert vor allem aus den Emissionen von schwefelhaltigen Gasen, aus denen sich Aerosolpartikel bilden, deren Konzentration das stratosphärische Hintergrundaerosol um mehrere Größenordnungen übertreffen kann. Stratosphärische Aerosole beeinflussen das globale Klimasystem auf vielfältige Weise. Sie haben einen direkten Strahlungseinfluss, indem sie die einfallende solare Strahlung streuen und die Wärmestrahlung der Erde absorbieren. Als Folge davon kommt es zu einer Erwärmung der Aerosol enthaltenden Schichten in der Stratosphäre und einer Abkühlung der bodennahen Luftschichten und des Ozeans.

Quelle: Claudia Timmreck: Begrenzter Klimaeinfluss von extrem großen Vulkaneruptionen. Max-Planck-Institut für Meteorologie. Hamburg 2011

M 10   Quellentext zu Klimaveränderungen durch Vulkanausbrüche

Die meisten vulkanischen Gesteine haben eine Zusammensetzung, die viele anorganische Nährstoffe für Pflanzen bereithalten. Das Festgestein, die Lava, verwittert langsam. Je nach Klimabedingungen dauert es Jahrzehnte oder Jahrhunderte, bis sich ein Boden mit ausreichend pflanzenverfügbaren Nährstoffen entwickelt. Schneller geht es bei den flächig abgelagerten Aschen und Lapilli, die eine bessere Wasserspeicherung besitzen, leichter durchwurzelbar sind und schneller durch organische Säuren und Regenwasser angelöst werden. In feuchtwarmen Klimaten entwickelt sich hieraus schnell ein sehr fruchtbarer Boden, dessen Nährstoffe auch nach Jahrzehnten der landwirtschaftlichen Nutzung aus dem sich langsam auflösenden Mineralbestand nachgeliefert werden. Bekannte Beispiele sind Böden auf Java und Bali, die aus den Aschen der aktiven Vulkane hervorgegangen sind. Ihrer Fruchtbarkeit ist es vermutlich zu verdanken, dass sich hier der Nassreisanbau entwickeln konnte. Seit über 2000 Jahren mit bis zu drei Ernten im Jahr bietet er die Lebensgrundlage für die Bevölkerung.

Quelle: Ullrich Schreiber: Vulkane. Freiburg im Breisgau: Herder 2011

M 11   Quellentext zu fruchtbaren Vulkanböden

1.6 Klima: Monsun und Taifune

Bis auf kleine Regionen im Norden von Vietnam und Myanmar liegt Südostasien in den Tropen. Die südostasiatische Inselwelt ist Teil der immerfeuchten Tropen mit ganzjährig hohen Niederschlägen und hohen Durchschnittstemperaturen. Ein wechselfeuchtes Monsunklima prägt den festländischen Teil. Tropische Wirbelstürme, im Nordwestpazifik Taifun und im Indischen Ozean Zyklon genannt, bedrohen vor allem die Philippinen, Vietnam und Myanmar.

1. a) Lokalisieren Sie die vier Klimastationen (M4, Atlas).
   b) Vergleichen Sie die Klimadiagramme.
2. Erläutern Sie die unterschiedlichen Wind- und Niederschlagsverhältnisse in Südostasien im Januar und Juli (M1, M3).
3. Erklären Sie die Entstehung eines Taifuns (M5, M7).
4. Begründen Sie den Zusammenhang zwischen dem Klimawandel und der Zunahme der Intensität von Taifunen (M7).

Das Klima im festländischen Südostasien wird geprägt durch die großräumige, beständige Monsunzirkulation, eine Form der Passatzirkulation, die von einem halbjährlichen Richtungswechsel der Monsunwinde geprägt ist. Während der sommerliche Südwestmonsun in Südostasien zu extrem starken Regenfällen mit Überschwemmungen führen kann, besteht im Winter aufgrund des trockenen Nordostmonsuns die Gefahr monatelang anhaltender Dürren.
Ursache für den Monsun ist die jahreszeitliche Wanderung der Innertropische Konvergenzzone* (ITC), deren Ausprägung abhängig von der unterschiedlichen Erwärmung der tropischen Land- und Ozeangebiete ist. Im Sommer heizt sich das asiatische Festland stark auf, sodass sich ein stabiles Hitzehoch bildet und die ITC sich besonders weit nach Norden verschiebt. In dieses Tief hinein wehen Winde, die ihren Ursprung als Südostpassat auf der Südhalbkugel haben, über dem Indischen Ozean viel Feuchtigkeit aufnehmen und, verursacht durch die Corioliskraft, beim Überqueren des Äquators ihre Richtung ändern (Südwestmonsun). Im Winterhalbjahr kehrt sich der Monsun um. Der trockene Nordostmonsun weht von den

M1   Das Klimasystem des festländischenSüdostasiens

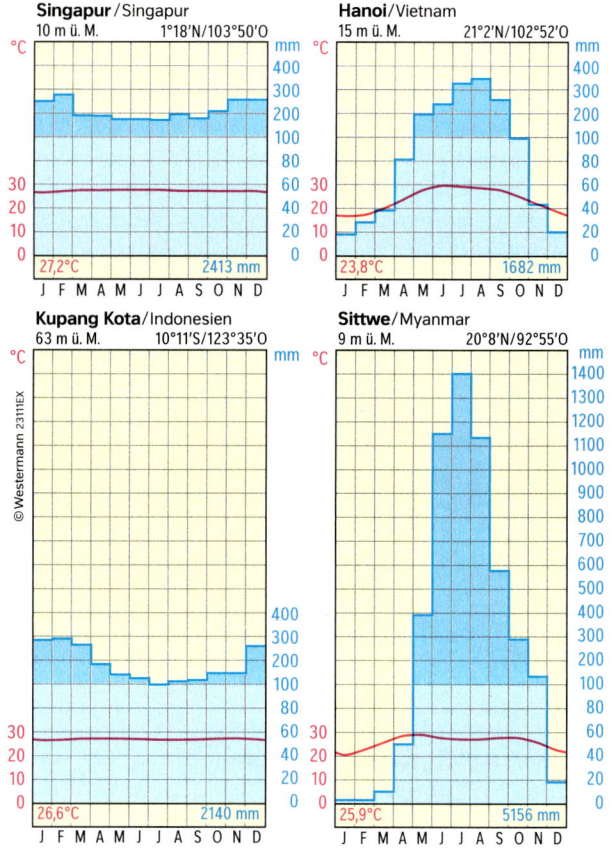

M4   Ausgewählte Klimastationen in Südostasien

durch die Auskühlung der asiatischen Landmassen entstandenen Hochdruckgebieten in Richtung der ITC, die sich nach Süden, aber nur geringfügig über den Äquator verschoben hat.
Moderne Erklärungsansätze des Monsuns beziehen Starkwindbänder (Jetstreams) in höheren Luftschichten mit ein.

M2   Überschwemmung in Ho-Chi-Minh-Stadt (Vietnam) 2014

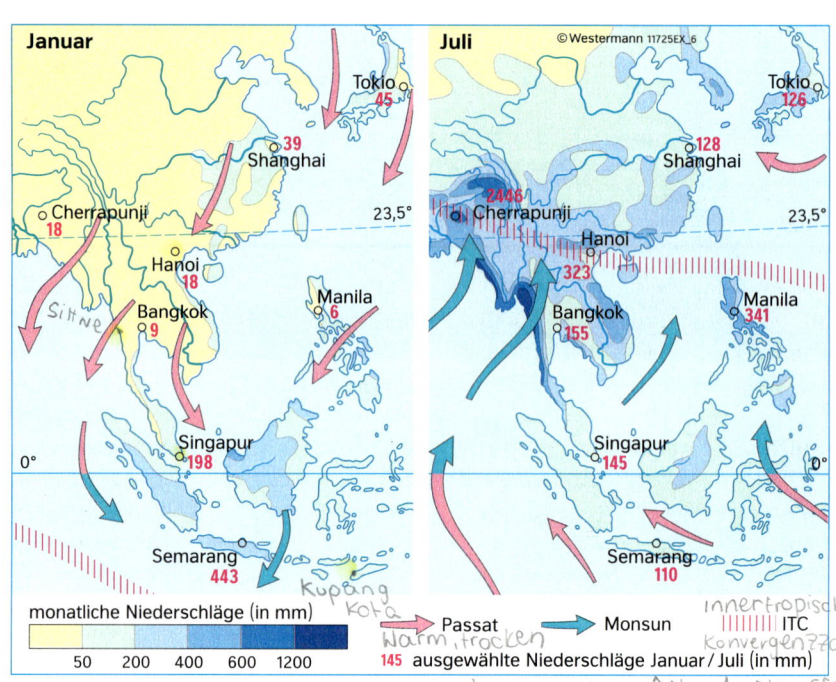

monatliche Niederschläge (in mm)
50   200   400   600   1200

Passat   Monsun
145 ausgewählte Niederschläge Januar / Juli (in mm)
ITC

M3   Wintermonsun und Sommermonsun

 100800-164-01 schueler.diercke.de
  100800-164-02 schueler.diercke.de
 100800-164-03 schueler.diercke.de
 100800-164-04 schueler.diercke.de
100800-252-02 schueler.diercke.de

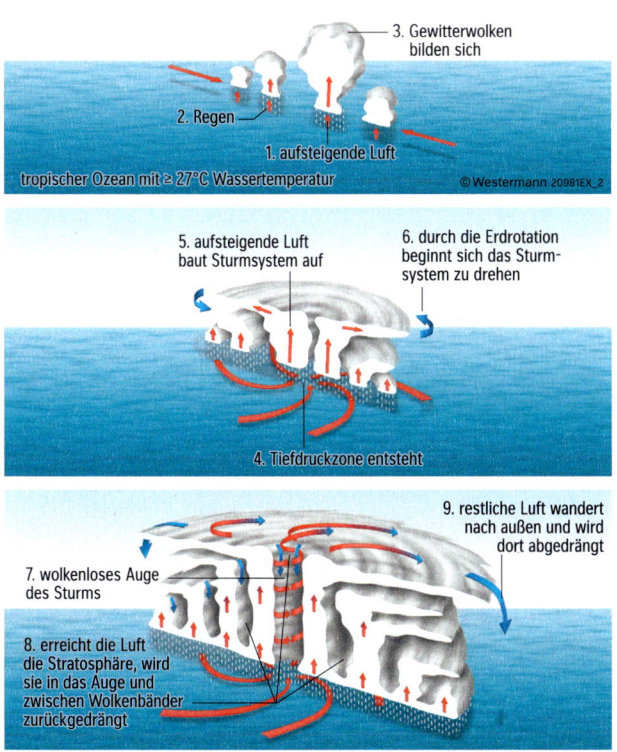

M 5   Entstehung eines Taifuns

Taifun Haiyan
- Dauer: 3.11.2013 bis 11.11.2013, Auftreffen auf Land: 7.11.2013
- Hurrikanklasse 5, Spitzenwindgeschwindigkeiten: 230 km/h (10 min andauernd), 315 km/h (1 min andauernd)
- Betroffene Gebiete: Philippinen, Vietnam, China
- Bestätigte Todesopfer: 6352; Obdachlose: 4,3 Mio. (Philippinen)
- Schäden: 2,86 Mrd. US-$

M 8   Taifun Haiyan

M 9   Tacloban (Philippinen) nach dem Taifun Haiyan

Kategorie	Windgeschwindigkeit (in km/h)	Flutwelle an Land (in m)	typische Schäden
Tropisches Tief	< 62	0	
Tropischer Wirbelsturm	63 – 118	0 – 0,9	kaum Schäden
Hurrikan 1	119 – 153	1,0 – 1,5	geringe Schäden z. B. an Bäumen
Hurrikan 2	154 – 177	1,5 – 2,5	entwurzelte Bäume, beschädigte Häuser, überflutete Küstenstraßen
Hurrikan 3	178 – 200	2,5 – 4,0	zerstörte Einfachhäuser, Abdecken von Dächern
Hurrikan 4	201 – 249	4,0 – 5,5	weggefegte Einfachhäuser, Überschwemmung tief liegender Gebiete
Hurrikan 5	> 249	>5,5	katastrophale Zerstörung, schwere Überschwemmungen

M 6   Saffir-Simpson-Hurrikan-Skala: Einstufung von Hurrikanen in fünf Klassen

Tropische Wirbelstürme entwickeln sich meist aus großräumigen Ansammlungen von Gewitterzellen, wie sie über tropischen Meeren häufig vorkommen. Sie erhalten ihre Energie aus der Verdunstung von Oberflächenwasser, das wärmer als 26 – 27°C ist. [...] Tropische Wirbelstürme können über mehrere Wochen aktiv sein und sich über große Gebiete erstrecken – und das mit Windgeschwindigkeiten über 250 km/h, in Einzelfällen sogar über 300 km/h. Besonders Küstengebiete und Inseln im Bereich von 10° bis 40° nördlicher und südlicher geographischer Breite sind betroffen. Landeinwärts werden die tropischen Wirbelstürme rasch schwächer, doch können dort die über dem warmen Meer aufgenommenen gewaltigen Wassermassen extreme Überschwemmungen und Hangrutsche auslösen. [...] In Entwicklungs- und Schwellenländern lösen extreme tropische Wirbelstürme [...] meist humanitäre Katastrophen mit sehr vielen Todesopfern aus.

Nicht nur natürliche Klimazyklen wie sogenannte „Warm- und Kaltphasen" der Oberflächentemperaturen tropischer Ozeane, sondern auch der Klimawandel beeinflussen die Aktivität von Wirbelstürmen. Was derzeit bekannt ist:
- Aktuelle wissenschaftliche Studien gehen überwiegend davon aus, dass in den meisten Ozeangebieten die Zahl der tropischen Wirbelstürme bis Mitte bzw. Ende des 21. Jahrhunderts praktisch unverändert bleiben wird.
- Allerdings wird erwartet, dass schwere Stürme (Kategorie 4 bis 5 auf der Saffir-Simpson-Skala) in den meisten Regionen häufiger auftreten.
- Die Niederschläge im Kernbereich um das Sturmzentrum dürften wegen der höheren Verdunstung über den sich erwärmenden Meeresoberflächen zunehmen.

Quelle: Munich Re: Hurrikane, Taifune und Zyklone 2018

M 7   Quellentext zu tropischen Wirbelstürmen

endogen / exogen ?

Zykloni:
↳ wandernde Tiefdruck-
gebiete

1.7 Vulnerabilität – Risiko durch Naturgefahren

Je näher ein Dorf oder eine Stadt an einem Vulkan oder an der Meeres-
küste liegt, desto höher ist das Risiko, von einem gefährlichen Natur-
ereignis betroffen zu sein. Ob aus diesem Naturereignis tatsächlich eine
-katastrophe wird, hängt aber noch von einer Reihe anderer Faktoren ab,
etwa der gesellschaftlichen Situation in der betroffenen Region. Um die-
sem Phänomen gerecht zu werden, wurde in der Geographie der Begriff
Vulnerabilität, zu deutsch Verwundbarkeit, eingeführt.

1. Fassen Sie die Naturgefahren zusammen, die Menschen in Südostasien bedrohen (M3).
2. a) Entwickeln Sie einen Trend der weltweiten Schadensereignisse von 1985 bis heute (M1).
   b) Erläutern Sie Ihre Trendkurve.
3. Erstellen Sie in Gruppenarbeit eine Mindmap
   a) über Maßnahmen zur Bewältigung einer akuten Katastrophe (Katastrophenbewältigung und Wiederherstellung),
   b) über Maßnahmen zur Katastrophenvermeidung und -vorsorge) vor einer Katastrophe.
4. Beurteilen Sie die Möglichkeiten, mithilfe sozialer Netzwerke Menschen in Not schneller zu helfen. Berücksichtigen Sie dabei positive und negative Aspekte gleichermaßen (M2).
5. Erklären Sie die Berechnung des WeltRisikoIndex (M6, M7).
6. Vergleichen Sie die Gefährdung und Vulnerabilität der südostasiatischen Länder (M4, M5).
7. „Südostasien ist eine der gefährdetsten Regionen der Welt." Nehmen Sie Stellung zu dieser These.

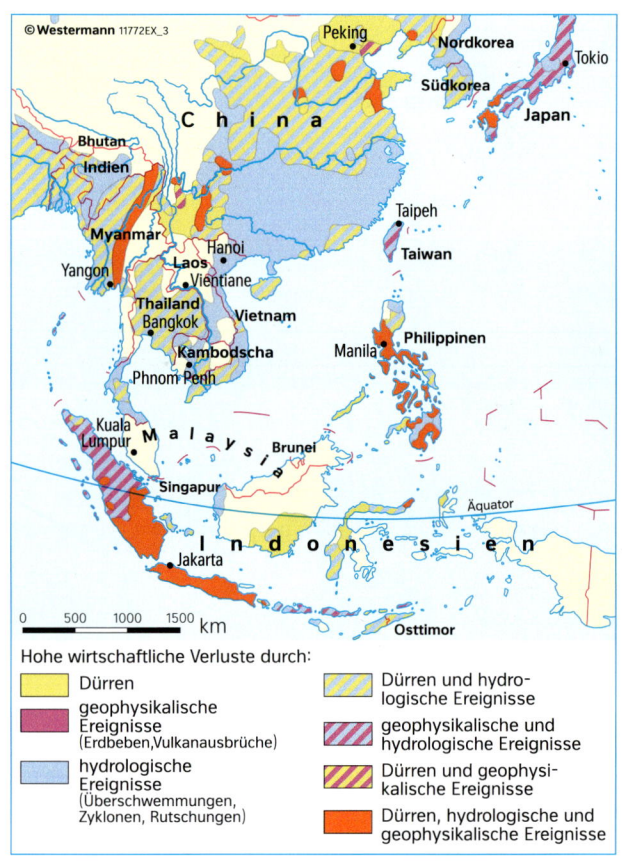

M3   Gefährdung durch Naturereignisse in Südostasien

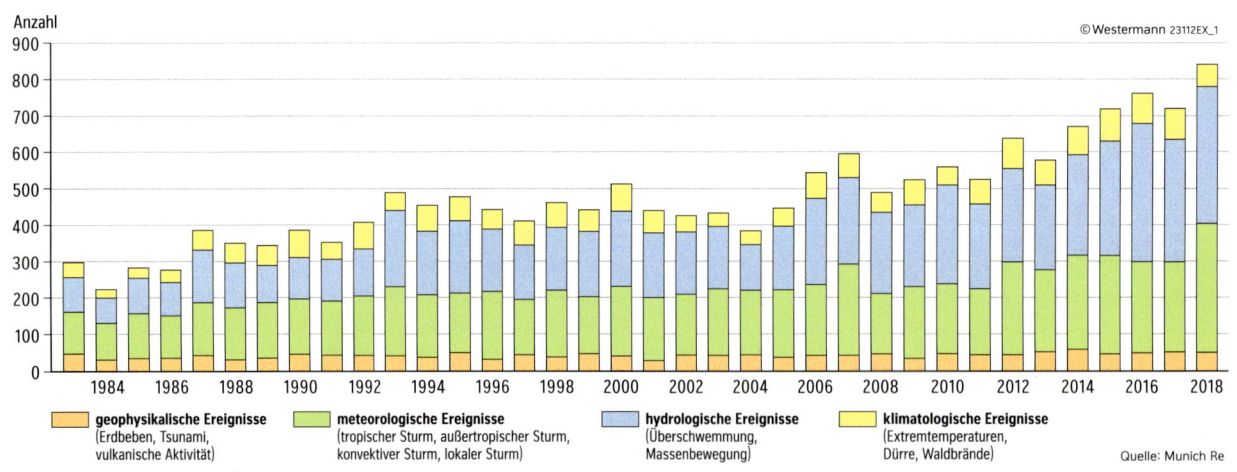

M1   Weltweite Schadensereignisse (1980 – 2018)

Menschen in Not sind auf rasche Hilfe angewiesen. [...] Den Rettungsmannschaften stellen sich dabei immer die gleichen Fragen: Wo sind die schwersten Schäden aufgetreten? Wer ist betroffen? Wie sind bestimmte Orte erreichbar? Woran mangelt es besonders? [...] Mit der wachsenden Verbreitung sozialer Netzwerke und der Verfügbarkeit von Online-Kartendiensten ergeben sich völlig neue Möglichkeiten, diese Fragen zu beantworten. Denn was liegt näher, als die Erkenntnisse der Menschen vor Ort zu nutzen, um Hilfe genau dort zu leisten, wo sie am nötigsten ist. Das setzt allerdings voraus, dass sich das Wissen der Masse auch tatsächlich anzapfen lässt. Die Bedingungen dafür sind so gut wie nie zuvor: Global existieren rund sieben Milliarden Mobilfunkanschlüsse, selbst in Ländern mit geringen und mittleren Einkommen sind neun von zehn Einwohnern mobil angebunden. [...] Auf den Philippinen hat sich Crisis Mapping vor und nach Taifun Haiyan bereits als ein lebensrettendes Instrument erwiesen. Präzise konnte man die voraussichtliche Zugbahn des Wirbelsturms in hoher Auflösung verfolgen und so die gefährdeten Orte ermitteln. Nutzer vor Ort steuerten darüber hinaus wichtige Informationen bei, etwa wo Brücken zerstört und Straßen unpassierbar waren oder welches Krankenhaus noch über Aufnahmekapazitäten verfügte.
Quelle: Munic Re: Katastrophenanalyse mit Social Media. 6.3.2015

M2   Quellentext zum Einsatz sozialer Netzwerke beim Katastrophenmanagement

  100800-252-01   100800-252-02
schueler.diercke.de   schueler.diercke.de

hydrologisch
geophysikalisch → *Dürren, Erdbeben, Vulkanausbrüche, Überschwemmung*
       ↳ *Waldbrände*   ↳*Tsunami*
meteorologisch   *Tropische Stürme*
klimatologisch

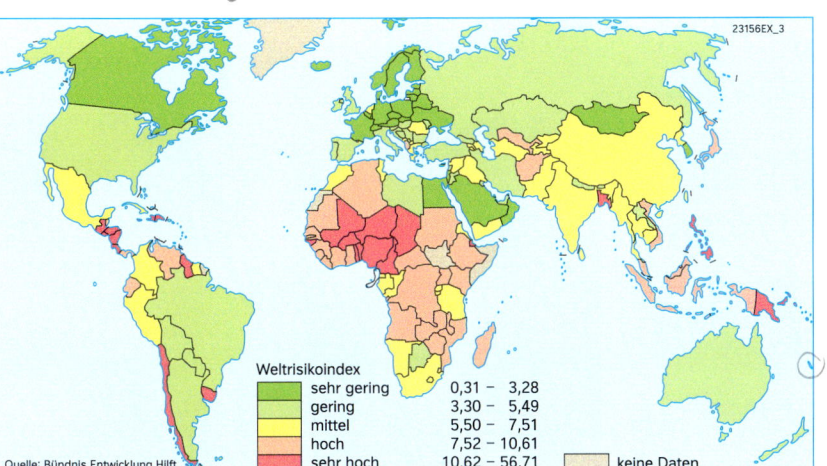

Weltrisikoindex

sehr gering	0,31 – 3,28	
gering	3,30 – 5,49	
mittel	5,50 – 7,51	
hoch	7,52 – 10,61	
sehr hoch	10,62 – 56,71	keine Daten

Quelle: Bündnis Entwicklung Hilft

23156EX_3

M 4 WeltRisikoIndex (2019)

✳ Ozeanien

M 7 Zitat

„Im Zentrum des WeltRisikoIndex steht das Verständnis, dass das Katastrophenrisiko nicht allein durch das Auftreten, die Intensität und die Dauer extremer Naturereignisse bestimmt wird, sondern gesellschaftliche Faktoren, politische Bedingungen und ökonomische Strukturen mit dafür verantwortlich sind, ob es im Zusammenhang mit extremen Naturereignissen zu einer Katastrophe kommt oder nicht. Hierin drückt sich die Überlegung aus, dass jede Gesellschaft in der Lage ist, direkte oder indirekte Vorkehrungen zu treffen, um die Auswirkungen von Naturgefahren zu reduzieren."
Quelle: Bündnis Entwicklung hilft: WeltRisikoBericht 2019, S. 44

Rang	Land	Weltrisikoindex[1]	Gefährdung	Vulnerabilität[2]	Anfälligkeit	Mangel an Bewälti-gungskapazitäten	Mangel an Anpassungskapazitäten
1	Vanuatu ✳	56,71	99,88	56,78	35,32	84,36	50,66
7	Brunei	21,68	57,62	37,62	15,26	67,14	30,45
9	Philippinen	20,69	41,93	49,34	28,86	80,98	38,17
15	Osttimor	16,39	27,92	58,71	46,43	78,84	50,85
17	Kambodscha	15,13	26,82	56,42	40,89	78,92	49,45
37	Indonesien	10,58	21,20	49,93	26,63	79,71	43,44
40	Vietnam	10,31	22,03	46,83	25,07	77,68	37,75
54	Japan	9,19	38,94	23,60	16,80	39,90	14,11
71	Malaysia	7,61	18,73	40,63	16,75	72,63	32,52
79	Myanmar	7,27	12,91	56,34	32,54	86,37	50,11
91	Thailand	6,48	14,75	43,93	17,73	79,23	34,84
122	Laos	4,53	8,19	55,25	33,22	82,94	49,58
161	Singapur	2,51	9,00	27,93	11,59	54,21	17,99
163	Deutschland	2,43	11,51	21,11	14,30	36,44	12,60

Quelle: Bündnis Entwicklung Hilft

M 5 WeltRisikoIndex ausgewählter Länder (2019)

Exposition

Bevölkerung exponiert in Bezug auf

$1{,}00 \times$ (Erdbeben / Wirbelstürme / Überschwemmungen)

+

$0{,}5 \times$ (Dürren / Meeresspiegelanstieg)

$\div$ Anzahl der Einwohner(-innen) des Landes

Anfälligkeit

öffentliche Infrastruktur
$0{,}29 \times$ (Anteil der Bevölkerung ohne Zugang zu sanitärer Grundversorgung $\times 0{,}5$ / Anteil der Bevölkerung ohne Zugang zu Trinkwasser-Grundversorgung $\times 0{,}5$)

+

Wohnsituation*
Anteil der Bevölkerung in Slumgebieten; Anteil der semisoliden und fragilen Häuser

+

Ernährung
$0{,}13 \times$ (Anteil der unterernährten Bevölkerung)

+

Armut und Versorgungsabhängigkeiten
$0{,}29 \times$ (Verhältnis der unter 15- und über 65-Jährigen zur erwerbsfähigen Bevölkerung (Abhängigkeitsquotient) $\times 0{,}5$ / Anteil der Bevölkerung, die von weniger als 1,90 US-$ pro Tag lebt (kaufkraftbereinigt) $\times 0{,}5$)

+

Wirtschaftskraft und Einkommensverteilung
$0{,}29 \times$ (Bruttoinlandsprodukt pro Kopf (kaufkraftbereinigt) $\times 0{,}5$ / Gini-Index $\times 0{,}5$)

Bewältigung

Regierung und Behörden
$0{,}45 \times$ (Corruption Perception Index $\times 0{,}5$ / Fragile States Index $\times 0{,}5$)

+

Katastrophenvorsorge und Frühwarnung*
Nationale Katastrophenvorsorge gemäß Bericht an die UN

+

Medizinische Versorgung
$0{,}45 \times$ (Anzahl der Ärzte und Ärztinnen pro 1000 Einwohner(-innen) $\times 0{,}5$ / Anzahl der Krankenhausbetten pro 1000 Einwohner(-innen) $\times 0{,}5$)

+

soziale Netze*
Nachbarschaft, Familie und Selbsthilfe

+

materielle Absicherung
$0{,}10 \times$ (Versicherungsschutz (ausgenommen Lebensversicherungen))

Anpassung

Bildung und Forschung
$0{,}25 \times$ (Alphabetisierungsrate $\times 0{,}5$ / Bildungsbeteiligung $\times 0{,}5$)

+

gleichberechtigte Beteiligung
$0{,}25 \times$ (Gender Inequality Index)

+

Umweltstatus/ Ökosystemschutz
$0{,}25 \times$ (Wasserressourcen $\times 0{,}25$ / Schutz von Biodiversität und Habitaten $\times 0{,}25$ / Waldmanagement $\times 0{,}25$ / Landwirtschaftsmanagement $\times 0{,}25$)

+

Anpassungsstrategien*
Projekte und Strategien zur Anpassung an Naturgefahren und Klimawandel

+

Investitionen
$0{,}25 \times$ (öffentliche Gesundheitsausgaben $\times 0{,}33$ / Lebenserwartung $\times 0{,}33$ / private Gesundheitsausgaben $\times 0{,}33$)

⎵ Exposition

⎵ Vulnerabilität = $\frac{1}{3} \times$ (Anfälligkeit + (1 – Bewältigung) + (1 – Anpassung))

Exposition × Vulnerabilität = WeltRisikoIndex

40731EX   Quelle: Bündnis Entwicklung Hilft   * nicht berücksichtigt wurden unzureichende Verfügbarkeit von Indikatoren

M 6 Einzelindikatoren des WeltRisikoIndex

Katastrophenvermeidung I – vorsorge
· Bäume zur Bodenbefestigung
· Bausicher vor Stürmen
· Bäume abieten
· Handlungen überdenken → Klimawandel
· Poller → wellenbrechung

1.8 Tropischer Regenwald – Vegetationsform in Gefahr

Kein Ökosystem ist so produktiv und so artenreich wie der tropische Regenwald. Es wird geschätzt, dass es in ihm allein zwischen 10 000 bis 30 000 unterschiedliche Baumarten gibt, von denen viele noch gar nicht entdeckt sind. Die Pflanzen im Regenwald wachsen auf sehr unfruchtbaren Böden. Die Nährstoffe sind in der Biomasse gespeichert und ein fast geschlossener Kreislauf sorgt dafür, dass kaum Nährstoffe verloren gehen. Das Wald-Ökosystem ist in Südostasien durch menschliche Eingriffe stark gefährdet.

1. Beschreiben Sie die Lebensbedingungen von Pflanzen in unterschiedlichen Stockwerken des Regenwalds (M 2).
2. Erklären Sie den Nährstoffkreislauf im tropischen Regenwald (M 1, M 4).
3. Erläutern Sie den Rückgang der Waldflächen auf Borneo (M 5, M 9, Atlas).
4. Entwickeln Sie Strategien zum Erhalt des Lebensraums der Orang-Utans.

M 3 **Regenwald (Nationalpark) auf Borneo, Malaysia**

Der Tieflandregenwald, die differenzierteste Regenwaldformation, ist in drei bis fünf Stockwerke gegliedert, in denen jeweils typische, extrem spezialisierte Pflanzen leben (M 2). Bäume erreichen Wuchshöhen von bis zu 60 m. Die hohe Pflanzenproduktivität ist ein weiteres auffälliges Merkmal des tropischen Regenwalds und letztlich der Existenz der Mykorrhiza (Wurzelpilze) zuzuschreiben, die mit ihren Wirtspflanzen in Symbiose leben (M 1). Zum einen mineralisieren sie selbst die organische Streu, zum anderen filtern sie aus der durchsickernden Bodenlösung die Nährstoffe heraus („Nährstofffallen") und geben diese an die Pflanzenwurzeln weiter. Sie verhindern somit zum einen Nährstoffverluste durch Auswaschung als Folge der hohen Niederschläge und ermöglichen zum anderen einen kurzen und sehr effektiven geschlossenen Nährstoffkreislauf, sodass tropische Regenwälder jahrtausendelang auf demselben Boden existieren können. Fast der gesamte Nährstoffvorrat des Waldes ist in der oberirdischen Phytomasse gebunden.

Quelle: Dieter Engelmann, Fred Scholz: Geoökozonen. Braunschweig: Westermann 2009, S. 108

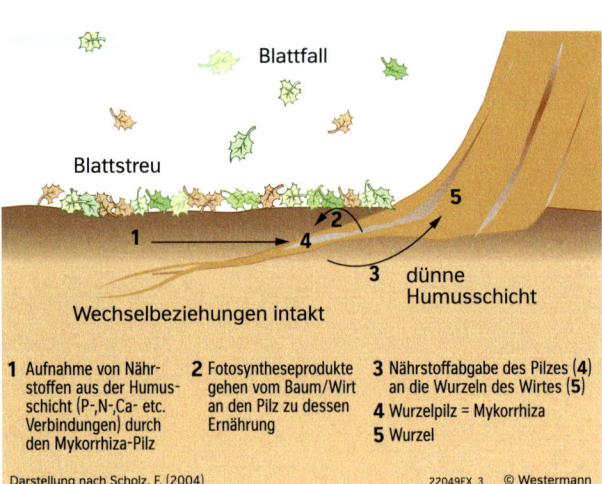

Blattfall

Blattstreu

1 → 4 → 2 → 5

3 dünne Humusschicht

Wechselbeziehungen intakt

1 Aufnahme von Nährstoffen aus der Humusschicht (P-,N-,Ca- etc. Verbindungen) durch den Mykorrhiza-Pilz

2 Fotosyntheseprodukte gehen vom Baum/Wirt an den Pilz zu dessen Ernährung

3 Nährstoffabgabe des Pilzes (**4**) an die Wurzeln des Wirtes (**5**)
4 Wurzelpilz = Mykorrhiza
5 Wurzel

Darstellung nach Scholz, F. (2004)

22049EX_3 © Westermann

M 1 **Funktion der Mykorrhiza**

M 4 **Quellentext zum Ökosystem Regenwald**

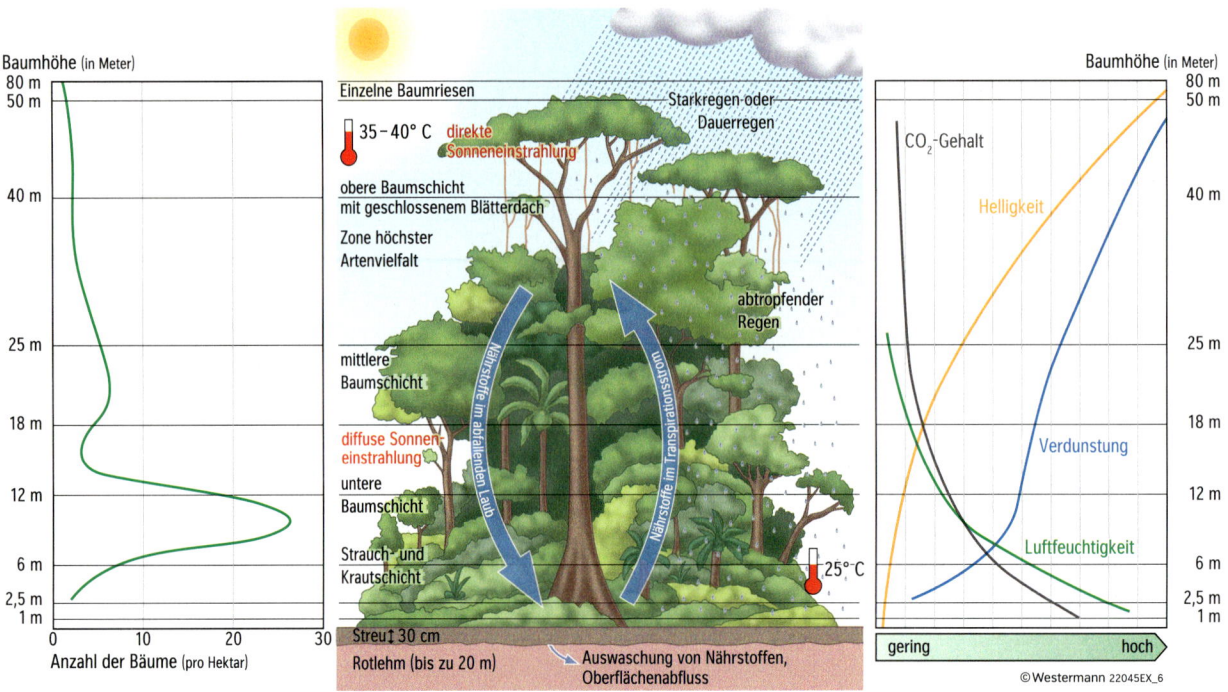

Baumhöhe (in Meter)

80 m
50 m
40 m
25 m
18 m
12 m
6 m
2,5 m
1 m

0 10 20 30
Anzahl der Bäume (pro Hektar)

Einzelne Baumriesen

35 – 40° C direkte Sonneneinstrahlung

obere Baumschicht mit geschlossenem Blätterdach

Zone höchster Artenvielfalt

mittlere Baumschicht

diffuse Sonneneinstrahlung

untere Baumschicht

Strauch- und Krautschicht

Starkregen oder Dauerregen

abtropfender Regen

Nährstoffe im abfallenden Laub

Nährstoffe im Transpirationsstrom

25° C

Streu ↕ 30 cm

Rotlehm (bis zu 20 m)

Auswaschung von Nährstoffen, Oberflächenabfluss

Baumhöhe (in Meter)

80 m
50 m
40 m
25 m
18 m
12 m
6 m
2,5 m
1 m

CO_2-Gehalt

Helligkeit

Verdunstung

Luftfeuchtigkeit

gering hoch

© Westermann 22045EX_6

M 2 **Stockwerkbau und Nährstoffkreislauf des tropischen Regenwalds**

 100800-254-01 schueler.diercke.de
100800-196-02 schueler.diercke.de
 100800-258-01 schueler.diercke.de
100800-259-03 schueler.diercke.de
 100800-260-01 schueler.diercke.de

Bewaldung 1950

Borneo

Legende:
- tropischer Regenwald
- Moor-, Sumpfwald
- Mangrove
- Ölpalmplantage
- Zellstoffplantage

Kudat
Kota Kinabalu
▲ 4095 Kinabalu
Sandakan
Brunei
Bandar Seri Begawan
Lutong
Malaysia
Bintulu
Tanjungselor
Sibu
Tanjungredeb
Kuching
Kajan
Sangkulirang
Borneo
Pontianak
Kapuas
Sintang
Bontang
Indonesien
Samarinda
Palangkaraya
Balikpapan
Ketapang
Barito
Sampit
Banjarmasin

©Westermann 40861EX

0   100   200   300 km

M 5   Borneo: Waldflächen und agrarische/forstwirtschaftliche Nutzung (2018)

M 8   Entwaldung auf Borneo

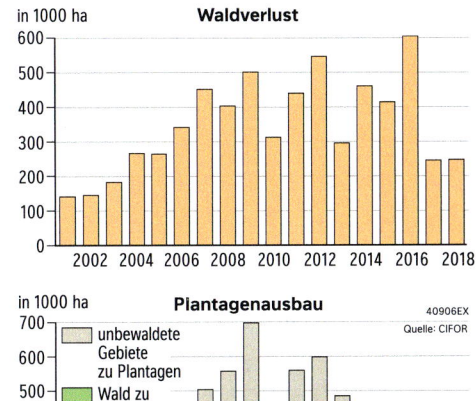

in 1000 ha   **Waldverlust**
600
500
400
300
200
100
0
2002 2004 2006 2008 2010 2012 2014 2016 2018

in 1000 ha   **Plantagenausbau**   40906EX   Quelle: CIFOR
700
600
500
400
300
200
100
0
2002 2004 2006 2008 2010 2012 2014 2016 2018

- unbewaldete Gebiete zu Plantagen
- Wald zu Plantagen

M 9   Entwaldung auf Borneo

Die Artenschutzmaßnahmen der letzten 50 Jahre konnten nicht verhindern, dass die Zahl der Orang-Utans auf Borneo weiterhin dramatisch sinkt. Die neuesten Daten […] deuten darauf hin, dass sich die Gesamtzahl der Borneo-Orang-Utans zwischen 1999 und 2015 um mehr als 100 000 [auf schätzungsweise 70 000 – 100 000] Tiere verringert hat. Dieses Ergebnis bedeutet einerseits, dass es auf Borneo ursprünglich mehr Orang-Utans gab als bisher angenommen. Andererseits verschwinden die Tiere aber auch schneller als vermutet. Der Rückgang ist am dramatischsten in Gebieten, die abgeholzt oder in landwirtschaftliche Nutzflächen umgewandelt wurden. [Auf Borneo fressen sich die Ölpalmplantagen immer weiter in den ursprünglichen Regenwald.] Überraschenderweise war jedoch der zahlenmäßige Verlust von Orang-Utans in Primärwäldern und Wäldern, in denen selektiv Holz geschlagen wird, am größten – also dort, wo die meisten Orang-Utans vorkommen. Verfolgung durch den Menschen, wie zum Beispiel das Töten der Tiere in Konfliktsituationen und Jagd für Fleisch und den Haustierhandel, ist wahrscheinlich einer der Hauptgründe für den Rückgang in diesen Waldgebieten. […] Orang-Utans wurden oft als eine sehr sensible Art beschrieben, die nur unter den besten ökologischen Bedingungen überleben kann. Doch je mehr Forscher über Orang-Utans lernen, desto mehr stellen sie fest, wie widerstandsfähig und anpassungsfähig die Tiere sind. So bewegen sich Orang-Utans zum Beispiel häufiger auf dem Boden fort als bisher angenommen. Außerdem können sie sich von Pflanzen ernähren, die ursprünglich nicht zu ihren natürlichen Nahrungsquellen gehörten, wie etwa Akazie oder Ölpalme. Diese Verhaltensweisen ermöglichen es ih-

M 7   Orang-Utan in einem Auswilderungscamp auf Borneo

nen, in fragmentierten Landschaften und viel kleineren Waldgebieten zu überleben, als Wissenschaftler es bisher für möglich gehalten haben. […] Da es diese stabileren Populationen in Teilen des malaysischen Borneos und den größeren Nationalparks im indonesischen Borneo noch gibt, scheint es unwahrscheinlich, dass der Borneo-Orang-Utan in absehbarer Zeit aussterben wird. Trotzdem ist es dringend notwendig, zusätzliche Verluste zu verhindern. Weitere 45 000 Orang-Utans könnten in den nächsten 35 Jahren allein durch die Zerstörung ihrer Lebensräume verschwinden.

Quelle: Dramatischer Rückgang von Orang-Utans auf Borneo. Pressemitteilung Max-Planck-Gesellschaft 15.2.2018

M 6   Quellentext zur Entwicklung der Orang-Utan-Population auf Borneo

Zusammenfassung

Südostasien gliedert sich in einen festländischen (Hinterindien) und einen insularen Raum (Malaiischer Archipel). Bis auf Thailand haben alle südostasiatischen Staaten eine koloniale Vergangenheit (Portugal, Spanien, Niederlande, Großbritannien, Frankreich, USA). Die Zeit der Entkolonialisierung nach 1945 war insbesondere im kontinentalen Südostasien mit zahlreichen Kriegen verbunden (Indochinakrieg 1946 – 1954, Laotischer Bürgerkrieg 1953 – 1975, Vietnamkrieg 1955 – 1975, Kambodschanischer Bürgerkrieg 1970 – 1993), in die der „kommunistische Osten", nämlich China und die Sowjetunion, sowie der „kapitalistische „Westen", insbesondere Frankreich und die USA, maßgeblich eingebunden waren. In der Folge entstanden in Vietnam, Kambodscha, Laos und Myanmar sozialistische Regierungssysteme, die erst in den letzten Jahrzehnten begannen, sich marktwirtschaftlich zu orientieren. Die südostasiatischen Staaten weisen heute ganz unterschiedliche Staats- und Regierungsformen auf, von etwa einer absoluten Monarchie in Brunei über das kommunistische Vietnam bis zur parlamentarischen Demokratie in Malaysia.

Bis auf Singapur und Brunei sind alle Staaten Südostasien noch immer stark landwirtschaftlich geprägt. Während Laos, Kambodscha, Myanmar und Osttimor als Entwicklungsländer einzustufen sind, nahmen Singapur, Malaysia, Thailand, Indonesien und Vietnam seit den 1970/80er-Jahren eine rasante wirtschaftliche Entwicklung (Kap. 4). Singapur und mit Abstrichen Malaysia zählen heute zu den Industriestaaten.

Die Staaten Südostasiens stehen in unterschiedlicher Weise unter dem Einfluss Chinas, Japans, der USA und Indiens: Während China versucht, der Großregion mit dem Ausbau von Großinfrastrukturen der Seidenstraße-Initiative – von Autobahn- über Eisenbahnverbindungen zu Flughafen- und Hafenneubauten – seinen politischen und wirtschaftlichen Stempel aufzudrücken, engagieren sich Japan und die USA vor allem in den Bereichen der Wirtschafts- und Demokratieentwicklung. Indien unterhält zahlreiche Bildungspartnerschaften und unterstützt Infrastrukturprojekte.

Geologie

Südostasien liegt an der Grenze verschiedener Kontinentalplatten und ist ein seismisch sehr aktiver Raum (als Teil des sog. zirkumpazifischen Feuerrings). Es kommt regelmäßig zu Erd- und Seebeben, Tsunamis und Vulkanausbrüchen. Beispiele hierfür sind die verheerenden Tsunamis von 2004 und 2011 sowie die Ausbrüche des Pinatubo 1991 oder des Merapi 2011. Neben den lokalen Verwüstungen können Vulkanausbrüche auch Klimaveränderungen hervorrufen. Schwemmlandebenen und Deltas der großen Ströme – Mekong, Chao Phraya und Irawadi – sind landwirtschaftliche Gunsträume und daher dicht besiedelt.

Klima

Während das festländische Südostasien vor allem in den äußeren Tropen liegt (der Norden Myanmars und Vietnams in den Subtropen) und von wechselfeuchten Verhältnissen und dem Monsun geprägt ist, befindet sich das insulare Südostasien in den inneren Tropen mit immerfeuchten Bedingungen und permanent hohen Temperaturen. Große tropische Sturmsysteme, in Südostasien Taifune oder Zyklone genannt, richten oft verheerende Zerstörungen an.

Naturgefahren und Vulnerabilität

Südostasien gehört zu den am stärksten von Schaden bringenden Naturereignissen – Erdbeben, Überschwemmungen, Wirbelstürme, Hangrutschungen etc. – heimgesuchten Regionen der Welt. Aufgrund der zudem niedrigen Bewältigungs- und Anpassungskapazitäten zählen die Staaten Südostasiens zu den Ländern mit der weltweit höchsten Verwundbarkeit (Vulnerabilität). So können extreme Naturereignisse schnell zu Naturkatastrophen auswachsen.

Flora und Fauna

Die tropischen Regenwälder Südostasiens zählen global zu den artenreichsten Biodiversitäts-Hotspots der Pflanzen- und Tierwelt. Diese sind jedoch vor allem seit dem Einsetzen der rasanten Wirtschaftsentwicklung durch die Aktivitäten des Menschen bedroht. Große Waldflächen sind bereits vernichtet oder degradiert. Die Ursachen hierfür liegen im hohen Bevölkerungsdruck, den Flächenansprüchen der boomenden Wirtschaft und der Ausbreitung großflächig betriebener Plantagenwirtschaft. Wildtiere wie der Orang-Utan auf Borneo, Elefanten und Tiger in Festlandsüdostasien oder Delfine in den großen Strömen sind akut gefährdet.

Weiterführende Literatur und Internetlinks

Geographische Rundschau
- Indonesien – Mensch und Natur 4/2018
- Vietnam – Laos - Kambodscha 2/2016
- Südostasien – Gesellschaft im Wandel 10/2009
- Kontinentales Südostasien 1/2003
- Insulares Südostasien 4/2002

Kristin Blechschmidt, Thomas Eck, Katrin Götz: Diercke Spezial: Südostasien. Braunschweig: Westermann 2010

Claas Dörnte et al.: Diercke Spezial: Der Asiatisch-Pazifische Raum Braunschweig: Westermann 2006

Karl Vorlaufer: Südostasien Darmstadt: WBG 2018

Frauke Kraas: Diercke Spezial: Myanmar in Process of Transformation (engl.) Braunschweig: Westermann 2019

Karl Husa, Rüdiger Korff, Helmut Wohlschlägl (Hg.): Südostasien – Gesellschaften, Räume, Entwicklungen Wien: nap 2018

Giga Focus Asien
- www.giga-hamburg.de

Asienhaus
- www.asienhaus.de

Südostasien (Zeitschrift)
- https://suedostasien.net

Mekong River Commission
- www.mrcmekong.org/

Pacific Disaster Center - Disaster Alert (Online-Atlas mit aktuellen Natur-/Humankatastrophen)
- disasteralert.pdc.org/disasteralert/

Weltriskobericht
http://weltrisikobericht.entwicklung-hilft.de

Entwaldung im tropischen Regenwald Global Forest Watch
- www.globalforestwatch.org

Atlas of Deforestation and Industrial Plantation (Online-Atlas Borneo)
- https://atlas.cifor.org

2 BEVÖLKERUNG UND GESELLSCHAFT

Straße in Hanoi (Vietnam)

2.1 Einheit und Vielfalt

Die Bevölkerung Südostasiens besteht aus einer großen Vielzahl unterschiedlicher Ethnien und setzt sich aus verschiedenen indigenen und eingewanderten Völkern zusammen (Kap. 2.2). Die Lage zwischen Indien und China führte in der Geschichte zu verschiedenen Phasen von „Indisierung" und „Sinisierung" der Region (M1). Die indischen und chinesischen Einwanderer beeinflussten die südostasiatische Kultur und brachten zudem ihre Religionen und Glaubensvorstellungen mit: Hinduismus, Buddhismus, Konfuzianismus, Taoismus.
Ab dem 14. Jahrhundert wurden die an den Seehandels-routen gelegenen Räume der Malakkahalbinsel (Malaysia, Indonesien) islamisiert. Ab dem 16. Jahrhundert kam eine Überformung durch die europäischen Kolonialmächte hinzu, die – abgesehen vom unabhängigen Thailand – bis weit ins 20. Jahrhundert reichte und eine Christianisierung, zum Beispiel der Philippinen durch die Spanier, nach sich zog. Neben diesen „Hochreligionen" bestehen in vielen Regionen auch Animismus, Ahnenkulte und Volksglauben fort.

M3   **Buddhistische Gläubige an der Shwedagon-Pagode in Yangon (Myanmar)**

Multikulturell geprägte Region
Trotz wiederkehrender ethnischer und religiöser Spannungen kann man vielerorts in Südostasien beobachten, wie religiöse Ideen und Wertesysteme ineinander übergehen oder teilweise voneinander übernommen wurden. Ethnische Minderheiten, die in vielen Ländern von der Mehrheitsbevölkerung latent diskriminiert werden, erfahren in anderen Ländern eine Politik der Förderung und Einbindung, nicht zuletzt um separatistische Bestrebungen zu verringern. Eine besondere, auch wirtschaftliche Rolle spielen in Thailand, Indonesien, Malaysia und vor allem in Singapur die chinesischen Einwanderer (Kap. 2.6).

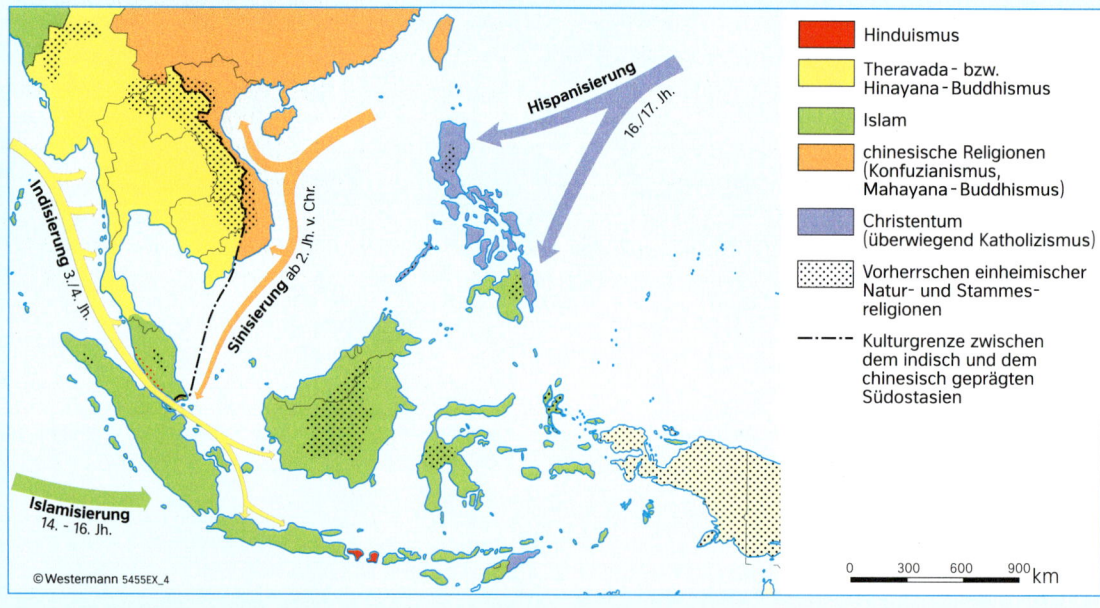

Legende:
- Hinduismus
- Theravada - bzw. Hinayana - Buddhismus
- Islam
- chinesische Religionen (Konfuzianismus, Mahayana - Buddhismus)
- Christentum (überwiegend Katholizismus)
- Vorherrschen einheimischer Natur- und Stammes-religionen
- Kulturgrenze zwischen dem indisch und dem chinesisch geprägten Südostasien

© Westermann 5455EX_4

M1   **Kulturelle Prägung Südostasiens**

	Hinduismus	Buddhismus	Christentum*	Islam	Volks-religionen	andere Religion	keine Religion
Indonesien (2010)	1,7 %	0,7 %	9,9 % (2,9 %)	87,2 %		1,2 %	
Kambodscha (2010)	-	96,9 %	0,4 %	2,0 %	0,7 %		
Laos (2015)	-	66,0 %	1,5 %	0,1 %	30,4 %	-	1,6 %
Malaysia (2010)	6,3 %	19,8 %	9,2 %	61,5 %	2,7 %		0,7 %
Myanmar (2014)	0,5 %	87,9 %	6,2 %	4,3 %	1,3 %	0,5 %	0,7 %
Osttimor (2015)	-	0,1 %	99,6 % (97,6 %)	0,1 %	-	0,2 %	-
Philippinen (2014)	-	-	87,8 % (80,6 %)	5,6 %	-	2,2 %	4,4 %
Singapur (2015)	5,0 %	33,2 %	18,8 %	14,0 %	10,0 %	0,5 %	18,5 %
Thailand (2015)	-	94,5 %	1,2 %	4,3 %	-	-	-
Vietnam (2014)	-	12,2 %	8,3 % (6,8 %)	-	73,2 %	6,2 %	

* in Klammern Katholiken   Quelle: Nationale Censi, Pew Institute

M2   **Zugehörigkeit zu den Religionen in Südostasien** (außer Brunei: überwiegend islamisch)

 100800-279-03 schueler.diercke.de   100800-278-01 schueler.diercke.de    100800-278-02 schueler.diercke.de

M 4 Katholische Kirche in Tacloban (Philippinen)

M 6 „Eiserne Moschee" in Putrajaya (Malaysia)

Demografische Entwicklungen

In Folge verschiedener landwirtschaftlicher, wirtschaftlicher und politischer Entwicklungen hatte im 19. und frühen 20. Jahrhundert in vielen südostasiatischen Regionen ein starkes Bevölkerungswachstum eingesetzt. Abhängig von der sehr unterschiedlichen Wirtschaftsentwicklung der einzelnen Staaten in den letzten Jahrzehnten variierten dann der Beginn und die Geschwindigkeit des demografischen Wandels der Gesellschaften (Kap. 2.3).

Auch die Bevölkerungsverteilung – auf der einen Seite in den alten agrarischen Gunsträumen und den neuen urbanen Zentren sowie auf der anderen Seite in den Berg- und peripheren Räumen Südostasiens – ist in Südostasien alles andere als homogen. Innerhalb der Länder, aber auch innerhalb Südostasiens gibt es verschiedene Wanderungsbewegungen, die zu Bevölkerungsverschiebungen von den peripheren in die Boomregionen und zwischen Stadt und Land führen (Kap. 2.4). In einigen Ländern, wie den Philippinen und Indonesien, trägt die internationale Migration (etwa in die Golfstaaten) über die Rücküberweisungen der Wanderarbeiter zur wirtschaftlichen Entwicklung der Länder bei (Kap. 2.5).

„Unter einem Kulturerdteil [wird] ein Raum subkontinentalen Ausmaßes verstanden, dessen Einheit auf dem individuellen Ursprung der Kultur, auf der besonderen einmaligen Verbindung der landschaftsgestaltenden Natur- und Kulturelemente, auf der eigenständigen, geistigen und gesellschaftlichen Ordnung und dem Zusammenhang des historischen Ablaufes beruht."

Albert Kolb, deutscher Geograph (1962)

„Does South East Asia really exist?"

Ronald Hill, australischer Geograph (2002)

„Südostasien ist ohne Zweifel [...] höchst heterogen. Nicht nur sind alle Weltreligionen dort vertreten, sondern es finden sich Metropolen und riesige Megastädte neben abgeschiedenen Dörfern, moderne „westliche" Lebensformen neben Stammesgesellschaften, hoch entwickelte Staaten [...] und Schwellenländer [...] neben wenig entwickelten Ländern. [...] Neben den indianisierten gibt es die islamisierten und sinisierten Staaten."

Karl Husa, Rüdiger Korff, Helmut Wohlschlägl, Geographen und Südasienkundler (2018)

M 7 Zitate

Staaten/Region	Einwohner (in Mio.)		Bevölkerungsdichte (Ew./km²)	natürliche Wachstumsrate (in %)	Geburten-/ Sterberate (in ‰)	Säuglingssterblichkeit [1]	Bevölkerung nach Alter (in %)		Lebenserwartung bei Geburt (in Jahren)	
	2019	2050					< 15 J.	> 64 J.	männl	weibl.
Brunei	0,4	0,5	69	1,1	15 / 4	9	22	5	75	77
Indonesien	268,4	330,9	140	1,2	18 / 7	25	27	6	69	73
Kambodscha	16,5	21,9	91	1,7	23 / 6	24	31	4	69	73
Laos	7,1	9,5	30	1,7	24 / 8	40	33	4	64	67
Malaysia	32,8	40,6	99	1,1	16 / 5	6	24	6	73	78
Myanmar	54,0	62,3	80	1,0	18 / 8	39	28	6	63	70
Osttimor	1,3	2,0	89	2,4	30 / 6	30	39	4	67	71
Philippinen	108,1	144,5	360	1,5	21 / 6	21	31	5	67	75
Singapur	5,8	6,0	8169	0,4	9 / 5	2	15	14	81	85
Thailand	66,4	62,9	129	0,2	11 / 8	9	17	11	73	80
Vietnam	95,7	108,2	289	0,8	15 / 7	30	23	7	71	71
Südostasien	657,0	789,0	146	1,1	17 / 7	22	26	6	69	75
Welt (hohes Eink.)[2]	1213	1310	k. A.	0,1	10 / 9	5	16	18	78	83
Welt (niedriges Eink.)	724	1438	k. A.	2,7	34 / 8	49	42	3	62	65

[1] Jährliche Anzahl der Todesfälle von Säuglingen im ersten Lebensjahr pro 1000 Lebendgeborene   [2] BIP > 12536 US-$/Ew.   Quelle: Population Reference Bureau

M 5 Ausgewählte demografische Kenndaten (2019)

1. Beschreiben Sie die kulturelle Prägung Südostasiens (M 1).
2. Erläutern Sie die Bevölkerungsverteilung in Südostasien (M 7).
3. „Südostasien ist ein Kulturerdteil." Nehmen Sie Stellung zu dieser These (M 4).

2.2 Ethnien und Religionen

Für Ethnologen und Sprachforscher sind die Hunderte von ethnischen Gruppen und Sprachfamilien in Südostasien ein Eldorado. Für die Länder der Region liegt in dieser ethnischen und religiösen Vielfältigkeit eine große Herausforderung, da vielerorts Konflikte zwischen den Bevölkerungsgruppen bisher nicht überwunden werden konnten.

1. Beschreiben Sie die räumliche Verteilung von Buddhisten, Christen und Muslime in Südostasien (M1, M2, S. 24, M1,).
2. Erläutern Sie die räumliche Verteilung von Bevölkerungsmehrheiten in Thailand (Thai), Myanmar (Bamar) und Vietnam (Vietnamesen) und den Minderheiten (M2, Atlas).
3. „Zu einer Ethnie werden in der Wahrnehmung ihrer Mitglieder diejenigen Mitmenschen gerechnet, die zahlreiche Gemeinsamkeiten wie Abstammung, Glaube, Kultur, Sprache, Kleidung oder Brauchtum aufweisen." Erklären Sie diese Definition.
4. Vergleichen Sie die ethnische Zusammensetzung der Staaten Myanmar, Kambodscha, Malaysia, Indonesien (M5, M9).
5. Erörtern Sie die Bedeutung der offiziellen Sprache in den multiethnischen Gesellschaften Südostasiens (M5, M6).
6. Recherchieren Sie im Internet Informationen zu einem religiösen und/oder ethnischen Konflikt in Südostasien. Beurteilen Sie die Ursachen des Konflikts (M8).

Nirgends auf der Erde sind die ethnische Vielfalt und die Fülle an religiösen und kulturellen Besonderheiten größer als auf dem südostasiatischen Festland. Die Ursachen für diese multikulturelle Prägung liegen in den zahlreichen Kontakten, welche die Region mehr als zwei Jahrtausenden zu den angrenzenden Großräumen unterhielt. [...] Dieses Phänomen [...] hat seine Ursachen in der einzigartigen Reliefgestaltung des festländischen Südostasiens, in dessen Lage zwischen den zwei „Großkulturräumen" und seiner Funktion als Durchgangsraum für Völkerwanderungen zwischen dem asiatischen Festland und dem insularen Südostasien sowie nach Ozeanien und Amerika. Die heute hier ansässigen, zum Teil viele Millionen Menschen umfassenden Ethnien entwickelten eigenständige Kulturen, die aber im ständigen Kontakt mit den großen Nachbarn Indien und China standen und von diesen nachhaltig beeinflusst wurden. Infolge seiner Lage besaß das festländische Südostasien also stets auch eine kulturelle Brückenfunktion. Im Unterschied zu Indien und China ist das festländische Südostasien nicht der Entstehungsraum kulturprägender religiöser oder säkularer Orientierungssysteme wie Buddhismus, Hinduismus, Konfuzianismus, Taoismus u. a. Gleichwohl fanden diese hier eine zweite Heimat und ihre kulturellen Wirkungen übertrafen die in ihren Ursprungsländern in verschiedener Hinsicht.

Quelle: Markus Berger: Das festländische Südostasien – eine multikulturell geprägte Region. Geographische Rundschau 1/2003

M3   Quellentext zur ethnischen Vielfalt Südostasiens

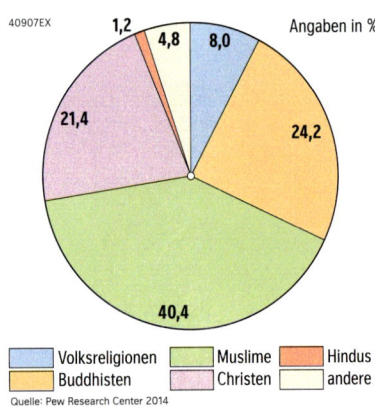

M1   Südostasien: Religionszugehörigkeit

Volksreligionen · Buddhisten · Muslime · Christen · Hindus · andere
Quelle: Pew Research Center 2014

Ethnische Minderheit

Ethnie, die als Minderheit auf dem Territorium eines Staates lebt und sich in Sprache, Kultur und Religion von der dominanten Ethnie unterscheidet und meist auch sozioökonomisch und politisch unterlegen ist.

Indigene Bevölkerung

„Die Definition von ethnischer Minderheit deckt sich weitgehend mit der Bezeichnung „indigene Bevölkerungsgruppen", die jedoch zusätzlich noch das Kriterium der Erstbesiedlung eines bestimmten Territoriums betont sowie die freiwillige Bewahrung kultureller Praxis, kulturelle Selbstidentifikation und Erfahrungen von Diskriminierung und Unterdrückung auf Seiten der Minderheiten impliziert."

Alexander Trupp, Geograph (2009)

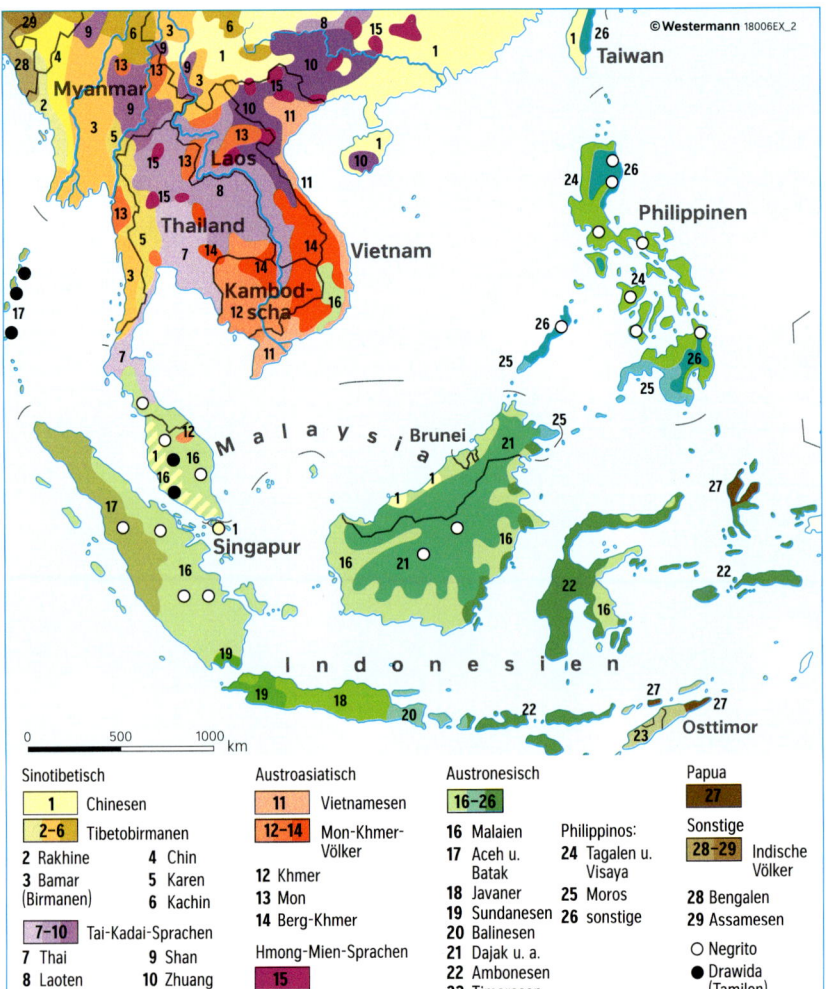

M2   Ethnolinguistische Gruppen in Südostasien (Auswahl)

M4   Indonesische Muslimin

M7   Papua in West-Papua (Indonesien)

Myanmar	Anteil (in %)	Malaysia	Anteil (in %)
Bamar	68	Malaien	50
Shan	9	indigene Bevölke-	
Karen	7		
Rakhine	4	rung	11
Mon	2	andere	7
andere	5		
Chinesen	3	Chinesen	25
Inder	2	Inder	7
Kambod-scha	**Anteil (in %)**	**Indone-sien**	**Anteil (in %)**
Khmer	90	Javanesen	40
Vietna-mesen	5	Sundane-sen	16
andere	4	Madure-sen	4
		andere	39
Chinesen	1	Chinesen	1

M9   Ethnische Zusammensetzung von Myanmar, Kambodscha, Malaysia und Indonesien

	Sprachen	Nationalsprache, offizielle Sprache	Mutter-sprachler
Brunei	15	Malaiisch, Englisch	k.A.
Indonesien	719	Indonesisch	11 %
Kambodscha	22	Khmer	95 %
Laos	86	Lao	63 %
Malaysia	140	Malaiisch, (Englisch)	21 %
Myanmar	135	Birmanisch	73 %
Osttimor	20	Tetun, Portugiesisch	6 %
Philippinen	185	Tagalog, Englisch	29 %
Singapur	73	Englisch, Malaiisch, Mandarin, Tamil	k.A.
Thailand	109	Thai	32 %
Vietnam	24	Vietnamesisch	87 %

Quelle: Ethnologue

M5   Zahl der Sprachen (keine Dialekte) und Anteil der Mutter-sprachler der Nationalsprachen in den Ländern Südostasiens

Fehlende offizielle Anerkennung der ethnischen Minderheit (teils Nichterlangung der Staatsbürgerschaft), keine oder mangelnde Repräsentation in Parlamenten, Verwaltung

Nichtanerkennung der Sprache der ethnischen Minderheit, keine eigenen Schulen, keine eigenen Lehrmaterialien

Keine oder geringe Verfügungsgewalt über natürliche Ressourcen bzw. Landrechte und Landbesitz (Fehlen des Konzepts des formalen Landbesitzes bei manchen indigenen Völkern), unterschiedliche Rechtssysteme

Rigide Integrations- und Entwicklungsprogamme zur Integration/Assimilation, auch in Schulen (z.B. Zwang zur Aufgabe traditioneller Verhaltensweisen)

Durchsetzung einer einheitlichen Religion und/oder einer gemeinsamen politisch-ideologischen Ausrichtung

Zwangsumsiedlungen von ethnischen Minderheiten, Umsiedlungen der Mehrheitsbevölkerung in Gebiete ethnischer Minderheiten

M8   Auswahl von Konfliktpunkten ethnischer Minderheiten mit der Mehrheitsgesellschaft

Viele Sprachgruppen und damit auch Ethnien v. a. [des festländischen Südostasiens] leben in mehreren Staaten. [...] Mit dieser die Grenzen [...] überschreitenden, aber auch mit der interstaatlichen Verteilung von Ethnien [...] sind Konflikte verbunden. Und dies trifft besonders dann zu, wenn durch Staatsgrenzen historische Siedlungsräume einer Ethnie [z.B. durch koloniale Grenzziehung] zerschnitten werden. Die gegenwärtig massivsten und blutigsten Konflikte bestehen im Grenzbereich Thailands zu Malaysia. Die im Königreich lebenden ca. 3,5 Mio. Menschen malaiischer Sprache streben entweder eine Unabhängigkeit von Bangkok oder die (Wieder-)Vereinigung mit Malaysia an, dem sie sich durch Sprache und islamische Religion eher verbunden fühlen als mit dem durch den Buddhismus und eine gänzlich andere Sprache geprägten Thailand. [...] Besonders massiv sind die Spannungen im Grenzbereich zwischen Thailand und Myanmar. Die beiderseits der Grenze lebenden Karen streben innerhalb der Union von Myanmar eine größere Autonomie oder sogar die Unabhängigkeit an. Thailand steht den politischen Forderungen der in Burma lebenden Karen zumindest wohlwollend gegenüber; [...]. Ähnliche, wenngleich nicht ganz so massive Konflikte ergeben sich durch die Teilung des mit den Thai sprachlich verwandten Shan-Volkes.

Die ethnolinguistische Vielfalt ist in (fast) allen Staaten SOAs ein die Integration der Gesellschaft und damit die sozioökonomische Entwicklung hemmender Faktor. Dies gilt selbst für Thailand, das im Vergleich mit anderen Ländern hinsichtlich Sprache, Religion und Ethnizität eine relativ große Homogenität aufweist. Etwa 95 % der ca. 65 Mio. Einwohner sind Buddhisten; über 95 % der Bevölkerung sprechen Tai und über 80 % gelten ethnisch als Thai. Diese weitgehende Homogenisierung vollzog sich [...] im Zuge der Entwicklung des Territorialstaates seit dem späten 19. Jh. oft gegen den Widerstand ethnischer und kultureller Minderheiten. Dieser Prozess der Homogenisierung hat bis heute jedoch noch nicht die von einer islamischen Mehrheit bewohnten südlichen Provinzen im Grenzbereich zu Malaysia erfasst. Über eine oft massive Assimilierungs-, ja Repressionspolitik wurden insbesondere die sog. Hilltribes in den Staatsverband eingebunden. Bis weit ins 20. Jh. hinein gab es gegen diese Völker noch keine massivere Minderheitenpolitik, die Bergvölker lebten kaum kontrolliert weitgehend ungestört in der räumlichen, politischen und sozioökonomischen Peripherie. [...] Diese Politik änderte sich ab 1950, als die Regierung den Kampf gegen den von Bergvölkern betriebenen [Mohnanbau zur Opiumproduktion] aufnahm.
Quelle: Karl Vorlaufer: Südostasien. Darmstadt: WBG 2018, S. 67–72

M6   Quellentext zu ethnischen Konflikten in Südostasien (insbesondere Thailand)

2.3 Demografischer Wandel und Alterung

Die Zeiten, als Südostasien eine der am schnellsten wachsenden Weltregionen war, sind vorbei. In vielen Ländern der Region ist die demografische Umbruchphase schon weit fortgeschritten. Damit einher geht eine tiefgreifende Veränderung gesellschaftlicher Systeme. Die Verantwortlichen in Südostasien müssen zudem schnell Lösungen für Probleme finden, die die Veränderung der Altersstruktur mit sich bringt.

Ⓩ 1. Erklären Sie das Modell des demografischen Übergangs am Beispiel der südostasiatischen Staaten (M1).
2. Beschreiben Sie die Phasen des demografischen Wandels in Indonesien (M1 – M4).
3. Vergleichen Sie die Bevölkerungsentwicklung und die Entwicklung der Altersstruktur auf den Philippinen, in Thailand und Indonesien (M2, M5).
4. Erklären Sie die Ursachen für den Rückgang der Fertilitätsrate in Südostasien (M3, M9).
5. Vergleichen Sie die Entwicklung des Anteils der jungen und alten Bevölkerung in Thailand und den Philippinen (M8).
6. Erörtern Sie die Herausforderungen der Alterssicherung in Thailand (M5, M7, M8).

Der demographische Wandel [Südostasiens] wird am Beispiel des überwiegend islamischen, d. h. hinsichtlich der Familienplanung eher konservativen Indonesien deutlich.

Von 1945 bis etwa 1970 befand sich das Land in der frühtransformativen Phase, die durch einen allmählichen Rückgang der Sterbeziffern infolge besserer medizinischer Versorgung einerseits und eines starken Anstiegs der Geburten infolge der Verbesserung der wirtschaftlichen Lage stetig größerer Bevölkerungsteile, politisch stabiler Verhältnisse (Beendigung des Unabhängigkeitskampfes) und verbesserter pränataler Vorsorge andererseits gekennzeichnet ist. In dieser Phase ist die überkommene Rolle der Frau als möglichst frühe Mutter zahlreicher Kinder noch intakt. Ende der 1960er-Jahre lag die Fertilität noch bei durchschnittlich 5,5 Kindern/Frau. Die jährliche Wachstumsrate erreichte 1961-1971 2,32 %. Bis 2000 wurde die Fertilität auf 2,6 lebend geborene Kinder/Frau halbiert; die jährliche Zuwachsrate fiel von 1991 – 2000 auf 1,35 % und lag 2005 nur noch bei 1,26 %, obwohl die Lebenserwartung z. B. bis 2005 bei den Männern auf 64,6 Jahre und bei den Frauen auf 68,6 Jahre stark gestiegen ist.

Diese Entwicklung wurde durch mehrere Faktoren bestimmt:
• Unter dem Slogan „Zwei Kinder sind genug" propagierte die Regierung Maßnahmen der Familienplanung.
• Die bessere Schulausbildung und der zunehmende Wunsch vieler Frauen nach einem sozialen Aufstieg und einem selbstbestimmten Leben unterstützen diese Politik.
• Der Anteil der Frauen, die empfängnisverhütende Methoden einsetzten, ist in Indonesien, aber auch in anderen Ländern, rasant gestiegen.
• 1967/70 bekamen von 1000 Frauen im Alter von 15 bis 19 Jahren noch 155 ihr erstes Kind; diese Zahl sank bis 1992/1994 auf 61.

Ein weiterer Indikator des Wandels: Auf 1000 Mütter entfielen 1967/70 jährlich noch 1121 Lebendgeburten, d. h., mehr als jede zehnte Mutter gebar noch im selben Jahr nach der Niederkunft ein weiteres Kind; 1992/94 betrug dieser Wert nur noch 571 Geburten/Jahr und [sank weiter]. Diese Entwicklung belegt auch der drastische Rückgang der totalen Fertilitätsraten. Gleichzeitig sank die Säuglingssterblichkeitsrate (bezogen auf 1000 Geburten) von 201,2 (1950-1955) auf nur noch [25,0 (2019)].

Quelle: Karl Vorlaufer: Südostasien. Darmstadt: WBG 2018, S.49

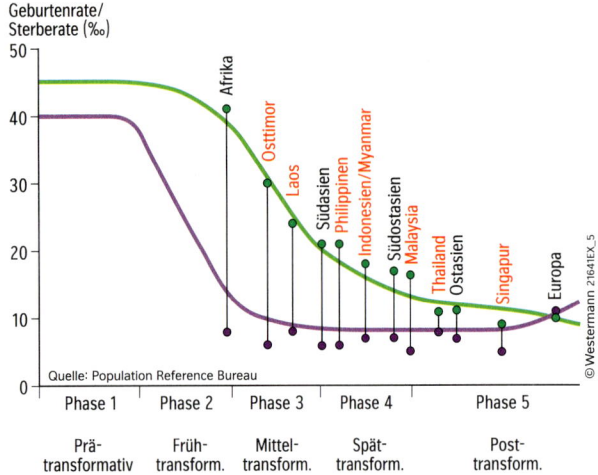

M1 Modell des demografischen Übergangs

M3 Quellentext zum demografischen Wandel in Indonesien

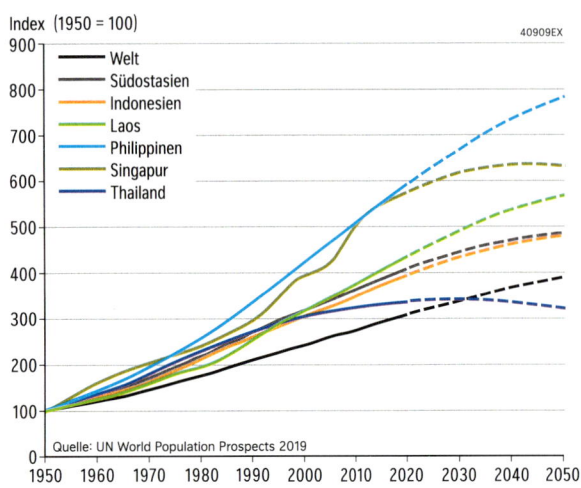

M2 Bevölkerungsentwicklung und -prognose ausgewählter südostasiatischer Länder (1950 – 2050)

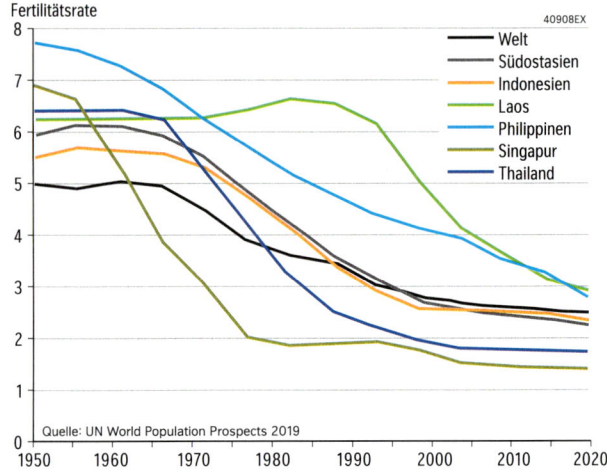

M4 Totale Fertilitätsrate* in ausgewählten südostasiatischen Ländern (1950 – 2020)

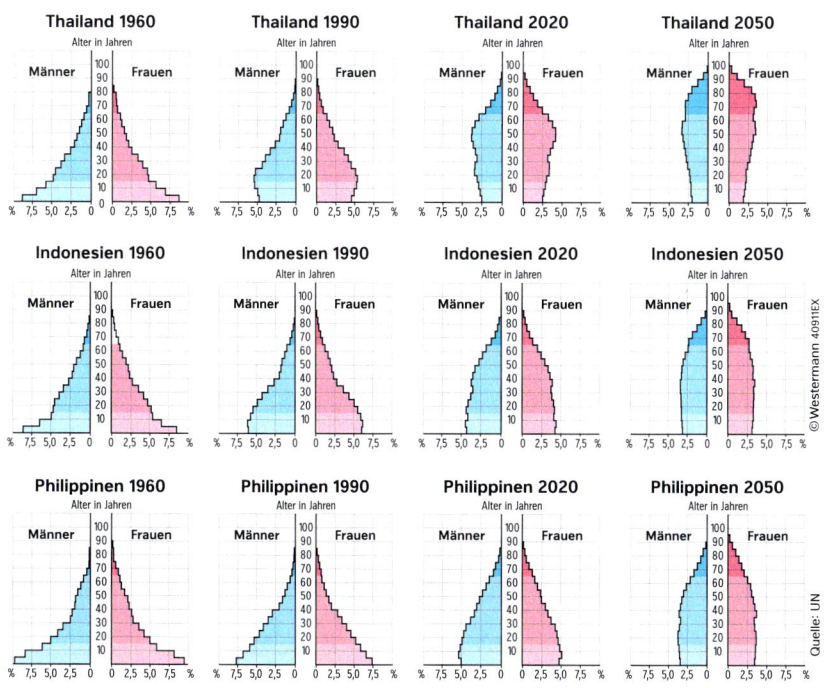

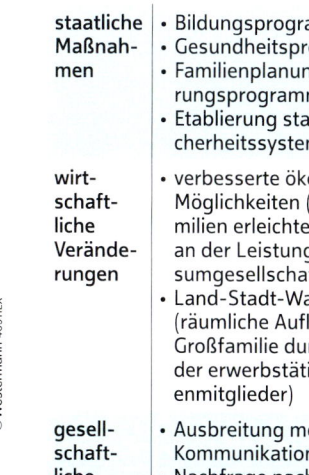

staatliche Maßnahmen	• Bildungsprogramme • Gesundheitsprogramme • Familienplanungs-/Aufklärungsprogramme • Etablierung staatlicher Sicherheitssysteme
wirtschaftliche Veränderungen	• verbesserte ökonomische Möglichkeiten (kleinere Familien erleichtern Teilhabe an der Leistungs- und Konsumgesellschaft) • Land-Stadt-Wanderung (räumliche Auflösung der Großfamilie durch Mobilität der erwerbstätigen Familienmitglieder)
gesellschaftliche Veränderungen	• Ausbreitung moderner Kommunikationsmittel • Nachfrage nach Bildung • Bedeutungsverlust von Traditionen (spätere Heirat, Rückgang arrangierter Ehen) • Veränderung der Rolle der Frau in Gesellschaft (Erwerbstätigkeit) • Bedeutungsverlust familiärer Sicherungssysteme

Quelle: UN

M 5 Wandel der Altersstruktur in Thailand, Indonesien und den Philippinen (1960 – 2050)

M 9 Ursachen der Veränderung der Familienstrukturen

M 6 Großmutter und Enkelin in Thailand

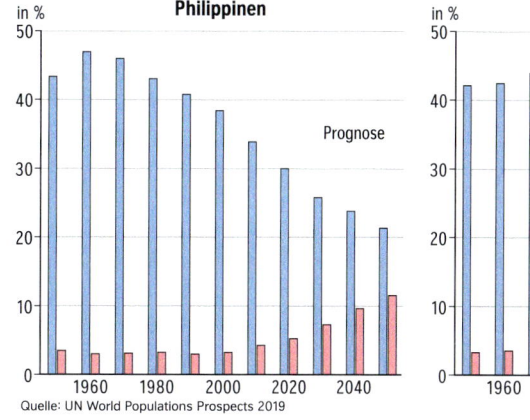

Quelle: UN World Populations Prospects 2019

© Westermann 40910EX

M 8 Anteil alter und junger Bevölkerung in Thailand und den Philippinen

Die Hauptquelle für die Unterstützung des alten Menschen in finanzieller wie auch in pflegerischer Hinsicht ruht im größten Teil Südostasiens nach wie vor auf großfamiliären Strukturen. In vielen Staaten geraten allerdings sowohl die traditionellen Familienstrukturen als auch die familiären Unterstützungsnetze durch voranschreitende Modernisierung und sozioökonomische Veränderungen zunehmend unter Druck und die Notwendigkeit einer tendenziellen Verlagerung der Zuständigkeit für die sozialen Sicherungssysteme älterer Menschen von der Familie in Richtung öffentlich-staatlicher Unterstützungsleistungen zeichnet sich immer deutlicher als ein zentrales sozialpolitisches Problem der näheren Zukunft am Horizont ab.

Wachsende Unterschiede im Lebensstil und in den damit verbundenen Wertemustern zwischen der jungen und der älteren Generation scheinen jedenfalls mittlerweile auch in Südostasien nicht nur zunehmend den traditionellen „Generationenvertrag" (also das stillschweigende Übereinkommen, dass die Eltern ihre Kinder aufziehen und diese dann, wenn sie erwachsen sind, für das Auskommen und die Pflege ihrer Eltern im Alter sorgen) zu unterminieren, sondern auch in doppelter Weise die bislang eher geringe Akzeptanz öffentlicher Institutionen zur Betreuung älterer Menschen zu erhöhen. [...]

Trotz des zunehmenden Bewusstseins von Regierungskreisen, Öffentlichkeit und Medien für das künftige Kernproblem der demographischen Entwicklung Südostasiens hinkt jedoch die Institutionalisierung formeller, also vom Staat getragener sozialer Sicherungssysteme, in den meisten Ländern deutlich hinterher. Nach wie vor ist ein Großteil der Menschen bei der Sicherung ihres Überlebens im Alter primär auf die traditionellen informellen Solidarnetzwerke angewiesen. Die zentrale Rolle, die Großfamilien, Dorfgemeinschaften, religiöse Organisationen usw. in vielen Teilen der Region für die soziale Absicherung älterer Menschen immer noch spielen, kommt auch darin zum Ausdruck, dass viele Regierungen bei der Formulierung neuer oder neu adaptierter Sozialpläne oder Pensionssysteme explizit auf die Beibehaltung bzw. verstärkte Förderung von Unterstützungsleistungen durch Familien oder lokale Gemeinschaften abzielen.

Quelle: Karl Husa, Helmut Wohlschlägl: Vom Kinderreichtum zur Alterung – Bevölkerungsentwicklung und demographischer Wandel in Südostasien. Wien 2018, S. 213

M 7 Quellentext zu sozialen Sicherungssystemen in Südostasien

2.4 Formen und Ursachen von Migration

Südostasien ist in den letzten Jahrzehnten stark durch verschiedenartige nationale und internationale Wanderungsbewegungen seiner Bevölkerung geprägt worden. So lebt jeder sechste Thailänder nicht mehr in seiner Geburtsprovinz. Zwischen 500 000 und einer Million Menschen wanderten in den vergangenen Jahren innerhalb ihres Landes (Binnenmigration). Die Analyse solcher Migrationsprozesse offenbart ein komplexes Phänomen. So lassen sich Wanderungen zum Beispiel nach räumlichen Kriterien, also Herkunfts- und Zielregionen, analysieren. Ferner lässt sich eine Unterscheidung nach Wanderungsgründen und -motiven vornehmen. So verlassen Menschen ihre Heimat, weil Krieg, Unruhen, Naturkatastrophen, staatliche Umsiedlungsmaßnahmen oder kriminelle Verschleppung sie dazu zwingen, oder sie ziehen aus mehr oder minder freien Stücken aus den nur wenige Perspektiven bietenden ländlichen Raum in die (vermeintlich bessere) Arbeit und Freizügigkeit versprechende Stadt.

Ⓩ 1. Gliedern Sie die verschiedenen räumlichen Formen der Migration (M3).

2. Stellen Sie anhand eines konkreten Beispiels je eine erzwungene und freiwillige Migration dar (M1, M4, Internet).

3. a) Erklären Sie die Begriffe Pull- und Pushfaktor.
   b) Ordnen Sie die in M2 aufgeführten Motive in Gruppen den beiden Begriffen zu.

4. Analysieren Sie verschiedene Formen von Binnenmigration in Thailand (M5, M6).

5. Charakterisieren Sie zirkuläre Wanderungen (M6).

Ⓩ 6. Entwickeln Sie Erklärungsansätze für das Phänomen der Stadt-Land-Wanderung in Thailand (M6).

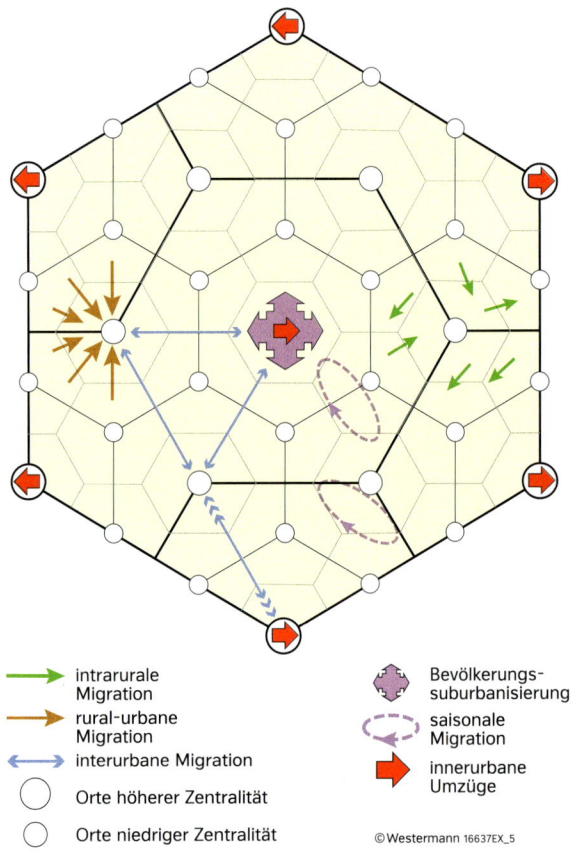

→ intrarurale Migration
→ rural-urbane Migration
↔ interurbane Migration
◯ Orte höherer Zentralität
◯ Orte niedriger Zentralität

Bevölkerungssuburbanisierung
saisonale Migration
innerurbane Umzüge

© Westermann 16637EX_5

M3 (Binnen-)Migrationsarten

persönliche Motive	• Erwerbsaufgabe und damit verbunden der Wunsch nach einem Altersruhesitz • gesundheitliche Gründe • Eheschließungen und -scheidungen
immaterielle Motive	• bessere Wohn- und Freizeitmöglichkeiten • landschaftliche Vorzüge eines Raumes • Wunsch nach abwechslungsreichem städtischem Leben • sprachliche oder religiöse Gründe • kulturelles Angebot
materielle Motive	• bessere Ausbildungs- oder Arbeitsmöglichkeiten • Berufswechsel • höheres Einkommen • besserer Lebensstandard

M1 Hauptmotive für freiwillige Migration

Ursache

staatliche Zwangsumsiedlungen (z.B. ethnischer Minoritäten, bei Staudammprojekten, Slumsanierungen, Ausweisung von Nationalparks), Land Grabbing*

staatlich gelenkte bzw. geförderte Migration (z.B. im Rahmen von Agrarkolonisation, internationalen Vertragsarbeiterverträgen)

Naturkatastrophen (z.B. Vulkanausbrüche, Erdbeben, Tsunami, Überschwemmungen, Taifune, Dürren)

politische/ethnische/religiöse Konflikte, Bürgerkriege, zwischenstaatliche Kriege

Verfolgung und/oder Diskriminierung von religiösen/ethnischen bzw. politischen Gruppen

Kriminalität und Zwang z. B. zur Sklavenarbeit, Zwangsprostitution oder Bettelei

M4 Häufige Formen erzwungener Migration in Südostasien

M2 Push- und Pullfaktoren für Migration

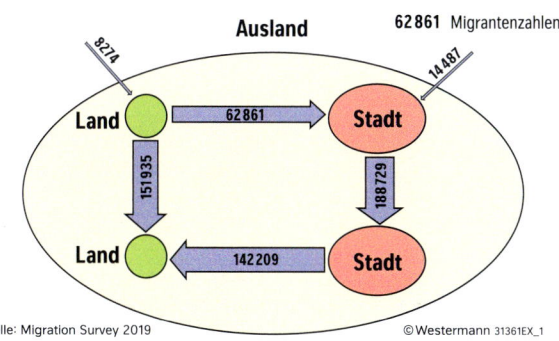

Quelle: Migration Survey 2019   ©Westermann 31361EX_1

M5 Migrationsströme in Thailand (2018)

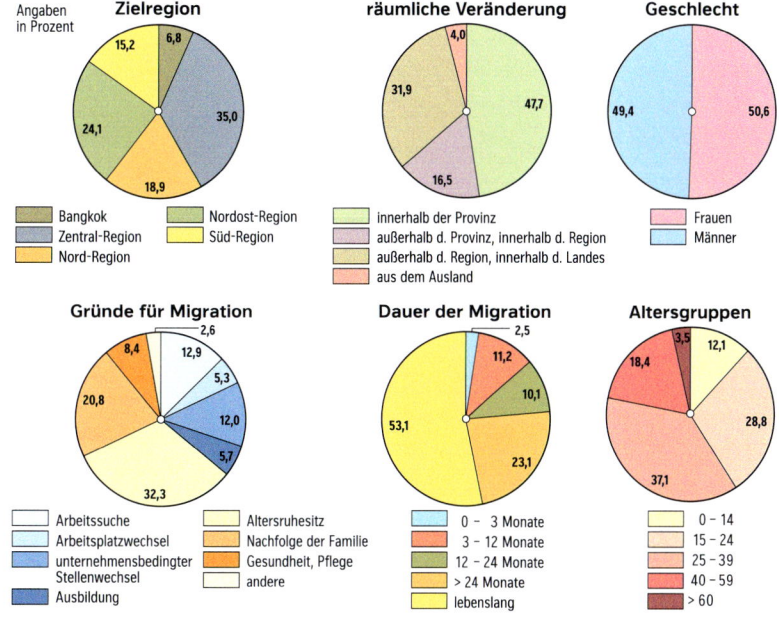

M8 Viele Migranten arbeiten in Bangkoks Garküchen

Land-Land-Wanderung

Im Rahmen staatlicher Umsiedlungsprogramme wurden [in Thailand] zwischen den 1930er- und 1970er-Jahren ca. 1,2 Mio. Menschen auf ca. 750000 ha angesiedelt. Noch umfangreicher waren Migrationen im Zuge spontaner, nicht geförderter Neulanderschließung. Zwischen 1965 bis 1970 entfielen so in Thailand noch ca. 75 % aller Binnenwanderungen auf Land-Land-Migrationen. [...] Ziel dieser Land-Land-Wanderungen waren vorrangig die dünn besiedelten Bergländer. In Nordthailand z. B. migrierten Thais aus übervölkerten Tiefebenen in höhere Zonen, um hier – oft unter Verdrängung altansässiger Minoritäten – Landwirtschaft zu betreiben.

Land-Stadt-Wanderung

[...] Megastädte wie Manila, Jakarta, Saigon oder Bangkok sind die wichtigsten Ziele dieser Wanderung. Zwischen 40–60 % der Stadtbevölkerung sind hier Zuwanderer. [...]. Selbst Siedlungen mit einem bis vor wenigen Jahrzehnten noch dörflichen Charakter entfalteten sich über eine massive Land-Stadt-Wanderung zu Städten mit oft mehreren Zehn- oder gar Hunderttausend Einwohnern. Prägnante Beispiele sind aus Fischerdörfern entstandene Tourismuszentren wie [...] Patong auf Phuket und v. a. das inzwischen ca. 200000 Einwohner zählende Pattaya. [...]

Stadt-Stadt-Wanderung

Im Zuge der wachsenden Differenzierung der Gesellschaft und des Arbeitsmarktes steigt in allen Ländern auch die Stadt-Stadt-Wanderung. Einmal wandern qualifizierte Personen bei günstigerem Arbeitsangebot oder zur Ausbildung in eine andere Stadt, zum anderen wird dieser Migrationsstrom durch die große Zahl Arbeitsloser gespeist, die auf der Suche nach einem Arbeitsplatz oft von Stadt zu Stadt wandern. [...]

Stadt-Land-Wanderung

[...] Dieser Wanderungstyp wird durch sehr unterschiedliche Migranten geprägt: Krankheit,

M7 Charakteristika der Binnenmigration in Thailand (2018)

Alter oder Arbeitslosigkeit zwingen viele Stadtbewohner zu einer Rückkehr in ihre ländliche Heimat, wo sie selbst oder evtl. Familienangehörige noch Land besitzen, dessen Bewirtschaftung die Existenz sichern kann. Nicht wenige Menschen mit geringen Möglichkeiten auf dem städtischen Arbeitsmarkt suchen zudem eine Überlebenssicherung auf dem Lande, das sie evtl. vormals in der Hoffnung auf ein besseres Leben in der Stadt verlassen hatten. [...] Zudem pendeln viele Menschen mehr oder weniger regelmäßig zwischen Stadt und Land: Zur Zeit großen Arbeitskräftebedarfs in der Landwirtschaft oder im ländlichen Tourismusgewerbe wandern viele Menschen, die in der Stadt evtl. nur einer unregelmäßigen Tätigkeit etwa im informellen Sektor nachgehen, aufs Land und kehren in die Stadt zurück, wenn ihre Arbeitskraft auf dem Lande nicht, wohl aber in der Stadt nachgefragt wird. [...]
An den zirkulären Land-Stadt- und Land-Land-Migrationen beteiligen sich Jahr für Jahr in SOA viele Millionen Menschen. Die riesigen gegenläufigen Wanderungsströme werden auch von Migranten getragen, die

ihren Wohnsitz für einen längeren Zeitraum verlegen. Ältere Menschen z. B. beteiligen sich im wachsenden Maße an gegenläufigen Wanderungen u. a. deshalb, weil sie als Zuwanderer früherer Jahrzehnte nach einem alters- oder krankheitsbedingten Ausscheiden aus dem Arbeitsleben in ihre alte Heimat zurückkehren. Ab- und Zuwanderungsräume fallen so oft räumlich und zeitlich zusammen. Während in früheren Jahrzehnten überwiegend Männer v. a. in Räume mit besseren Lebens- und Arbeitsbedingungen wanderten, sind heute auch Frauen [...] im hohen Maße an Wanderungen beteiligt. In Bangkok z. B. übertreffen weibliche Migranten sogar die Zahl männlicher Zuwanderer insbesondere in der Altersgruppe der 20- bis 24-Jährigen. Frauen finden zumindest in Thailand oft leichter eine Arbeit als Männer: Als Hausangestellte, billigere Arbeitskräfte in Fabriken, Hotels, Restaurants, auf Baustellen, aber auch im boomenden Vergnügungsgewerbe (Bars, Bordelle) werden sie bevorzugt beschäftigt.
Quelle: Karl Vorlaufer: Südostasien. Darmstadt: WBG 2018, S. 67 – 72

M6 Quellentext zur Binnenmigration in Thailand und Südostasien

2.5 Internationale Migration – Glück in der Fremde?

Neben der Binnenmigration innerhalb der südostasiatischen Länder gibt es intensive regionale Migrationsprozesse zwischen den Staaten. Zudem ist Südostasien als Ziel- und Quellregion in vielfältige großregionale und globale Wanderungsprozesse eingebunden. Viele Menschen suchten und suchen außerhalb ihres Landes bessere Lebensbedingungen und Arbeit: Früher arbeiteten sie in malaysischen Plantagen und heute im boomenden Singapur, seit den 1970er-Jahren als Seeleute für alle Reedereien der Welt sowie als Haushaltshilfen, Pflegepersonal und Arbeiter in „Übersee". Die zeitlich meist begrenzte Migration, oft über ein offizielles Vertragsarbeits-system in Zielländer vermittelt, aber auch illegale Migration, haben wichtige wirtschaftliche Bedeutung sowohl für die Familie der Migranten als auch die Wirtschaft der Heimatländer. So trägt die internationale Migration zur wirtschaftlichen Entwicklung der Entsendeländer bei, hat aber auch eine Reihe von gesellschaftlichen und sozialen Folgen.

1. a) Gliedern Sie die südostasiatischen Staaten in Ein- und Auswanderländer (M1).
   ⓩ b) Analysieren Sie die Zielländer innerhalb und außerhalb Südostasiens (M1, M5).
   c) Vergleichen Sie die Außenmigration in den südostasiatischen Ländern (M2).
2. Erläutern Sie die Bedeutung und Entwicklung der Rücküber-weisungen (M3).
3. Charakterisieren Sie die Migration von Wanderarbeitern aus den Philippinen (M5, M6, M7, Atlas).
4. Erklären Sie die Begriffe Brain-Drain und Brain-Gain (M9).
5. Erörtern Sie die möglichen langfristigen Folgen der interna-tionalen Migration für Länder wie die Philippinen.

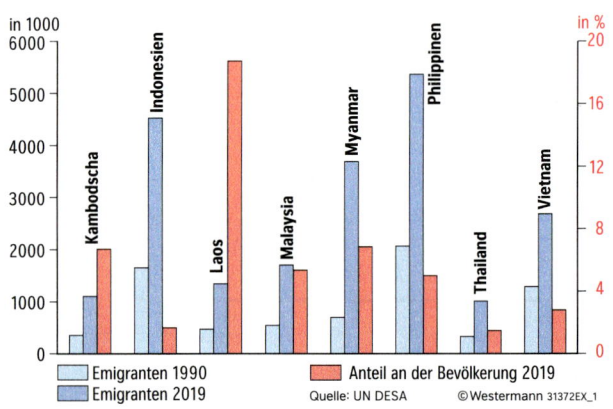

M2   Migranten aus Südostasien in der Welt (Bestand; 1990, 2019)

	2003		2018	
	in Mio. US-$	in % BIP	in Mio. US-$	in % BIP
Kambodscha	103	2,8	1433	5,8
Indonesien	1190	0,7	11215	1,1
Laos	1	0,0	239	1,3
Malaysia	342	0,4	1686	0,5
Myanmar	102	1,1	2840	4,0
Philippinen	6924	8,5	33809	10,2
Osttimor	k.A.	k.A.	96	6,1
Thailand	1697	1,3	7466	1,5
Vietnam	1340	4,3	16000	6,5

Quelle: UNCTAD

M3   Rücküberweisungen in südostasiatische Länder (2003 und 2018, absolut und als Anteil des Bruttoinlandprodukts)

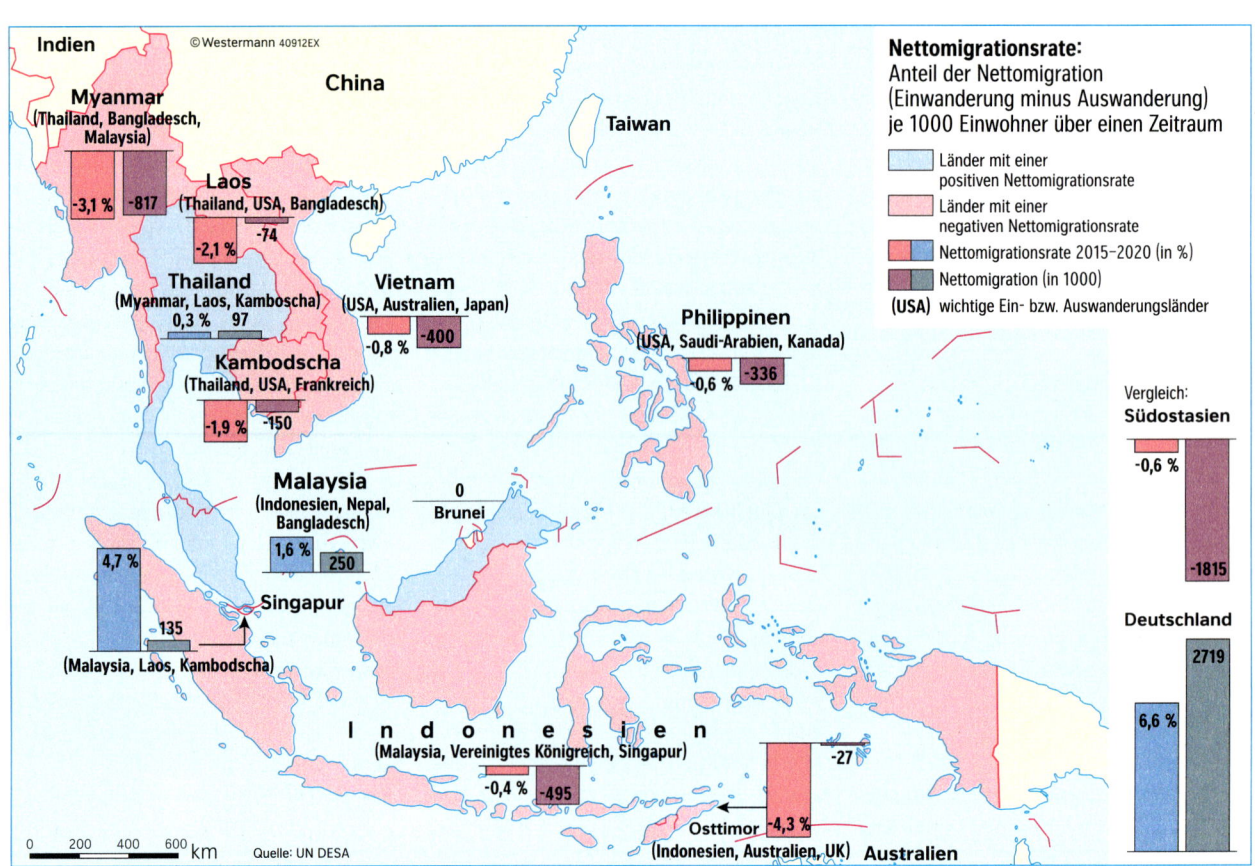

M1   Internationale Migration in Südostasien (2019)

100800-167-03
schueler.diercke.de
100800-279-04
schueler.diercke.de

M 4   Philippinischer Seemann

M 8   Philippinische Krankenschwestern in einem saudischen Rekrutierungsbüro in Manila

Zielländer

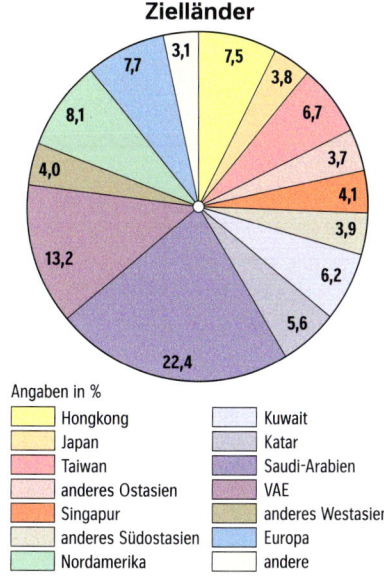

Angaben in %

- Hongkong
- Japan
- Taiwan
- anderes Ostasien
- Singapur
- anderes Südostasien
- Nordamerika
- Kuwait
- Katar
- Saudi-Arabien
- VAE
- anderes Westasien
- Europa
- andere

Beschäftigung

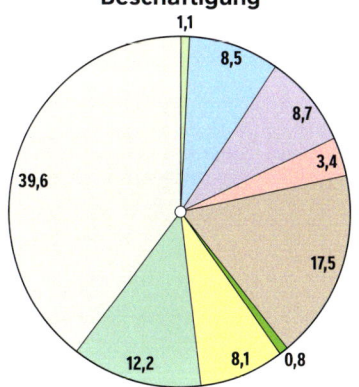

Angaben in %

- Führungskräfte
- Fachkräfte
- Techniker
- kirchliche Hilfskräfte
- Service- und Vertriebsmitarbeiter
- Fachkräfte in der landwirtschaftlichen Forstwirtschaft und Fischerei
- Handwerks- und verwandte Berufe
- Maschinenbediener und Monteure
- Hilfskräfte

- 56 Prozent der Overseas Filipino Workers sind Frauen, von denen knapp zwei Drittel als Hilfskräfte arbeiten.
- Circa 20 Prozent der Overseas Filipino Workers sind Seeleute.

40945EX

M 5   Zielländer und Art der Beschäftigung der Overseas Filipino Workers (2019)

Die Philippinen spielen im globalen Handel keine große Rolle, aber einen Exportschlager haben sie zu bieten: ihre arbeitsfähige und Englisch sprechende Bevölkerung. Filipinos singen in den Kasinos von Macau, bauen Stadien für die Fußball-WM in Katar, fahren Trucks in Iran, putzen die Häuser reicher Araber oder befahren die Weltmeere als Seeleute. [...]

Während der Regierungszeit des Diktators Ferdinand Marcos in den 1970er-Jahren bot der Bauboom im Nahen Osten einen Ausweg aus der Arbeitslosigkeit. Der Aufstieg ost- und südostasiatischer Schwellenländer ab den 1980er-Jahren lud weitere philippinische Arbeitsmigranten ein. Die Asienkrise in den 1990er-Jahren machte die Diaspora der zu Hause salopp OFW (Overseas Filipino Workers) genannten Gastarbeiter dann endgültig zu einem Dauerzustand. Für die Arbeitsmigration in solch enormem Ausmaß gibt es mehrere Ursachen, die eng miteinander verknüpft sind: Hohes Bevölkerungswachstum und zu wenige Jobs führen dazu, dass etwa ein Viertel der Bevölkerung nach Angaben der Asiatischen Entwicklungsbank unterhalb der Armutsgrenze lebt. [...] Reich ist das Land indes an Kindern – sie gelten den katholischen Filipinos nicht nur als Segen Gottes, sondern auch als Altersversicherung.

An jedem Werktag spielen sich in der für OFW zuständigen Behörde POEA (Philippine Overseas Employment Administration) in Manila dieselben Szenen ab. Wenn sie um 8 Uhr öffnet, drängeln sich Hunderte Bewerber in die stickige Halle, stehen in langen Schlangen an verschiedenen Schaltern und warten geduldig auf unbequemen Plastikstühlen, bis sie die notwendigen Papiere für eine Beschäftigung im Ausland zusammenhaben. Tausende Filipinos verlassen täglich ihre Heimat. [...] Der Abschied von Familie und Freunden ist oft einer auf Jahre. Die in der Heimat als „neue Helden" gefeierten OFW sparen sich in der Fremde jeden Dollar vom Mund ab, oft wird mehr als die Hälfte des Verdienstes nach Hause überwiesen. [...]

Auf absehbare Zeit wird es so weitergehen, denn der auswärtige Bedarf an philippinischen Arbeitskräften ist gewachsen. Kreuzfahrtschiffe und Tanker könnten ohne philippinische Seeleute längst nicht mehr ablegen. Industriestaaten wollen die gut Ausgebildeten, die auf den Philippinen dann fehlen: Deutschland und Irland heuern Pflegepersonal an, die USA brauchen Lehrer, Australien holt Facharbeiter. Vor allem aber die Golfstaaten sind erpicht auf die an harte Arbeit gewöhnten Filipinos.

Quelle: Hilja Müller: Exportgut Arbeitskraft. In Atlas der Globalisierung. Berlin: Le Monde diplomatique S. 122

M 6   Quellentext zu den Overseas Filipino Workers

	1982	2002	2019
Bevölkerung (in Mio.)	50,1	80,9	108,1
Overseas Workers (in 1000)	314	892	2202
Rücküberweisungen (in Mio. US-$)	626	9740	33809
BIP/Ew. (in US-$)	4477	4376	8268
Arbeitslosigkeit (in %)	5,5	11,5	4,5

Quelle: UNCTAD, Philippine Statistics Authority, IWF

M 7   Philippinen: Ausgewählte Kenndaten (1982 – 2019)

Gewinne	Verluste
Gewinn durch Rücküberweisungen der Migranten	Schwächung der heimischen Wirtschaft und Wissenschaft, Verlust von Know-how
Verbesserung der Qualifikation der Migranten im Ausland	Beeinträchtigung der (z.B. medizinischen) Grundversorgung
Verbesserung der wirtschaftlichen Vernetzung	Verlust von Ausbildungsinvestitionen

M 9   Volkswirtschaftliche Verluste (Brain-Drain*) und Gewinne (Brain-Gain) durch Emigration

2.6 Auslandschinesen – starke Gemeinschaft in der Diaspora

Zu verschiedenen Phasen der Geschichte wanderten vor allem aus dem Süden Chinas (Guangdong, Fujian) Menschen nach Südostasien aus. Viele kamen als billige Arbeitskräfte und schafften in der Diaspora* den sozialen Aufstieg. Heute wird die Zahl der Auslandschinesen (auch Überseechinesen* genannt), die in bestimmten Ländern zum Teil große Minoritäten bilden, etwa auf etwa 42 bis 50 Mio. geschätzt. Während in einigen Ländern eine weitgehende Assimilation stattgefunden hat, kommt es in anderen noch immer zu einer starken Abgrenzung und zu Auseinandersetzungen mit der Mehrheitsbevölkerung. Die Auslandschinesen, die in ihren „Gastländern" eine wichtige wirtschaftliche Rolle spielen, waren als Investoren auch eine treibende Kraft bei den Investitionen nach der marktwirtschaftlichen Transformation der Volksrepublik China seit den 1980er-Jahren.

1. Beschreiben Sie die räumliche Verteilung der Auslandschinesen in der Welt (M1, M4).
2. Erläutern Sie die Wanderungen der Chinesen nach Südostasien (M2, M3, M6).
3. In China wird (auch begrifflich) zwischen verschiedenen Typen von Chinesen im Ausland differenziert. Charakterisieren Sie die einzelnen Gruppen (M6).
4. Erläutern Sie die räumliche Verteilung und die wirtschaftliche Ausrichtung der Chinesen in Malaysia (M7, M8).
5. Erörtern Sie die Politik der Förderung der Malaien in Malaysia (M9).
ⓩ 6. China verfolgt hinsichtlich „seiner" Überseechinesen das Abstammungsprinzip, in den Ländern Südostasiens gilt das Geburtsortsprinzip. Beurteilen Sie das darin liegende Konfliktpotenzial.

Geburtsortsprinzip (Ius soli)
Prinzip, nach dem ein Staat seine Staatsbürgerschaft an alle Kinder verleiht, die auf seinem Staatsgebiet geboren werden.

Abstammungsprinzip (Ius sanguinis)
Prinzip, nach dem ein Staat seine Staatsbürgerschaft an Kinder verleiht, deren Eltern (oder mindestens ein Elternteil) selbst Staatsbürger dieses Staates sind.

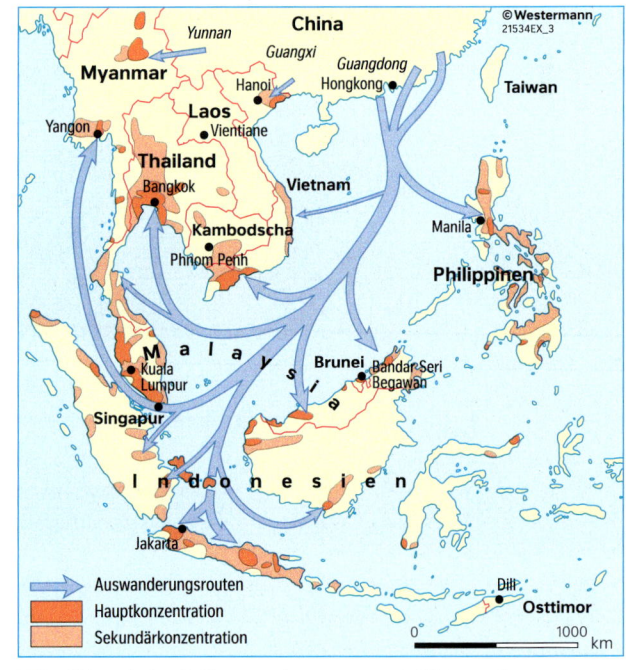

M2   Chinesische Außenwanderungen nach Südostasien

vorkoloniale Phase	• geringe, aber stetige Auswanderung • Chinesen im Handel tätig, aber auch in der Landwirtschaft • Ausnahme Vietnam als teilweiser Bestandteil verschiedener chinesischer Reiche
koloniale Phase	• größte Einwanderungswelle 1850 während wirtschaftlicher Erschließung durch europäische Kolonialmächte • Migration von „billigen" Arbeitskräften • Zuzug bald auch als Unternehmer (Kautschuk, Zinn etc.) • Migration als Folge politischer Wirren, Kriege, Hungersnöte und Überbevölkerung in China
nachkoloniale Phase	• nachlassende Auswanderung • Auswanderung unternehmerisch tätiger Chinesen nach kommunistischer Machtübernahme in der VR China • heute nur noch geringe Auswanderung nach SOA (andere Ziele attraktiver)

M3   Phasen chinesischer Auswanderungen nach Südostasien

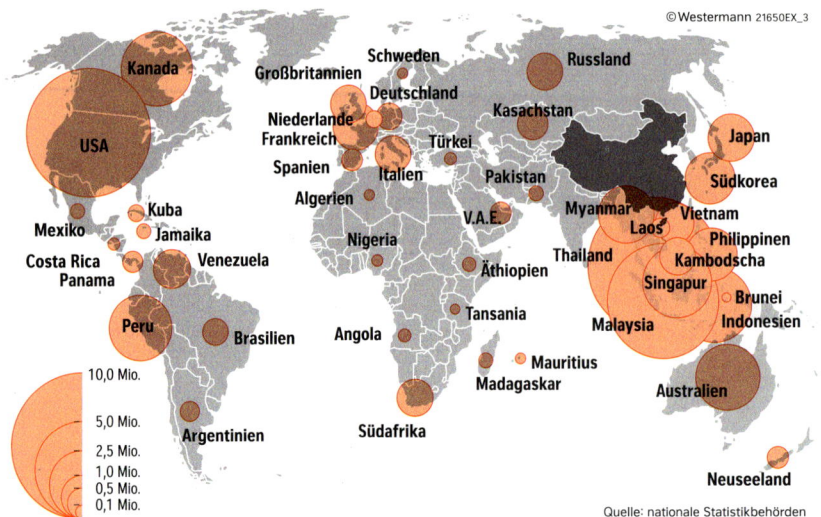

Quelle: nationale Statistikbehörden

M1   Chinesen in der Diaspora* (2010 – 2016)

	Auslandschinesen (in Mio.)	Anteil an Bevölkerung (in %)
Indonesien	8,36[1]	3,3
Thailand	7,00[2]	10,2
Malaysia	6,58	22,0
USA	4,55	1,4
Singapur	2,87	51,9
Kanada	1,58	4,4
Philippinen	1,50	1,5
Myanmar	1,22	2,3
Vietnam	1,03	1,1
Peru	0,99	3,3
Andere	6,82	

[1] offiziell 2,8 Mio. [2] andere Schätzung 25 Mio.
Quelle: Overseas Community Affairs Council Taiwan

M4   Länder mit den höchsten Zahlen an Auslandschinesen (2015)

M 5   Chinatown Jalan Petaling in Kuala Lumpur

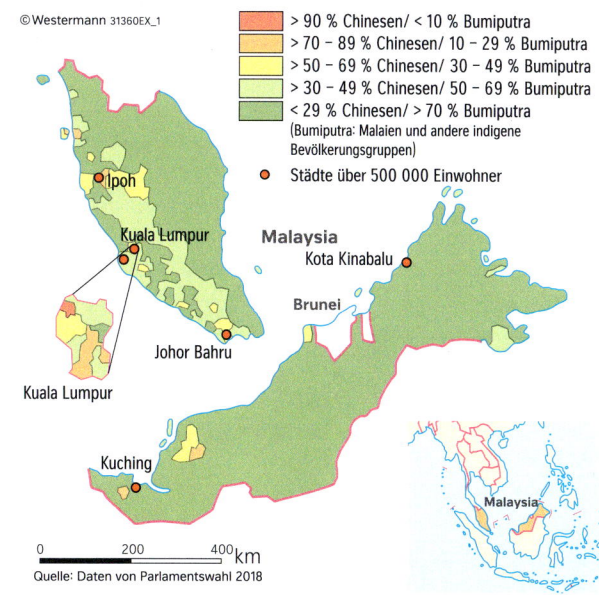

M 7   Bevölkerungsverteilung von Chinesen und Bumiputra in Malaysia (2018)

Die Chinesen besitzen eine lange Migrationsgeschichte nach Südostasien, und ihre Migrationserfahrungen folgten ganz unterschiedlichen Mustern. Allgemein gesprochen sind da zuerst die chinesischen Händler (*huashang*), die zu Geschäften ins „Südliche Meer" kamen, sich dort niederließen und Familien gründeten. Dann gab es die chinesischen Kuli-Arbeiter (*huagong*), die während der Kolonialzeit durch Europäer angeworben wurden, um in einigen Teilen Sumatras und der Malaysischen Halbinsel in Minen und Plantagen zu arbeiten. Während der letzten Tage der Qing-Dynastie im späten 19. Jahrhundert verlangte der Manchu-Hof offiziell den Schutz der chinesischen Bürger im Ausland, was diese zu sich im Ausland aufhaltende Chinesen (*huaqiao*) umdefinierte, die China und nicht den europäischen Kolonien loyal sein sollten. Das Staatsangehörigkeitsgesetz der Qing von 1909 legte ein Ius-sanguinis-Prinzip fest, das jeden, der entweder von einem chinesischen Vater oder einer chinesischen Mutter geboren wurde, als chinesischen Staatsbürger definierte und auch allen Chinesen und ihren Nachkommen, die im Ausland leben, die doppelte Staatsbürgerschaft gewährte. [...]

In der Zeit nach dem Zweiten Weltkrieg begannen die südostasiatischen Staaten ihre eigenen Dekolonisations- und Nationsbildungsprozesse. Viele der chinesischen „Gäste" nahmen die lokale Staatsbürgerschaft an, zum Teil ermutigt durch die neu gegründete Volksrepublik China, die ihre diplomatischen Beziehungen mit dem jeweiligen südostasiatischen Staat zu verbessern gedachte. Später wurden sie zu Menschen chinesischer Abstammung, die dauerhaft im Ausland leben (*huayi*), die also nicht mehr die chinesische Staatsbürgerschaft besitzen. Schließlich gibt es in den letzten Jahrzehnten Migration aus der Volksrepublik China nach Südostasien und in die ganze Welt, die *xinyimin* genannt werden, einen Pass der Volksrepublik China besitzen und für Geschäfts- und Arbeitszwecke migrierten. [...]

Die Gesamtzahl der Chinesen in der Diaspora in Südostasien wird auf 30 bis 40 Millionen geschätzt. Obwohl dies eine grobe Schätzung ist, wird davon ausgegangen, dass ethnische Chinesen in vielen südostasiatischen Ländern eine beträchtliche Präsenz haben. [...] Inzwischen hat wohl die Mehrheit der Auslandschinesen in Südostasien die lokale Staatsbürgerschaft erworben. Oft haben sie keinen Zugang zu politischer Macht, ihr Status als Zwischenhändler in den lokalen Ökonomien hat sie daher verwundbar gemacht für Diskriminierung und politische Repression. Aufgrund von interethnischen religiösen und kulturellen Unterschieden haben einige sich besser als andere vermischt und assimiliert, so auf den Philippinen und in Thailand im Gegensatz zu Malaysia und Indonesien.

Quelle: Enze Han: Bifurcated homeland and diaspora politics in China and Taiwan towards the Overseas Chinese in Southeast Asia. Journal of Ethnic and Migration Studies (2017), S. 5 – 6 (Übersetzung: Thilo Girndt)

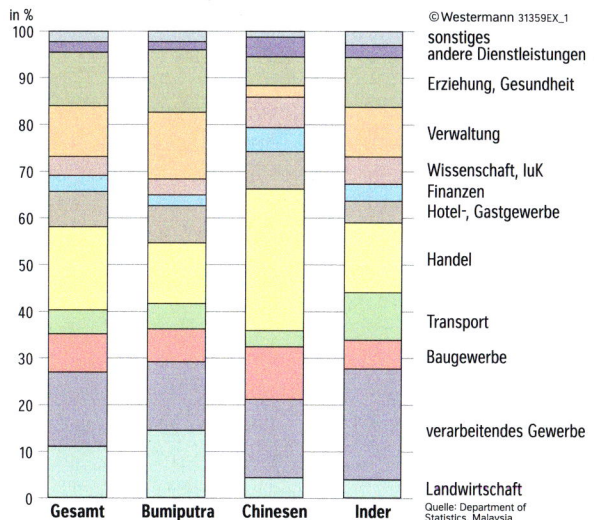

M 8   Beschäftigung ethnischer Gruppen in Malaysia nach Wirtschaftszweigen (2015)

Maßnahme	Folgen
• Ausschluss des chinesisch dominierten Singapur aus der Föderation Malaya (1965)	
• Beschluss eines Wirtschaftsprogramms (New Economic Policy, 1971), das u.a. die wirtschaftliche Dominanz der ethnischen Chinesen zugunsten der malaiischen Bevölkerung verändern sollte (Ziel: 30 % der Unternehmen in malaiischer Hand, bis 1990)	• sog. Ali-Baba-Phänomen: ein Malaie („Ali") als Strohmann offizieller Kapitaleigner, ein Chinese („Baba") kontrolliert das Unternehmen
• Ziel: Verkleinerung der Einkommens- und Vermögensunterschiede zwischen Chinesen und Bumiputra, Stärkung des malaysischen Regierungsbündnisses (bis 2018)	• Abwanderung von chinesischen Unternehmern ins Ausland
• Bevorzugung der Bumiputra bei Wirtschaftsförderung, bei Anstellung in Staatsunternehmen und börsennotierten Unternehmen (Quoten), bei Immobiliengeschäften, bei der Bereitstellung von Agrarland, bei Staatsaufträgen	• Benachteiligung anderer ethnischer Gruppen
• steuerliche Begünstigung der Bumiputra	
Bevorzugung der Bumiputra bei schulischer Qualifikation und beim Zugang zu Universitäten (Quotenregelung)	• Einrichtung von privaten chinesischen Schulen und Universitäten
seit Regierungswechsel 2018 noch unklar, ob Pro-Bumiputra-Politik fortgesetzt wird	

M 6   Quellentext zur chinesischen Migration nach Südostasien

M 9   Malaysische Politik zur Förderung der Malaien in Malaysia

2.7 Armut und ihre Messung

Beim UN-Jahrtausendgipfel im September 2000 verpflichteten sich 189 Staats- und Regierungschefs, die absolute Armut in der Welt bis zum Jahr 2015 zu halbieren, bezogen auf das Jahr 1990. Im Gegensatz zu anderen Weltregionen wurde dieses Ziel in Südostasien bereits 2004 erreicht. Schaut man aber genauer hin, gibt es große Unterschiede zwischen den Ländern und auch innerhalb der Länder. Doch wie definiert man eigentlich Armut und wie kann man sie messen?

1. Vergleichen Sie die Fortschritte bei der Armutsbekämpfung
   a) in den verschiedenen Großregionen (M1)
   b) in Vietnam und Laos (M2, M4).
2. Absolute Armut wird von der Weltbank mittels drei verschiedener Armutsgrenzen (1,90/3,20/5,50 US-$ pro Tag) gemessen.
   a) Finden Sie Veranschaulichungen für diese Zahlen.
   b) Analysieren Sie die absolute Armut in den verschiedenen Kategorien in den Ländern Südostasiens (M2).
   c) Beurteilen Sie die Messung von Armut mittels Einkommen oder unter Einbeziehung der Lebensqualität (MPI, M5).
   d) Armut in Entwicklungsländern und in Industriestaaten unterscheidet sich fundamental. Daher sind auch unterschiedliche Messmethoden sinnvoll. Nehmen Sie Stellung zu der Aussage.
3. Erläutern Sie die Reduzierung der Armut und bestehende soziale Disparitäten in Vietnam (M6, M9).
4. Beurteilen Sie am Beispiel Südostasien Kriterien und Maßzahlen, mit der Armut verglichen werden kann (M8).

Wenn ein Mensch seine grundlegenden Lebensbedürfnisse nicht befriedigen kann, spricht man von absoluter Armut. Das heißt, das Einkommen oder die Mittel liegen unterhalb eines Schwellenwerts, um die Grundbedürfnisse (lebensnotwendige Waren und Dienstleistungen) zu befriedigen. Die Armutsquote (in %) bezieht die Zahl der Armen auf die Größe der jeweiligen Bezugsbevölkerung. Armutsgrenzen werden international, national, aber auch regionsspezifisch bzw. für Stadt und Land definiert. So hat die Weltbank seit 2015 als internationale Armutsgrenze einen Betrag von 1,90 $ festgelegt, der einer Person am Tag zur Verfügung stehen muss, um nicht als arm zu gelten. Zudem werden seit 2017 Berechnungen mit höheren Schwellenwerten durchgeführt, um Entwicklungen in Ländern höherer Einkommensklassen zu erfassen (3,20 $/Tag, 5,50 $/Tag und 21,70 $/Tag). Beim Weltbank-Ansatz wird die Kaufkraft des US-Dollars in Kaufkraftparitäten angegeben, um zumindest im Ansatz die unterschiedliche lokale Kaufkraft* einzubeziehen. Armutsgrenzen werden regelmäßig neu definiert, um sie den Veränderungen der Kaufkraft anzupassen (vor 2015: 1,25 $/Tag). Einzelne Länder definieren Armutsgrenzen auch nach eigenen Kriterien. Andere Ansätze, so der multidimensionale Armutsindex des Entwicklungsprogramms der Vereinten Nationen, sind komplexer und beziehen neben einer gesicherten Versorgung mit Lebensmitteln und Wasser auch Wohnverhältnisse, Zugang zu Bildung und Gesundheit, kulturelle Teilhabe usw. mit ein (M5).

Bestimmt man den Armutsbegriff in Bezug auf die Einkommenshöhe einer Gesellschaft, spricht man von relativer Armut. Diese wird zum Beispiel definiert durch einen Schwellenwert, der sich an der Einkommensverteilung orientiert. So gilt in Deutschland als „armutsgefährdet", wer weniger als 60 Prozent des Medianeinkommens bezieht (2017: 16,1 % der Bevölkerung, 13,1 Mio. Menschen). Die „Armutsgefährdungsgrenze" lag hier 2017 bei weniger als 1096 Euro/Monat für Alleinlebende. Während der absolute Armutsbegriff auf den Mangel am Lebensnotwendigen abhebt, hebt die relative Armut auf die Vorstellung sozialer Ungleichheit ab.

M3   Definitionen von Armut

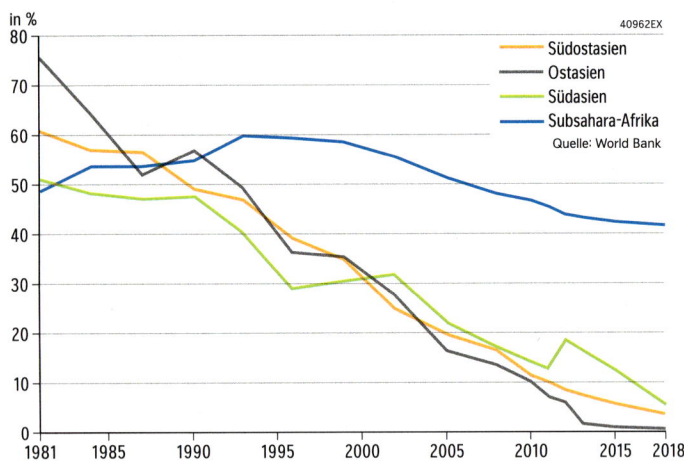

M1   Entwicklung der absoluten Armut (<1,90 US-$/Tag) in ausgewählten Großregionen (1981–2018)

Anteil Arme (in % der Gesamtbevölkerung)				
	<1,90 US-$	<3,20 US-$	<5,50 US-$	Nat. Grenzwert	MPI[1]
Indonesien	4,6	24,2	56	9,8	1,2
Laos	22,7	58,7	85	23,4	9,6
Malaysia	0	0,2	0,7	0,4	k.A.
Myanmar	2	19,3	60,8	24,8	13,8
Philippinen	6,1	26	55,1	21,6	1,3
Thailand	0	0,5	8,6	9,9	0,1
Vietnam	1,9	7,0	23,6	6,7	0,7

1 Multidimensional Poverty Index
Quelle: World Bank keine aktuelle Daten für Kambodscha

M2   Absolute Armut in ausgewählten Ländern Südostasiens

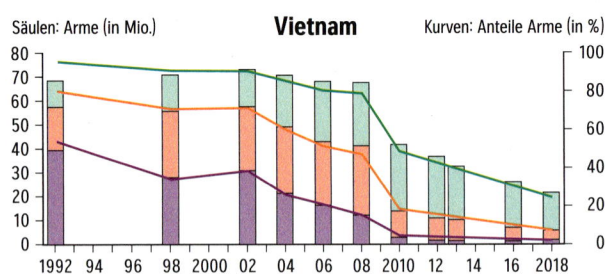

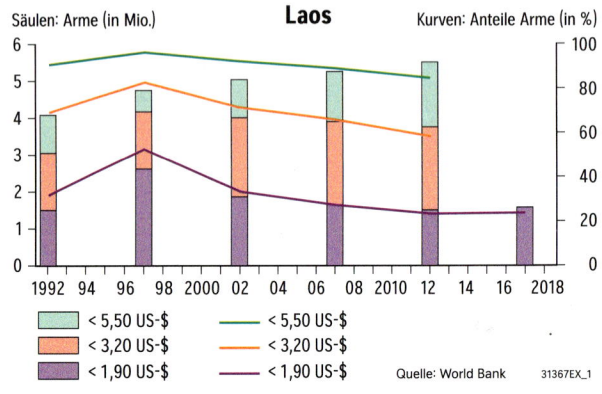

M4   Entwicklung der absoluten Armut in Vietnam und Laos

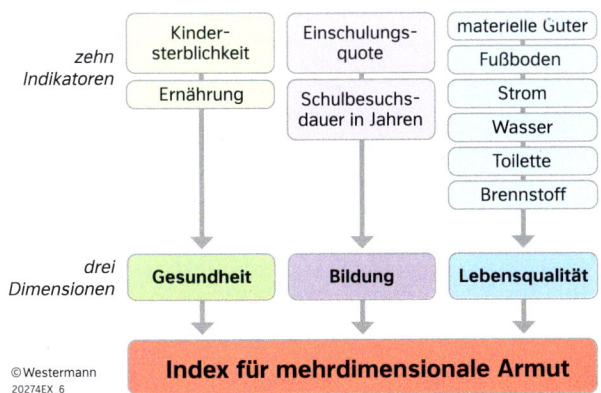

zehn Indikatoren	Kindersterblichkeit	Einschulungsquote	materielle Güter
	Ernährung	Schulbesuchsdauer in Jahren	Fußboden / Strom / Wasser / Toilette / Brennstoff

| drei Dimensionen | Gesundheit | Bildung | Lebensqualität |

Index für mehrdimensionale Armut

© Westermann
20274EX_6

M 5 Indikatoren des Multidimensional Poverty Index

	Armutsquote (in %)		Bevölkerungsanteil (in %)	
	ethnische Minderheiten	Vietnamesen	Eehnische Minderheiten	Vietnamesen
Stadt	20,4	0,7	4,5	95,5
ländliche Gemeinden				
Küstenregionen	25,4	4,1	3,4	96,6
Deltaregionen	12,1	3,8	2,8	97,2
zentrale Ebenen	9,4	1,7	6,8	93,2
Bergländer	34,4	5,3	28,9	71,1
Gebirge	57,0	10,4	72,8	27,2

Quelle: Mekong Development Research Institute

[handschriftlich: höhere Armut bei Minderheiten obwohl anteil gering (bis auf Gebirge)]

M 6 Armut und Bevölkerungsverteilung in Vietnam nach topographischen Räumen (2016)

In Vietnam ist nicht nur die Einkommensarmut in den letzten Jahren weiter gesunken, sondern auch in nichteinkommensbezogenen Bereichen lassen sich Fortschritte beobachten: Sie reichen von infrastrukturellen Verbesserungen, etwa bei der Wasserver- und der Abwasserentsorgung, bis zum Anstieg der Einschulungszahlen in der frühen Kindheit bis zur höheren Bildung. Die Erfolge in der Armutsbekämpfung sind vor allem auf das hohe durchschnittliche Wirtschaftswachstum, weniger auf Umverteilung zurückzuführen. Etwa 70 Prozent der vietnamesischen Bevölkerung können inzwischen als wirtschaftlich abgesichert, etwa 13 Prozent als zur Mittelschicht (ca. 15 Mio. Vietnamesen) gehörend eingestuft werden. Sie haben ein Einkommen, das hoch genug ist, um die alltäglichen Bedürfnisse zu decken und ökonomische Schocks abzufedern. Der Aufstieg der Mittelschichten verlagert den politischen Fokus in Vietnam von der Armutsbekämpfung hin zu einer gemeinsamen Wohlstandsagenda, die eine Verbesserung der Lebensqualität und steigenden Konsum für erfolgreiches wirtschaftliches Wachstum in den Mittelpunkt rückt. Etwa 80 Prozent der neuen Arbeitsplätze wurden in der industriellen Fertigung (50 %), dem Baugewerbe, Einzelhandel und Gastgewerbe geschaffen, wodurch etwa zwei Millionen Arbeiter aus der Landwirtschaft absorbiert wurden. Dies markiert einen Wendepunkt in Vietnams struktureller Transformation* insofern, als die Beschäftigung in der Landwirtschaft in relativen und absoluten Zahlen schrumpfte, begleitet von wachsender Lohnbeschäftigung in allen Sektoren, einschließlich der Landwirtschaft. Robuste Arbeitsnachfrage hob die durchschnittlichen Monatslöhne in der Privatwirtschaft um kumulativ 14 Prozent. Vietnams Haushalte sind damit immer weniger auf informelle Beschäftigungen angewiesen. Etwa 54 Prozent beziehen den Großteil ihres Einkommens aus Löhnen und Gehältern; zwei von fünf Menschen gehen inzwischen einer bezahlten Arbeit nach.

M 9 Armutsreduzierung in Vietnam (nach World-Bank-Studie 2018)

M 7 Ho-Chi-Minh-Stadt

M 10 Bergdorf im Norden von Vietnam

	Alphabetisierung	informell* Beschäftigte	Unterernährte	Kinder mit Entwicklungsstörungen[1]	Basis-Trinkwasserversorgung[2]	Basis-Sanitäreinrichtungen (Basis)[2]	Elektrifizierung auf dem Land[2]	Mobiltelefonverträge (pro 100 Ew.)	Internetnutzer (pro 100 Ew.)	Personenkraftwagen/ Motorräder[3] (pro 1000 Ew.)
Indonesien	95,4 %	44,1 %	8,3 %	30,5 %	89 %	73 %	96 %	119	39,8	51/493
Kambodscha	80,5 %	90,3 %	16,4 %	32,4 %	79 %	59 %	86 %	119	40,0	3/28
Laos	84,7 %	75,4 %	16,5 %	33,1 %	82 %	74 %	91 %	52	25,5	1/284
Malaysia	93,7 %	10,6 %	2,5 %	20,4 %	97 %	100 %	100 %	135	81,2	437/923
Myanmar	73,6 %	84,1 %	10,6 %	29,4 %	82 %	64 %	60 %	113	30,7	9/127
Osttimor	58,3 %	k.A.	24,9 %	51,7 %	78 %	54 %	72 %	116	27,5	k.A.
Philippinen	96,4 %	k.A.	13,3 %	30,3 %	94 %	77 %	90 %	126	60,1	0,3/99
Thailand	92,9 %	37,1 %	7,8 %	10,5 %	100 %	99 %	100 %	180	56,8	227/535
Vietnam	90,2 %	57,2 %	9,3 %	23,8 %	95 %	84 %	100 %	147	70,3	158/31

Quelle: World Bank, ASEAN Statistics [1] unter 5 Jahre [2] Anteil der Haushalte [3] zugelassen

M 8 Sozioökonomische Indikatoren (2016 – 2018, wenn nicht anders angegeben bezogen auf die Gesamtbevölkerung)

[handschriftlich: ✳ Luxus   ✓ gut vergleichbar]

2.8 Messung von nachhaltiger Entwicklung: SDG-Index

Am 25. September 2015 beschlossen 193 Staaten die Agenda 2030 für nachhaltige Entwicklung auf einer Generalversammlung der Vereinten Nationen in New York. Grundlage der Agenda 2030 sind 17 Ziele für nachhaltige Entwicklung (M1). Diese Ziele sind gleichermaßen gültig sowohl für Entwicklungsländer als auch für (Post-)Industrieländer. Der Zeithorizont für die Umsetzung der Ziele ist auf 15 Jahre festgesetzt. Aus einer Vielzahl von Indikatoren können für die einzelnen Ziele der jeweilige Status der Entwicklung angegeben werden. Die Fortschritte bei der Erfüllung dieser Ziele lassen sich dafür heranziehen, differenziert den Entwicklungsstatus von Ländern zu kennzeichnen. Dieser SDG-Index hat gegenüber anderen Methoden zur Messung des Entwicklungsstandes von Ländern eine Reihe von Vorteilen.

1. a) Fassen Sie die Berechnung des SDG-Index zusammen (M2).
   b) Erklären Sie die grafischen Darstellungen in M3 und M6.
   Ⓩ c) Erörtern Sie die Komplexität der SDG und des SDG-Index mit ihren Unterzielen und Indikatoren (M1, M2, M7, Internet).
2. Charakterisieren Sie den Stand nachhaltiger Entwicklung in Südostasien im Vergleich zu anderen Großräumen (M4).
3. Analysieren Sie den Entwicklungsstand von Thailand und Laos auf Basis des SDG-Index (M3–M6).
4. a) Vergleichen Sie die Ergebnisse des SDG-Index und des Human Development Index sowie des Pro-Kopf-Einkommens der südostasiatischen Länder (M5).
   Ⓩ b) Beurteilen Sie das Abschneiden Singapurs im SDG-Index.
   c) Erörtern Sie vergleichend die Konzepte des SDG- und des HD-Index (M2, M7, M8, https://dashboards.sdgindex.org, http://hdr.undp.org).

1. Armut in allen ihren Formen und überall beenden.
2. Den Hunger beenden, Ernährungssicherheit und eine bessere Ernährung erreichen.
3. Ein gesundes Leben für alle Menschen jeden Alters gewährleisten und ihr Wohlergehen fördern.
4. Inklusive, gleichberechtigte und hochwertige Bildung gewährleisten und Möglichkeiten lebenslangen Lernens für alle fördern.
5. Geschlechtergleichstellung erreichen und alle Frauen und Mädchen zur Selbstbestimmung befähigen.
6. Verfügbarkeit und nachhaltige Bewirtschaftung von Wasser und Sanitärversorgung für alle gewährleisten.
7. Zugang zu bezahlbarer, verlässlicher, nachhaltiger und moderner Energie für alle sichern.
8. Dauerhaftes, breitenwirksames und nachhaltiges Wirtschaftswachstum, produktive Vollbeschäftigung und menschenwürdige Arbeit für alle fördern.
9. Eine widerstandsfähige Infrastruktur aufbauen, breitenwirksame und nachhaltige Industrialisierung fördern und Innovationen unterstützen.
10. Ungleichheit in und zwischen Ländern verringern.
11. Städte und Siedlungen inklusiv, sicher, widerstandsfähig und nachhaltig gestalten.
12. Nachhaltige Konsum- und Produktionsmuster sicherstellen.
13. Umgehend Maßnahmen zur Bekämpfung des Klimawandels und seiner Auswirkungen ergreifen.
14. Ozeane, Meere und Meeresressourcen im Sinne nachhaltiger Entwicklung erhalten und nachhaltig nutzen.
15. Landökosysteme schützen, wiederherstellen und ihre nachhaltige Nutzung fördern, Wälder nachhaltig bewirtschaften, Wüstenbildung bekämpfen, Bodendegradation beenden und umkehren und dem Verlust der biologischen Vielfalt ein Ende setzen.
16. Friedliche und inklusive Gesellschaften für eine nachhaltige Entwicklung fördern, allen Menschen Zugang zur Justiz ermöglichen und leistungsfähige, rechenschaftspflichtige und inklusive Institutionen auf allen Ebenen aufbauen.
17. Umsetzungsmittel stärken und die globale Partnerschaft für nachhaltige Entwicklung mit neuem Leben erfüllen.

M1 Sustainable Development Goals (SDG) der Agenda 2030

Die Bertelsmann Stiftung entwickelte in Zusammenarbeit mit den Vereinten Nationen den Sustainable Development Goal Index (SDGI), der den Status der nachhaltigen Entwicklung einzelner Staaten sowohl komprimiert anzeigt als auch im Detail aufschlüsselt. Der SDG-Index kann maximal einen Wert von 100 – entsprechend einer einhundertprozentig abgeschlossenen nachhaltigen Entwicklung – einnehmen. Er stellt das arithmetische Mittel von 17 Einzelwerten dar, die den Stand der Entwicklung zu jedem der 17 Ziele einer nachhaltigen Entwicklung (Sustainable Development Goals, M1) für ein Land anzeigen.

Die Berechnung der 17 mit den Sustainable Development Goals jeweils korrespondierenden Einzelwerten basiert auf jeweils mehreren statistischen Größen mit der Intention, eine möglichst große Zahl der 169 Zielvorgaben der SDG-Unterziele abzubilden. Beispielsweise fließen bei der Berechnung des Einzelwertes für das Nachhaltigkeitsziel Nr. 2 „Ernährungssicherheit" mit seinen sechs Unterzielen auch sechs statistische Größen (Indikatoren) in den SDGI ein (M9). Der SDG-Indexeinzelwert für jedes Nachhaltigkeitsziel ergibt sich aus dem arithmetischen Mittel des Zielerfüllungsgrades in Prozent zu jedem dieser statistischen Einzelgrößen. Der SDG-Index zeigt also auf Länderebene und für Ländergruppen, welche Erfolge erzielt wurden bzw. welche Notwendigkeiten und Herausforderungen bezogen auf eine nachhaltige Entwicklung bestehen.

M2 Sustainable Development Goal Index

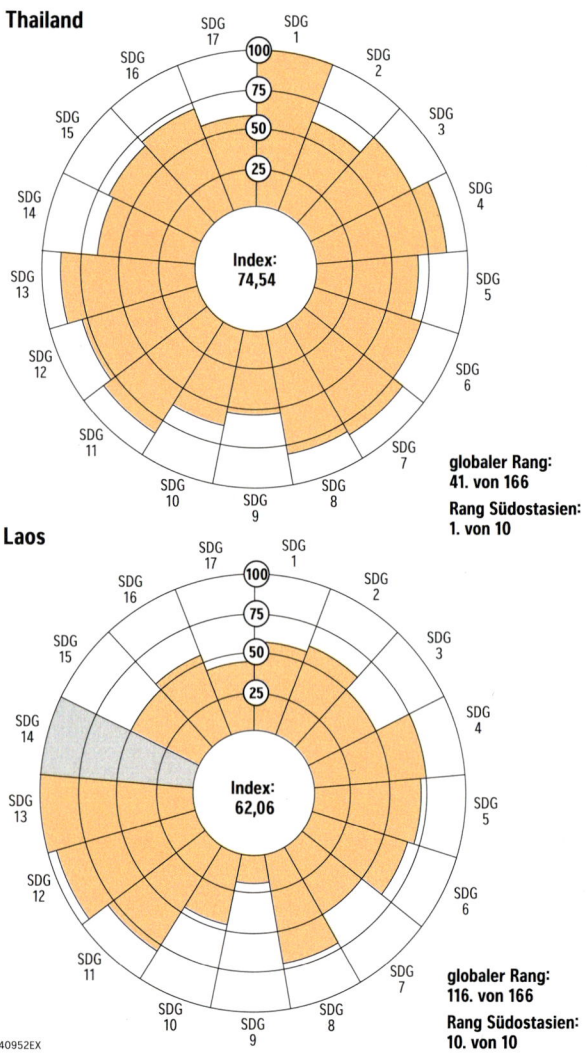

M3 SDG-Index Thailand und Laos 2019

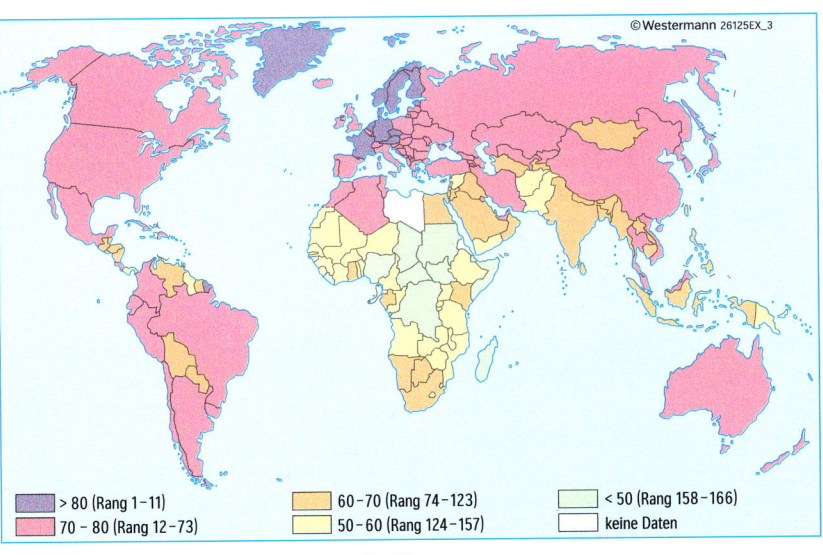

M 4   SDG-Index (2019, Zielerfüllungsgrad in %)

Legende:
- > 80 (Rang 1–11)
- 70 – 80 (Rang 12–73)
- 60–70 (Rang 74–123)
- 50–60 (Rang 124–157)
- < 50 (Rang 158–166)
- keine Daten

© Westermann 26125EX_3

Unterziel	Indikator
• Hungerbekämpfung • Abschaffung der Mangelernährung • Verdoppelung der landwirtschaftlichen Produktion • sicherer Zugang zu Grund und Boden • resiliente landwirtschaftliche Anbausysteme • genetische Vielfalt bei Pflanzen und Tieren	• Unterernährung (in % der Bevölkerung) • Wachstumsstörungen von Kindern (in %) • Untergewicht bei Kindern • Adipositashäufigkeit bei Erwachsenen (in %) • Human-Trophy-Index[1] • Getreideertrag (in t/ha) • nachhaltiger Stickstoffmanagement-Index[2] • Schließung von Ertragslücken[3]

[1] Maß für die Energieintensität der Nahrungszusammensetzung (Verhältnis tierischer/pflanzlicher Nahrung)
[2] Maß, das Stickstoffnutzungseffizienz und Flächennutzungseffizienz (Ernteertrag) bei Pflanzenproduktion kombiniert
[3] Maß zur Darstellung ungenutzten Potenzials für die Pflanzenproduktion auf bestehendem Ackerland

M 7   Unterziele und Indikatoren für das SDG 2 „Ernährungssicherheit"

	SDG-Index[1]			Human Devolopment Index			Rang BIP/ Ew. (Welt)
	Wert	Rang SOA	Rang Welt	Wert	Rang SOA	Rang Welt	
Schweden	84,7		1. v. 166	0,937		8. v. 189	15. v. 185
Norwegen	80,8		6. v. 166	0,954		1. v. 189	6. v. 185
Katar	64,7		103. v. 166	0,848		41. v. 189	1. v. 185
Deutschland	80,8		5. v. 166	0,939		4. v. 189	17. v. 185
Thailand	74,5	1. v. 10	41. v. 166	0,765	4. v. 11	77. v. 189	65. v. 185
Vietnam	73,8	2. v. 10	49. v. 166	0,693	7. v. 11	118. v. 189	128. v. 185
Malaysia	71,8	3. v. 10	60. v. 166	0,804	3. v. 11	61. v. 189	43. v. 185
Brunei	68,5	4. v. 10	88. v. 166	0,848	2. v. 11	43. v. 189	5. v. 185
Singapur	67,0	5. v. 10	93. v. 166	0,935	1. v. 11	9. v. 189	3. v. 185
Philippinen	65,5	6. v. 10	99. v. 166	0,712	5. v. 11	106. v. 189	109. v. 185
Indonesien	65,3	7. v. 10	101. v. 166	0,707	6. v. 11	111. v. 189	93. v. 185
Myanmar	64,6	8. v. 10	104. v. 166	0,584	10. v. 11	145. v. 189	127. v. 185
Kambodscha	64,4	9. v. 10	106. v. 166	0,581	11. v. 11	146. v. 189	139. v. 185
Laos	62,1	10. v. 10	116. v. 166	0,604	9. v. 11	140. v. 189	120. v. 185
ZAR[1]	38,5		166. v. 166	0,377		188. v. 189	184. v. 185

[1] ohne Osttimor [2] Zentralafrikanische Republik   SOA = Südostasien   Quelle: SDG Report 2020, UNDP, IWF

M 5   Wert und Ranking ausgewählter Länder beim Sustainable Development Goal Index 2019 und dem Human Development Index 2019 sowie Rang Pro-Kopf-Einkommen 2019

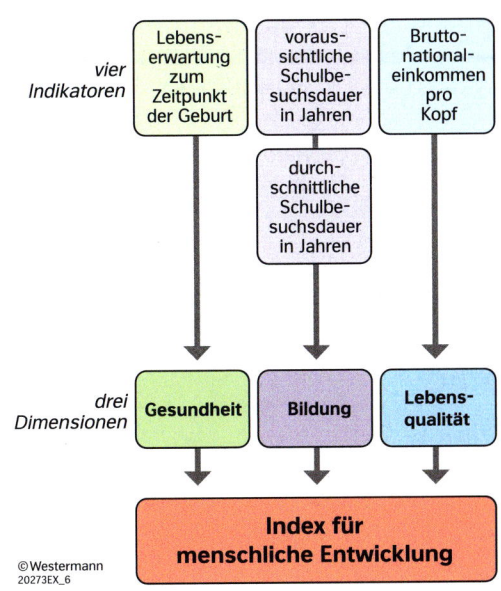

vier Indikatoren:
- Lebenserwartung zum Zeitpunkt der Geburt
- voraussichtliche Schulbesuchsdauer in Jahren
- durchschnittliche Schulbesuchsdauer in Jahren
- Bruttonationaleinkommen pro Kopf

drei Dimensionen:
- Gesundheit
- Bildung
- Lebensqualität

Index für menschliche Entwicklung

© Westermann 20273EX_6

M 8   Human Development Index

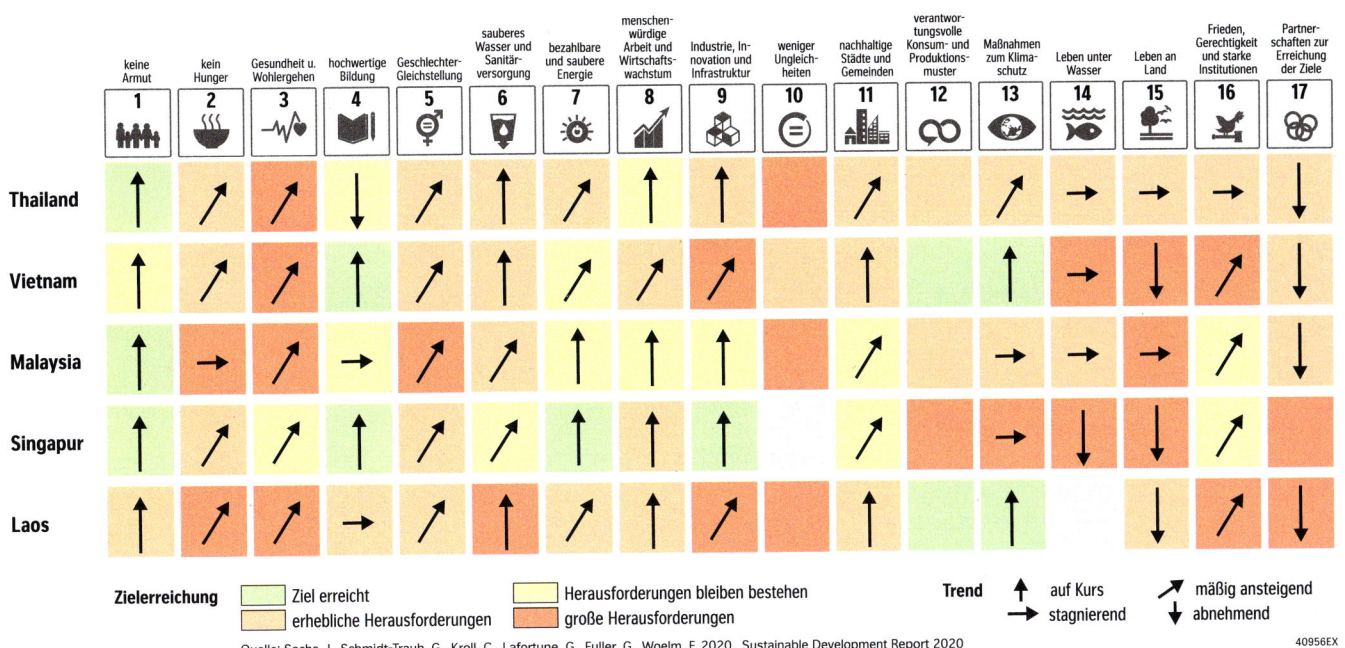

Zielerreichung:
- Ziel erreicht
- erhebliche Herausforderungen
- Herausforderungen bleiben bestehen
- große Herausforderungen

Trend:
- ↑ auf Kurs
- → stagnierend
- ↗ mäßig ansteigend
- ↓ abnehmend

Quelle: Sachs, J., Schmidt-Traub, G., Kroll, C., Lafortune, G., Fuller, G., Woelm, F. 2020. Sustainable Development Report 2020

40956EX

M 6   Zielerfüllung und Trends für die 17 SDG im SDG-Index 2019 für ausgewählte südostasiatische Länder

Zusammenfassung

Ethnien und Religionen

Das insulare und festländische Südostasien weist eine enorme Vielfalt an Ethnien, Sprachen, Kulturen und Religionen auf. Über Jahrtausende kam es zu verschiedenen Phasen von „Indisierung" und „Sinisierung" der Region. Die indischen und chinesischen Einwanderer beeinflussten die südostasiatische Kultur und brachten zudem ihre Religionen mit (Hinduismus, Buddhismus, Konfuzianismus, Taoismus). Die an den Seehandelsrouten gelegenen Räume der Malakkahalbinsel (Malaysia, Indonesien) wurden ab dem 14. Jahrhundert islamisiert. Ab dem 16. Jahrhundert kam eine Überformung und Christianisierung durch die europäischen Kolonialmächte hinzu. In manchen Ländern werden mehr als 100 verschiedene Sprachen gesprochen, was die staatliche Einheit und die Identifikation seiner Einwohner mit dem Land oftmals behindert. Zudem werden die ethnischen Minderheiten in vielen Ländern von der Mehrheitsbevölkerung diskriminiert bzw. es führen Unabhängigkeitsbestrebungen dieser Minderheiten teilweise zu Unruhen. Zahlreiche kriegerische Auseinandersetzungen der letzten Jahrzehnte sind religiös und ethnisch, zudem durch Auseinandersetzungen um den Zugang zu Ressourcen bedingt. Eine besondere Minderheit in vielen südostasiatischen Ländern sind die Auslandschinesen, die teilweise Opfer von Verfolgungen wurden, aber zum Beispiel in Malaysia eine wichtige wirtschaftliche Rolle spielen und in Singapur die Bevölkerungsmehrheit darstellen. Auch außerhalb Südostasiens gibt es große chinesische Diasporagemeinden.

Demografische Entwicklungen

Die Bevölkerungsverteilung ist in Südostasien sehr ungleich. Hohen Bevölkerungsdichten in agrarischen Gunsträumen und städtischen Regionen stehen periphere Räume mit sehr geringer Bevölkerungsdichte gegenüber. Das ehemals hohe Bevölkerungswachstum der Region konnte in den letzten Jahren spürbar gebremst werden. Vielmehr schreitet aufgrund gesellschaftlicher Veränderungen und damit verbundener sinkender Fertilität der demografische Wandel schnell voran. Die Verantwortlichen der Länder müssen sich rasch um Lösungen bemühen, die mit der fortschreitenden Alterung der Bevölkerung einhergehen (z. B. Aufbau sozialer Sicherungssysteme).

Migration

Zudem wird die Region durch erhebliche Bevölkerungswanderungen geprägt, als Binnenwanderung innerhalb der Länder und internationale Migration innerhalb der Region oder darüber hinaus. Dazu tragen wirtschaftliche Gründe und Bildungsmotive und verschiedene Formen von Zwangsmigration (staatliche Umsiedlungsprojekte, Flucht vor Krieg, Naturkatastrophen, ethnische/religiöse Verfolgung etc.) bei. Hierbei spielt national nicht nur die Abwanderung in die großen Städte eine große Rolle, sondern auch die Stadt-Land- und die Land-Land-Wanderung. In letzter Zeit gewinnen zirkuläre Wanderungsmuster an Bedeutung, wobei die Migranten wiederholt zwischen verschiedenen (Arbeits-)Orten wechseln.

Für Länder wie die Philippinen und Indonesien ist außerdem die internationale Arbeitsmigration von großer wirtschaftlicher Bedeutung. Als Seeleute, Arbeiter, Krankenschwestern und Haushaltshilfen im Ausland – illegal oder als Vertragsarbeiter beschäftigt – tragen viele Migranten zur Wirtschaftsleistung ihrer Länder bei, die zugleich mit den negativen sozialen Folgen und dem Verlust junger, teils gut ausgebildeter Arbeitskräfte zu kämpfen haben.

Armut und soziale Disparitäten

Im Zuge der durch die Millennium Development Goals angestrebten Bekämpfung der Armut haben viele Länder Südostasiens große Fortschritte vorzuweisen. Die Anzahl der Armen hat sich seit 1990 halbiert. Zwischen den Ländern gibt es allerdings große Unterschiede. Während sich in Vietnam z. B. der absolute und der relative Anteil der Einkommensarmen deutlich reduziert haben, sind diese in Laos nahezu gleichgeblieben. Zudem gibt es innerhalb der Region und innerhalb der Staaten zwischen ländlichen/peripheren und städtischen Regionen große soziale Disparitäten.

Die 2015 von den Vereinten Nationen beschlossenen 17 Sustainable Development Goals (SDG) bieten die Grundlage dafür, die nachhaltige Entwicklung von Staaten differenziert zu betrachten. Der SDG-Index zeigt für die südostasiatischen Staaten ein unterschiedliches Bild, wobei Thailand und Vietnam (und nicht wie üblich in Rankings Singapur) am besten abschneiden.

Weiterführende Literatur und Internetlinks

Geographische Rundschau
• Indonesien – Mensch und Natur 4/2018

Diercke 360°
• Themenheft „Migration" 2/2016

Paul Gans, Ansgar Schmitz-Veltin, Christina West: Diercke Spezial – Bevölkerungsgeographie.
Braunschweig: Westermann 2019

UN World Population Prospects 2019
(Statistiken zur Bevölkerung)
• https://esa.un.org/unpd/wpp

Stiftung Weltbevölkerung
(Statistiken zur Bevölkerung)
• www.weltbevoelkerung.de/laenderdatenbank

Berlin-Institut für Bevölkerung und Entwicklung
• www.berlin-institut.org
Online Handbuch Demografie
• www.berlin-institut.org/online-handbuchdemografie.html

UN: Migration Profiles
• esa.un.org/MigGMGProfiles/indicators/indicators.HTM

Hoher Flüchtlingskommissar der Vereinten Nationen (UNHCR)
(Statistiken zu Migration und Flüchtlingen)
• www.unhcr.org
• https://data2.unhcr.org/en/situations

Statistikportal der United Nations Conference of Trade and Development

(Daten zu Rücküberweisungen)
• unctad.org/en/Pages/statistics.aspx

Sustainable Development Goals
• https://17ziele.de

Sustainable Development Goals Index
• www.bertelsmann-stiftung.de/de/unsere-projekte/sustainable-development-goals-index

UN Development Programme (UNDP)
(Daten zum HDI)
• http://hdr.undp.org/en/data

Daten zur Ungleichheit und Armut
World Bank
• http://povertydata.worldbank.org/poverty/home/

3 LANDWIRTSCHAFT UND NACHHALTIGKEIT

Terrassierte Reisfelder auf Bali

3.1 Strukturwandel in der Landwirtschaft

Wie jede andere Klimazone der Erde haben die immerfeuchten Tropen in Bezug auf die Landwirtschaft Standortnachteile und -vorteile. Der vielerorts mangelhaften Bodenfruchtbarkeit steht ein ganzjährig hohes Angebot an Licht, Wärme und oft auch Wasser gegenüber. Bei Einsatz angepasster Wirtschaftsformen können hier hohe Erträge erreicht werden, nicht nur in bevorzugten fruchtbaren Gunsträumen mit Vulkanböden, im Hochland oder in den Schwemmlandebenen.

Trotzdem wurde in der zweiten Hälfte des 20. Jahrhunderts aufgrund einer rasch wachsenden Bevölkerung von Lateinamerika über Afrika und Südasien bis nach Südostasien die agrarische Tragfähigkeit und Nahrungssicherheit* als Kernproblem erkannt. Überall stellte man sich die Frage, wie immer mehr Menschen ernährt werden könnten. Da diese in den tropischen Regionen zudem noch überwiegend in der Landwirtschaft arbeiteten, sollten die Bauern neben der Selbstversorgung ein zusätzliches Einkommen erwirtschaften und die Staaten mit Agrarexporten Überschüsse erzielen (Kap 3.2). So war neben einem Umstieg von der Subsistenzwirtschaft* auf marktorientierte Wirtschaftsformen (wie dem Anbau von Baum- und Strauchkulturen, Kap. 3.3) vor allem eine deutliche Produktionssteigerung der Grundnahrungsmittel und Intensivierung der Landwirtschaft notwendig. Bei dem wichtigsten Grundnahrungsmittel in Südostasien, dem Reis, trug die sogenannte „Grüne Revolution"* in etlichen Ländern zu erheblichen Ertragssteigerungen bei (Kap. 3.4). Dies wurde durch neue Hochleistungs- bzw. Hochertragssorten, aber auch durch den Einsatz von Mineraldünger und Pflanzenschutzmitteln (M 3), die Optimierung der Bewässerung und den zunehmenden Einsatz von Landmaschinen (M 7) erreicht. Auch in der Fischereiwirtschaft kam es durch die Einführung von Aquakulturen zu einer Intensivierung (Kap. 3.6). Verbunden waren diese Erfolge aber mit zahlreichen ökologischen und sozialen Problemen.

Nutzungssysteme und Besitzstrukturen

Neben traditionellen (shifting cultivation*) und kleinflächigen Anbauformen entstand in Südostasien schon in der Kolonialzeit in vielen Ländern eine Plantagenwirtschaft, heute meist mit Dauerkulturen wie Ölpalmen, Kautschuk, Gewürzen oder Kaffee. Doch eher noch zunehmend wird die Landwirtschaft von Kleinerbauern betrieben. Agrarreformen, die ihnen zu eigenem Landbesitz und zu größeren Anbauflächen verhelfen sollten, waren meist wenig erfolgreich (Kap. 3.5). Als neueres Problem kam die Landnahme (Land Grabbing*) durch internationale Konzerne auf großen Flächen hinzu.

M 2   Ein Farmer pflügt ein Reisfeld in Vietnam mit einem Büffel

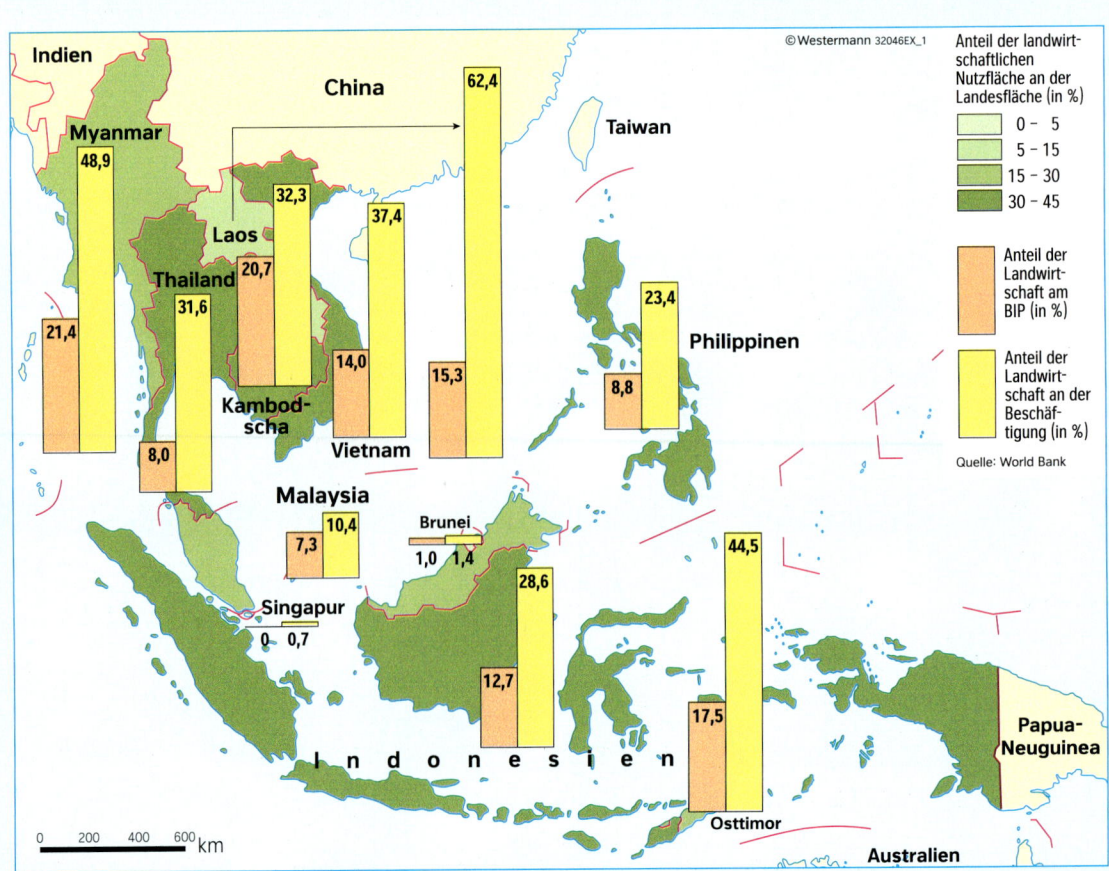

M 1   Landwirtschaft in Südostasien (2019)

M 3 Einsatz von Schädlingsbekämpfungsmitteln

M 7 Reisernte in Indonesien mit Mähmaschine (2020)

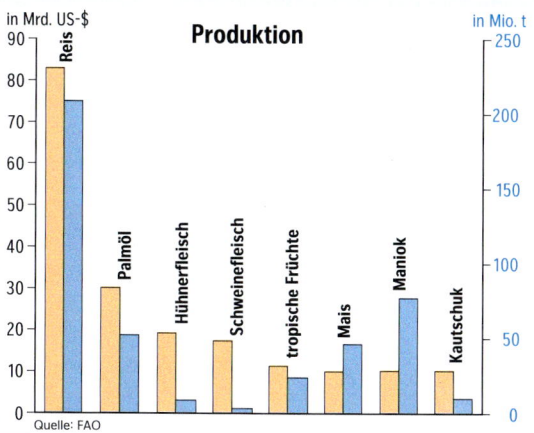

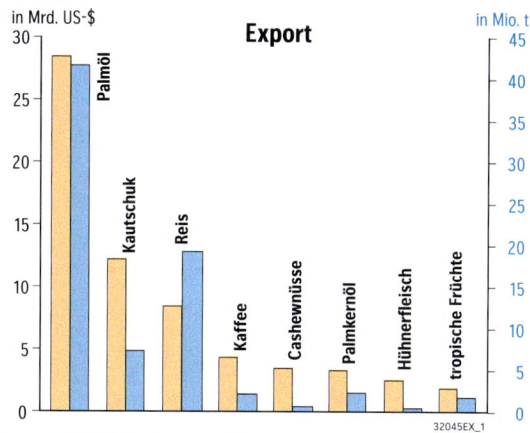

M 4 Wichtigste Agrarprodukte in Südostasien: Produktion (2016) und Export (2017) nach Wert und Menge

Produkt	Produktion	Export	Produkt	Produktion	Export
Palmöl	88,8 %	88,2 %	Pfeffer	52,8 %	48,9 %
Palmkernöl	87,7 %	83,6 %	Cashew	51,7 %	59,8 %
Kautschuk	76,4 %	87,0 %	Zimt	50,9 %	39,2 %
Nelken	73,8 %	25,6 %	Reis	28,3 %	43,1 %
Kokosnüsse	59,6 %	81,1 %	Kaffee	25,4 %	26,5 %

Quelle: FAO

M 5 Südostasien: Anteil an Weltproduktion und -export ausgewählter Agrarprodukte (2018)

„Bei aller Industrialisierungseuphorie und globalen Wachstumsdynamik der Region darf nicht übersehen werden, dass sich diese Entwicklung vor allem auf urbane Zentren beschränkt: Der primäre Sektor bietet immer noch annähernd der Hälfte der Erwerbstätigen Arbeitsplätze und Einkommen. Trotz eines nach wie vor erheblichen Anteils der Selbstversorgung stellt der Export von Agrarprodukten seit Langem ein wesentliches Standbein der einzelnen Nationalökonomien dar."

Günter Spreitzhofer, österreichischer Geograph

M 8 Zitat

	Ackerland[1] (2017)			Beschäftigung in Landwirtschaft (in %[2])		Anteil Landwirtschaft am BIP (in %)		Anteil Agrarprodukte[3] am Export (in % 2018)	Düngereinsatz (in kg/ ha Ackerland, 2016)	Produktivität (in US-$/ Arbeiter, 2019)
	in 1000 ha	in % der LF	in ha pro Ew.	1991	2019	1991	2019			
Indonesien	51 300	27,3	0,194	54,0	28,6	21,5	12,7	25,3	231	4 052
Kambodscha	4 066	2,0	0,254	78,8	32,3	46,5	20,7	7,0	17	1 444
Laos	1 724	7,5	0,248	86,7	62,4	46,5	15,3	25,9	k.A.	828
Malaysia	8 305	25,3	0,267	22,4	10,4	15,2	7,3	10,5	1 723	19 384
Myanmar	12 572	19,3	0,236	69,4	48,9	57,3	21,4	29,6	18	1 698
Osttimor	230	15,5	0,185	62,0	44,5	k.A.	17,5	89,1	k.A.	849
Philippinen	10 940	36,7	0,104	44,5	23,4	21,9	8,8	9,5	157	3 320
Thailand	21 310	41,7	0,308	60,3	31,6	12,5	8,0	17,0	162	3 288
Vietnam	11 527	37,2	0,122	70,7	37,4	38,7	14,0	11,5	430	1 306

Quelle: FAO, World Bank LF = Landesfläche [1] einjährige Pflanzen und Dauerkulturen [2] an Erwerbsbevölkerung [3] inkl. Lebensmittel

M 6 Landwirtschaft in den südostasiatischen Ländern

1. Beschreiben Sie Vor- und Nachteile der Landwirtschaft in den immerfeuchten Tropen.
2. Analysieren Sie die wichtigsten südostasiatischen Agrarprodukte für die Selbstversorgung und den Export (M 4, M 5).
3. „Südostasien ist noch immer sehr agrarisch geprägt." Beurteilen Sie diese Aussage (M 1, M 6, M 8).

3.2 Landnutzungswandel – vom Wanderfeldbau zur Plantage

Die Landnutzung und die Anbausysteme der Landwirtschaft in den tropischen Regionen können nach unterschiedlichen Aspekten gegliedert werden: So entscheidet die Wasserversorgung, ob Trocken- oder Bewässerungsfeldbau erfolgt. Verschiedene Brachezeiten spannen den Bogen vom traditionellen, kaum noch praktizierten Wanderfeldbau (bis zu 20 Jahre Brache) über den geregelten Flächenwechsel der Landwechselwirtschaft* bis zum Dauerfeldbau. Je nach Pflanzmuster lassen sich Mono- und Mischkulturen unterscheiden. Ein weiteres Differenzierungsmerkmal ist der Grad der Kommerzialisierung: Subsistenzwirtschaft*, teilweise Marktorientierung und ausschließlicher Anbau für den Markt.

1. Beschreiben Sie den Landnutzungswandel in M4.
2. Vergleichen Sie die Entwicklung der Landnutzung in den in M2 aufgeführten südostasiatischen Ländern (auch M1).
ⓩ 3. Erklären Sie die Bedeutung der Brachezeiten für den Feldbau in den Tropen (M5).
4. Erläutern Sie die wichtigen agrarwirtschaftlichen Systeme in Südostasien (M3, M7).
5. „Die Plantagenwirtschaft* ist mit einer Kommerzialisierung verbunden, bei der die Kleinbauern und die Umwelt auf der Strecke bleiben." Nehmen Sie Stellung zu dieser Aussage (M8).

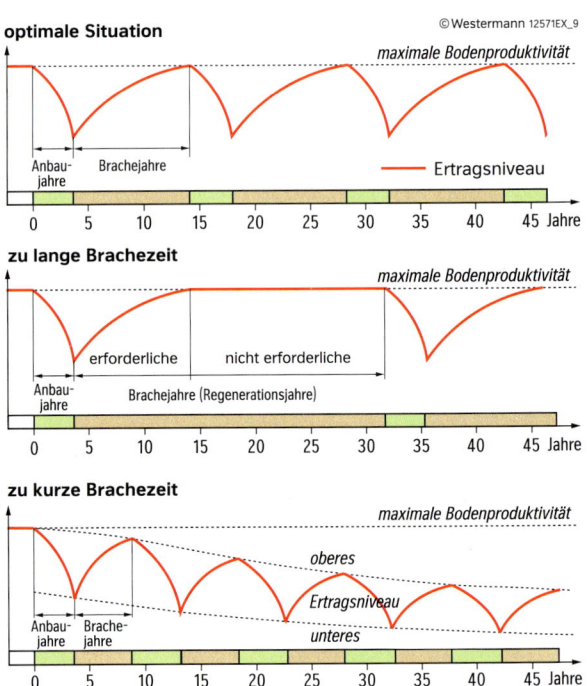

M5 Bodenproduktivität in Abhängigkeit von Brache- und Anbauzeiten

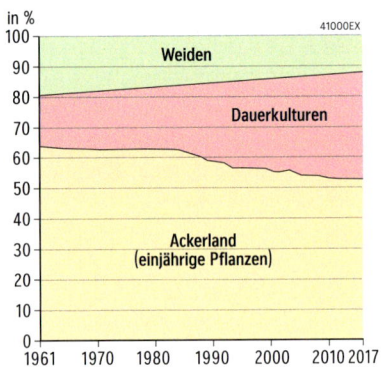

M1 Nutzung der landwirtschaftlichen Flächen in Südostasien (1961 – 2017)

Wanderfeldbau bzw. Landwechselwirtschaft (*shifting cultivation*)	permanenter Trockenfeldbau	Bewässerungsfeldbau	Dauerkulturen
Anbauflächenwechsel (bei Wanderfeldbau auch mit Siedlungswechsel) aufgrund nachlassender Bodenfruchtbarkeit (z.B. Süßkartoffel, Bergreis, Mais, Maniok, Gemüse, Schlafmohn)	Anbau einjähriger Trockenfeldkulturen ohne künstliche Bewässerung, ausschließliche Nutzung des Regenwassers (z.B. Mais, Hirse, Trockenreis, Maniok, Gemüse)	Anbau mit künstlicher Bewässerung (v. a. Nassreis)	Anbau marktorientierter mehrjähriger Baum- und Strauchkulturen (z.B. Kautschuk, Öl- und Kokuspalmen, Kaffee, Zimt, Gewürznelken, Muskat-, Cashewnüsse)

M3 Bodennutzungssysteme in Südostasien

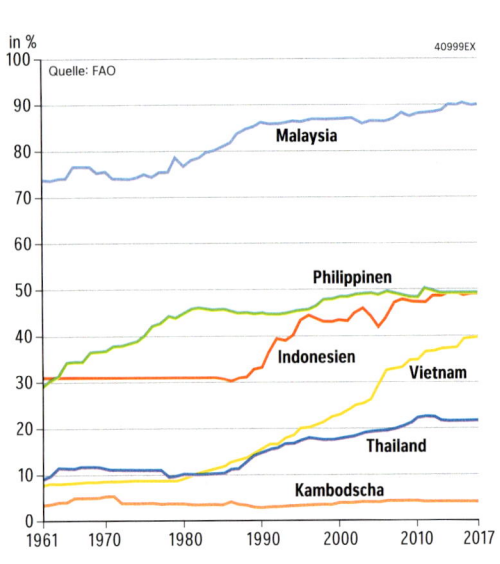

M2 Flächenanteil der Dauerkulturen am Ackerland (ohne Weide) in ausgewählten südostasiatischen Ländern (1961 – 2017)

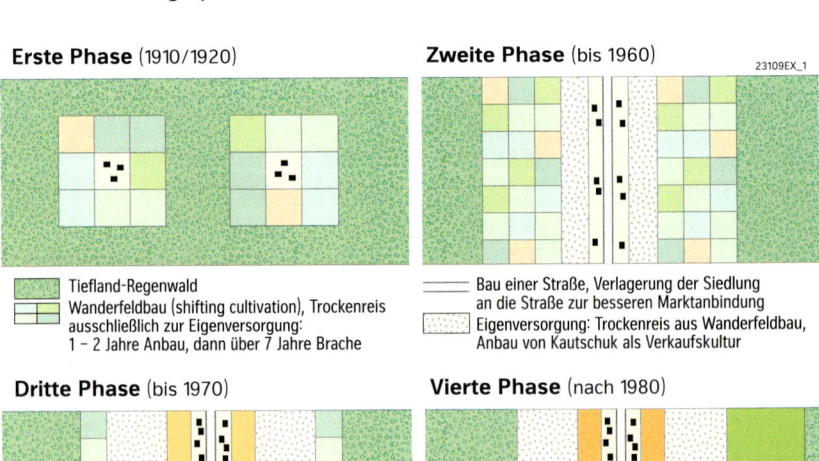

M4 Landnutzungswandel von Kleinbauern in den Tiefländern Sumatras (Indonesien)

M 6   Brandfeldbau* in Myanmar: Waldgebiet nach Brand und Räumung

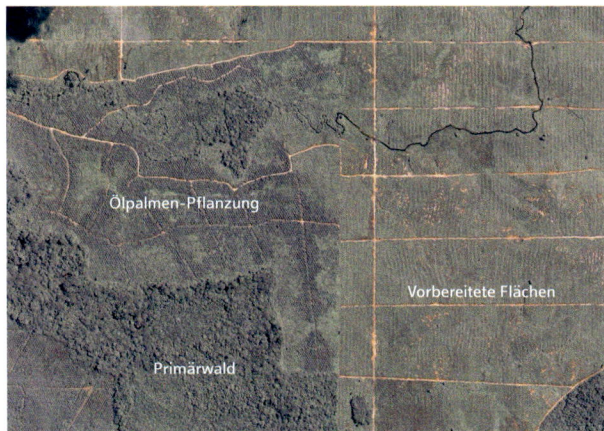

M 9   Entstehung einer Ölpalmenplantage in Malaysia

Shifting cultivation*, der Anbau von Nassreis sowie kommerzielle Pflanzungen sind die dominanten agrarwirtschaftlichen Systeme innerhalb der Region. Jede dieser drei Produktionsformen nimmt eine Fülle von regionalen und lokalen Ausprägungen an; zahlreiche landwirtschaftlich genutzte Zonen stellen eine Kombination der genannten Nutzungsmöglichkeiten dar, denen ihrerseits mit unterschiedlichem technischem Entwicklungsstand nachgegangen wird.

Während die *shifting cultivation* […] weitgehend ohne chemische und technische Hilfsmittel auskommt, ist die Produktion von Reis ohne die Einbindung der Erkenntnisse der […] Grünen Revolution kaum mehr vorstellbar: Reis ist das Grundnahrungsmittel Südostasiens und deshalb schwerlich dem natürlichen Wachstum überlassbar […] Über 50 Prozent der Agrarfläche sind dem Reis gewidmet, der mehr ist als eine der wichtigsten Kulturpflanzen der Erde: Nirgendwo sind eine Pflanze und eine Gesellschaft so miteinander verwoben wie im monsunalen Südostasien. […]

An der Plantagenwirtschaft* lassen sich wohl am besten die Zusammenhänge zwischen westlichen Wirtschaftskräften und regionaler landwirtschaftlicher Aktivität dokumentieren, die in präkolonialen Zeiten nicht gegeben waren: Seit über 200 Jahren werden die natürliche Vegetation und etablierte Anbauprodukte zur Eigenversorgung vermehrt durch koloniale „Cash Crops*" ergänzt, die – vielfach ohne Berücksichtigung des natürlichen klimatischen Gunst- und Ungunstgefüges Südostasiens aus anderen Regionen hierher verpflanzt – die Böden zusätzlich auslaugen und belasten. [Die überwiegende Anzahl der Plantagenlandwirtschaft ist nach wie vor in Äquatornähe konzentriert, wo hohe Luftfeuchtigkeit und Temperaturen am besten für eine ganzjährige Produktion und den gleichmäßigen Einsatz von Arbeitskräften und Ausrüstung geeignet sind.]. Waren es anfangs Pfeffer, Zuckerrohr und Gewürze, die auf Pflanzungen unter chinesischer und europäischer Leitung gezogen wurden, so veränderten die britischen Gummiplantagen seit Ende des 19. Jahrhunderts das Landschaftsbild vor allem Festland-Südostasiens (Malaysia, Südthailand) am nachhaltigsten. Viele dieser ersten Plantagen, die Mitte des 20. Jahrhunderts zumeist in (mehrheitliches) Staatseigentum überführt wurden, gerieten zur wirtschaftlichen Grundlage multinationaler Agrokonzerne* wie Castle & Cook, Dole und Del Monte, die die Integration in die Weltwirtschaft vorantrieben. Der Anteil der Großplantagen, deren auf Monokultur ausgerichtete Produktionsweise die labilen (sub-)tropischen Bodensysteme stark belastet, ist mittlerweile rückläufig. Drei Viertel der gesamten Plantagenfläche – die insgesamt jedoch nur ein Sechstel der Reisflächen Südostasiens ausmacht – werden von Kleinbetrieben bewirtschaftet.

Quelle: Günter Spreitzhofer: Gunst- und Ungunsträume in Südostasien. In Karl Husa et al. (Hg.): Südostasien. Wien: Nap 2018, S. 96 – 98

M 7   Quellentext zu *shifting cultivation*, Reisanbau und Plantagen in Südostasien

	Vorteile	Nachteile
wirtschaftlich	• effiziente Produktion und Verarbeitung aufgrund von Spezialisierung und Skaleneffekten (großer Produktionsmengen) • zentrales, professionelles Management • einheitliche Qualitätsstandards • gute Vermarktungsmöglichkeiten (u. a. aufgrund eines größeren Marktgewichtes und stärkerer Verhandlungsposition) • großes Produktionsvolumen und damit verlässliche Belieferung der Abnehmer • hohe Exporteinnahmen bei steigenden Weltmarktpreisen für Lebensmittel und Agrarrohstoffe	• saisonal sehr unausgeglichener Bedarf an Arbeitskräften • große Abhängigkeit von z. T. stark schwankenden Weltmarktpreisen • Risiko von Klimaschwankungen und Ernteausfällen • Konzentration im Agrarsektor, Großplantagen oft in der Hand weniger; Zunahme sozialer Disparitäten • Beschäftigungseffekt geringer als bei kleinbäuerlicher Landwirtschaft, Folge von Arbeitslosigkeit: Landflucht • internationale Investoren im Agrarsektor – Abfluss großer Teile der Gewinne ins Ausland
sozial	• Die Produktion vieler Plantagenprodukte ist trotz fortschreitender Mechanisierung noch arbeitsintensiv – lokale Arbeitskräfte werden benötigt. • Einige Konzerne haben Sozialstandards in ihren Richtlinien verankert und unterstützen darüber hinaus z. B. Bildungsprojekte.	• Arbeit auf den Plantagen ist oft saisonal, schlecht bezahlt, körperlich hart und vor allem bei intensivem Pestizideinsatz gesundheitsgefährdend. • Die Ausweitung der Anbauflächen in Gebiete, die traditionell für Subsistenz- bzw. kleinbäuerliche Landwirtschaft genutzt wurden, entzieht der lokalen Bevölkerung die Existenzgrundlage.
ökologisch	• Hohe Flächenproduktivität kann zu insgesamt geringerem Flächenverbrauch führen. • Es gibt Ansätze, Prinzipien ökologischer Landwirtschaft in den Plantagenanbau zu integrieren. Es werden Mischkulturen gepflanzt, Agrochemikalien gespart und so die Gefährdung für Umwelt und Mensch reduziert.	• Monokulturen laugen die Böden einseitig aus und begünstigen die massenhafte Ausbreitung von Schädlingen – großflächiger, intensiver Einsatz von Dünger und Pestiziden ist nötig. • Monokulturen reduzieren die Artenvielfalt.

M 8   Plantagenwirtschaft vor dem Hintergrund der Nachhaltigkeit

3.3 Palmöl – Südostasien im Ölrausch

In Indonesien und Malaysia begann ab 1960 ein Ölpalmenboom. Auch global war keine tropische Nutzpflanze in den vergangenen Jahrzehnten so erfolgreich wie die Ölpalme (nahe Verwandte der Kokospalme). Die bis zu 30 m hohe Pflanze bildet im Jahr 12 bis 18, bis zu 50 kg schwere Fruchtstände aus, die aus etwa 1500 pflaumengroßen Einzelfrüchten bestehen. Aus dem faserigen Fruchtfleisch der Steinfrucht wird das Palmöl gewonnen, aus den Samen das Palmkernöl. Beide Ölsorten finden ihre Anwendung in zahlreichen Produkten der Nahrungsmittel-, Kosmetik- und chemischen Industrie. Hierzulande wird inzwischen die Hälfte des Palmöls als Biokraftstoff verwendet. Der Ölpalmenanbau ist mit einer Reihe ökologischer und sozialer Probleme verbunden.

(Z) 1. Fassen Sie die heutige Verwendung von Palm- und Palmkernöl zusammen (Internet).
2. Beschreiben Sie die Entwicklung der Palmölproduktion und des Ölpalmenanbaus (M3, M4, M5).
3. Erklären Sie den Erfolg des Ölpalmenanbaus (M6, M10).
4. Erläutern Sie die „Produktionskette Palmöl" (M1, M9).
5. Analysieren Sie, unter welchen Bedingungen der Anbau von Ölpalmen auch für Kleinbauern sinnvoll ist (M9, M10).
6. 2018 demonstrierten malaysische Kleinbauern gegen das Vorhaben der EU, die Beimischung von Palmöl als Basis von Biokraftstoffen zu verbieten. Nehmen Sie Stellung.
7. Erörtern Sie den Versuch einer zertifizierten nachhaltigen Palmölproduktion (M11).

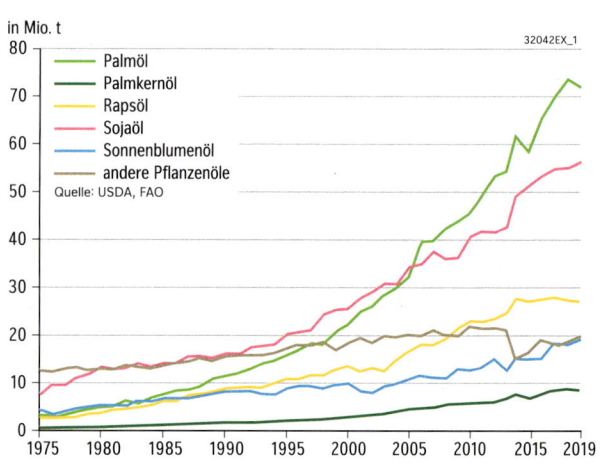

M4   Globale Produktion von Pflanzenölen (1961 – 2019)

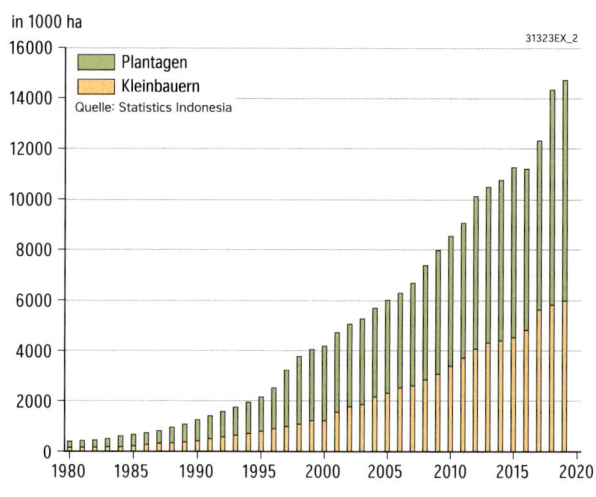

M5   Ölpalmen-Anbaufläche in Indonesien (1980 – 2019)

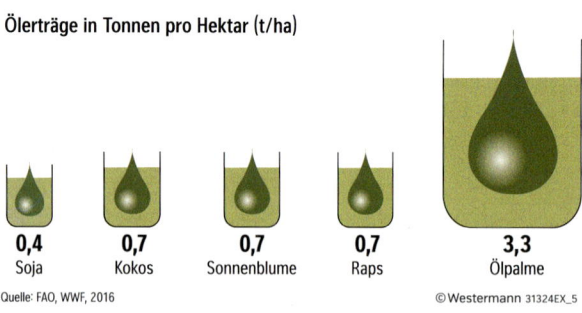

M6   Ölerträge ausgewählter Pflanzen

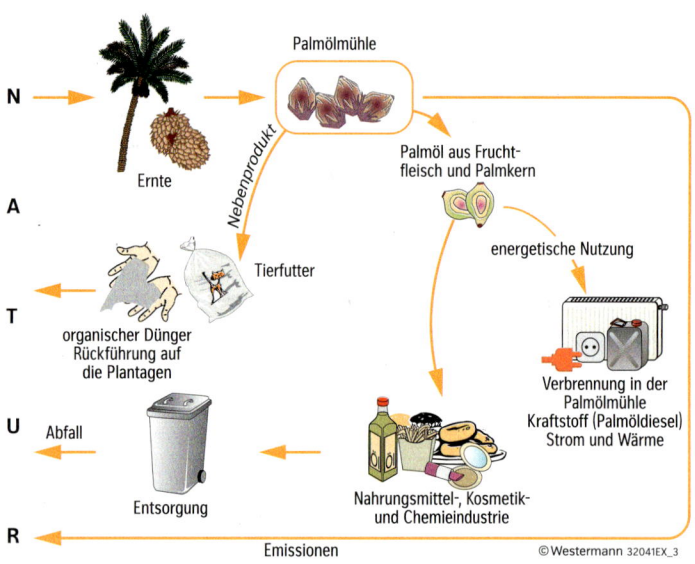

M1   Produktionskette Palmöl

M2   Ernte in einer Ölpalmplantage

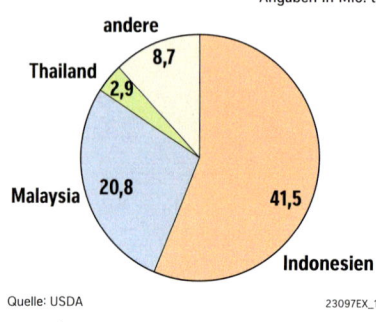

M3   Palmölproduktion (2019)

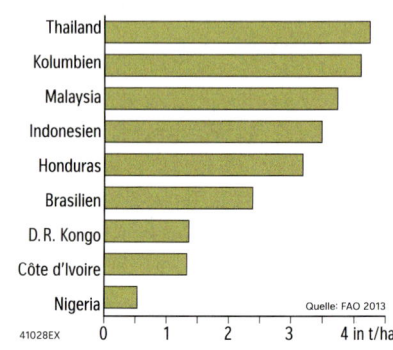

M7   Palmölerträge verschiedener Staaten

 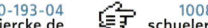

M 8   Ölmühle auf Borneo

Die Gewinnung von Öl aus der Frucht der Ölpalme ist ein komplizierter Prozess, der ein ausgeklügeltes Management und einen straffen Zeitplan erfordert. Nach der Ernte müssen die im Schnitt 20 kg schweren Fruchtstände möglichst noch am selben Tag in eine Fabrik transportiert, sterilisiert und weiterverarbeitet werden, da die Früchte rasch verderben. Moderne Anlagen rentieren sich nur bei regelmäßiger Anlieferung großer Mengen. Man kalkuliert mit einer Anbaufläche von mindestens 6000 ha pro Fabrik. Solchen Anforderungen kann verständlicherweise nur ein Großbetrieb, also eine Plantage, gerecht werden. Bis in die 1970er-Jahre hielt man deshalb die Erzeugung von Palmöl durch Kleinbauern für undurchführbar. Dies änderte sich mit der Einführung der sog. Nukleus-Plantagen (nucleus estates). Bei diesem Plantagentyp sind an eine Kernfläche (nucleus) mit Fabrik und festem Arbeiterstamm weitere Flächen angeschlossen, die an Kleinbauern vergeben und von diesen nach vertraglich mit der Plantagengesellschaft festgelegten Regeln bewirtschaftet werden. Nukleus-Plantagen vereinen also die Vorzüge der Plantage mit denen des bäuerlichen Betriebs zu beiderseitigem Vorteil.

Ab 1972 führte die Regierung Malaysias mit Unterstützung der Weltbank dieses integrierte Kultivierungssystem in großem Stil ein. Die eigens dafür gegründete staatliche Behörde FELDA erschloss bis 1987 rd. 760 000 ha Plantagenland, anfangs überwiegend für Kautschuk, ab 1960 fast nur noch für Ölpalmen. 104 000 Siedlerfamilien fanden in 279 Projekten eine neue Heimat. 23 % der malaysischen Palmölproduktion stammen von FELDA-Projekten. [...] Ab den 1980er-Jahren übernahm auch Indonesien das Konzept der Nukleus-Plantagen.
Quelle: Ulrich Scholz: Ölpest im Regenwald? Geographische Rundschau 11/2004

M 9   Quellentext zu Nukleus-Plantagen in Malaysia

In deutschen Supermärkten finden wir [...] in Bezug auf Palmöl nicht nur das EU-Bio-Siegel [weltweiter Marktanteil: 1 %], sondern häufig auch das Zertifikat RSPO = Roundtable for Sustainable Palm Oil (Runder Tisch für Nachhaltiges Palmöl) [Marktanteil 20 %]. RSPO wurde 2004 vom World Wide Fund for Nature (WWF) zusammen mit palmölproduzierenden Unternehmen gegründet. RSPO sei kein Öko-Label, so der WWF auf seiner Website, sondern „signalisiert, dass auf den Plantagen freiwillig mehr für Naturschutz und Menschenrechte getan wird als gesetzlich vorgeschrieben". [...] Der RSPO verspricht:
„Keine Rodung von Primärwäldern und ökologisch wertvollen Waldflächen für Plantagen, Schutz gefährdeter Tier- und Pflanzenarten auf der Plantage, Schutz von Wasser, Boden und Luft (das bedeutet unter anderem: kein Abbrennen von Wald), Einhaltung gesetzlicher Regelungen, darunter Landnutzungs- und Eigentumsrechte, keine Kinderarbeit, dafür Bildungsangebote für die auf der Plantage lebenden Kinder, Einbindung und Förderung von Kleinbauern sowie Kontrolle der Plantagen durch unabhängige, autorisierte Prüfer." [...]
Wie anhaltende Kritik zeigt, belegt eine Mitgliedschaft im RSPO allein keine verantwortungsvolle Palmölproduktion gegenüber Mensch und Natur. Die vereinbarten Kriterien weisen Mängel auf und die Durchführung und Kontrolle selbst dieser werden nicht gewährleistet. Schon 2008, dem ersten Jahr, in dem RSPO-zertifiziertes Palmöl auf den Markt kam, haben 256 Umwelt- und Menschenrechtsorganisationen aus aller Welt RSPO als Etikettenschwindel abgelehnt. Konsens unter zahlreichen Umweltorganisationen weltweit ist, dass der RSPO in seiner gegenwärtigen Form vielen Palmölkonzernen als grüner Deckmantel dient, während diese weiterhin Regenwälder und Torfböden zerstören und auf geraubtem Land ihre Monokulturen betreiben. Die Urbarmachung von Torfböden für den Palmölanbau ist durch das RSPO-Zertifikat nicht ausdrücklich untersagt. Eine Studie [...] schlussfolgert aus ihren Daten, dass RSPO-Zertifizierung in manchen Fällen gar Entwaldung vorantreibt. [...]
Ölpalmen werden mithilfe von Kunstdünger und Pestiziden angebaut und sind deswegen nicht gleichzusetzen mit Produkten aus Ökolandbau. Auch Kriterien, die die Einhaltung von Arbeitsrechten garantieren sollen, werden auf den Plantagen kaum umgesetzt. [...] Frauen arbeiten oft ohne geeignete Schutzkleidung mit dem in Europa verbotenen Herbizid Paraquat und klagen über Hautreizungen und Atemwegsbeschwerden. Unabhängige oder selbstständige Kleinbauern und -bäuerinnen erhalten für nach RSPO-Standards produzierten Palmöl keine höheren Preise gegenüber konventionell erzeugtem Palmöl. RSPO-Palmöl bleibt somit konventionell und nicht nachhaltig produziertes Öl.
Quelle: Josephine Sahner, Janis Wicke, Yvonne Kunz, Flora Hartmann: Palmöl-siegel: Beweise für Nachhaltigkeit? Südostasien 186.10.2018

M 11   Quellentext zu Nachhaltigkeitsstandards

Vorteile	Nachteile
• für viele Anwendungen hervorragende Produkteigenschaften, Verwendung zahlreicher Nebenprodukte möglich • hohe Nachfrage auf dem Weltmarkt • vergleichsweise kostengünstiger als Soja-, Raps- und Sonnenblumenöl • bei Ölpalmen kein periodischer Vegetationszyklus wie bei ihren außertropischen Konkurrenten, konstante Auslastung der Produktionsanlagen • Preisvorteil durch niedrige Löhne der Arbeiter • hohe Flächenproduktivität (M 6) • ökologisch angepasste Baumkultur, Anbau sogar in sonst kaum nutzbaren Sumpfgebieten möglich • relativ resistente Pflanze gegenüber Schädlingen • Palmölfabriken energetisch autark, da Pflanzenabfälle zur Energiegewinnung benützt werden können • durch hohe Arbeitsintensität viele Arbeitsplätze, gleichmäßige Beschäftigung von fest angestellten Arbeitern anstatt von Saisonarbeitern • höherer Verdienst der Kleinbauern in Nukleus-Plantagen als der der lokalen Bauern (höhere Nettoerträge)	• lange Vorertragsphase: erste Früchte erst nach drei Jahren, maximale Produktivität erst nach sieben bis zehn Jahren • massive Vernichtung von Regenwäldern • Monokultur führt zu Verlust an Biodiversität • Verschmutzung von Gewässern durch Palmölfabriken • durch Rodungen starke Zunahme von Waldbränden mit hohen Umweltbelastungen • Austrocknung und Abbrennen von Mooren (20 % der Palmölplantagen auf Torfböden; extrem klimaschädlich, da dadurch große Mengen von CO_2 freigesetzt werden) • Anbau von Ölpalmen auf bestehenden Agrarflächen (Kautschuk etc.) führt zum Ausweichen dieses Anbaus auf Waldflächen • Emission von Treibhausgasen (-> Klimawandel*) durch Entwaldung, Landnutzungsänderungen, Trockenlegung von Torfmooren • Konflikte mit indigener Bevölkerung: Plantagengesellschaften setzen sich über traditionelle Landbesitzregelungen hinweg • z.T. sehr schlechte Arbeitsbedingungen für die Plantagenarbeiter

M 10   Vor- und Nachteile des Ölpalmenanbaus

3.4 Reis – Grundnahrungsmittel und Exportgut

Reis ist das Grundnahrungsmittel für mehr als die Hälfte der Weltbevölkerung. In vielen südostasiatischen Ländern macht Reis sogar 80 Prozent der Nahrung aus. Aufgrund günstiger naturräumlicher Bedingungen sind in vielen Regionen Südostasiens zwei bis drei Reisernten möglich. Trotzdem galt die Reisversorgung der wachsenden Bevölkerung lange Zeit als unsicher.

1. Beschreiben Sie die Standortansprüche der Reispflanze (M2).
2. Analysieren Sie die Verbreitung weltweit und in Südostasien (M1, M8 (S.11), Atlas).
3. Fassen Sie die Unterschiede zwischen Trocken- und den verschiedenen Nassreisanbauarten zusammen (M8, M2).
4. Analysieren Sie die Bedeutung des Reises als Exportgut in der Welt und in Südostasien(M3 sowie M4, M5 (S.43)).
5. Vergleichen Sie die Verwendung der Reisproduktion von Indonesien, Thailand, Vietnam und den Philippinen (M3, M4).
6. „Die Nahrungssicherheit* in Südostasien ist auf die mit der Grünen Revolution verbundene Produktivitätssteigerung beim Reisanbau zurückzuführen." Beurteilen Sie, ob diese Aussage für Indonesien, Thailand, Vietnam und die Philippinen zutrifft (M6, M7, M9).

Reisanbau wird in Ländern Asiens, wie z. B. China oder Thailand, schon seit mehr als 5000 Jahren betrieben. Die Reispflanze Oryza sativa umfasst viele Tausend Sorten, von denen sich viele den Artengruppen Oryza sativa indica und Oryza sativa japonica zuordnen lassen. Der Reis ist eine Pflanze mit hohen Temperaturansprüchen. Die Keimung erfolgt bei Indica-Sorten ab 18 °C, bei Japonica-Sorten ab 10 °C – 12 °C.

Korn mit Spelzen
poliert
geschält
1338E_1

Beide brauchen zum Wachstum mindestens 20 °C, optimal sind bis zu 30 – 32 °C. Während der Wachstumszeit von 120 – 180 Tagen braucht Reis mindestens 800 mm Niederschläge, günstiger sind 1200 – 1500 mm. Die ökologisch bedeutsamste Eigenschaft von Reis ist die Fähigkeit, unter Wasser zu keimen und über oberirdische Organe Sauerstoff aufzunehmen. Auf diese Weise können auch überschwemmte Talauen genutzt werden. Reis gehört zu den wenigen Nutzpflanzen, die in einer Fruchtfolge nicht mit anderen Nutzpflanzen abgewechselt werden müssen. Dies ermöglicht mehrere Ernten im Jahr.

Quelle: Gerhard Meier-Hilbert: Lernkartei Nutzpflanzen. Geographie heute 187, 2001, S. 12, verändert

M2   Quellentext zu Wachstumsbedingungen von Reis

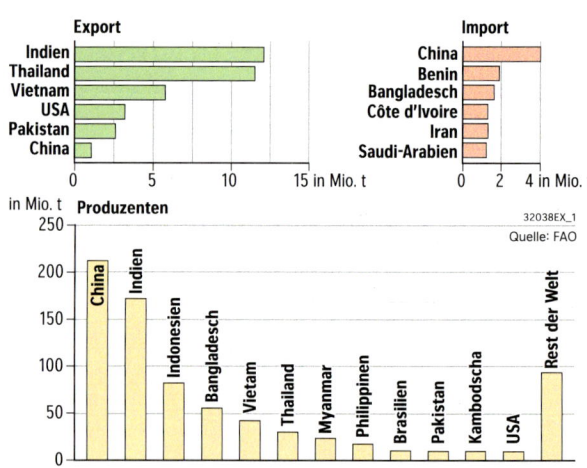

M3   Reisexporteure, -importeure und -produzenten (2018)

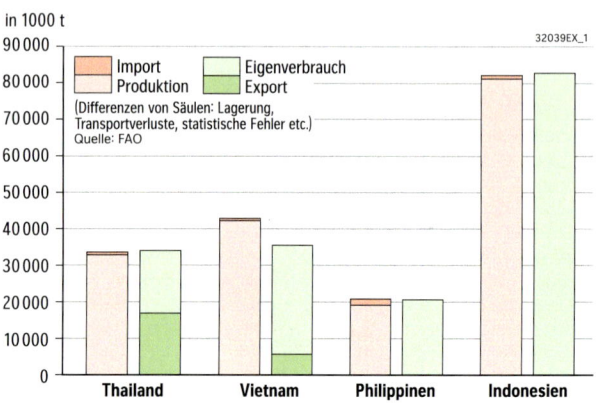

M4   Produktion, Import, Export und Eigenverbrauch von Reis in Thailand, Vietnam, den Philippinen und Indonesien (2017)

© Westermann 22061EX_1

M1   Reisanbau in Thailand, Kambodscha, Vietnam und Laos

hauptsächlich Nassreis — Straße
See, Reservoir
geplantes Reservoir
0   100   200   300 km

M 5   Bäuerin pflanzt Reis im Irawadi-Delta (Myanmar)

M 10   Reisernte in Yên Bái im Nordosten Vietnams

Kaum eine andere Innovation der vergangenen Jahrzehnte hat die ländliche Bevölkerung Asiens so nachhaltig betroffen wie die Intensivierung des Reisbaus, die als „Grüne Revolution" bekannt geworden ist. Für weit über eine Milliarde Menschen hat sie nicht nur die Nahrungsgrundlage gesichert, sondern auch die gesamte Lebenssituation verbessert. Vermutlich wäre es ohne sie in den 70er- und 80er-Jahren des 20. Jahrhunderts in großen Teilen Asiens zu Hungerkatastrophen gekommen.

Das Programm begann 1961 mit der Gründung des International Rice Research Institute (IRRI) auf den Philippinen. Ein erster Durchbruch gelang 1966 mit der als „Wunderreis" gepriesenen Sorte IR8. Stand zu Beginn ein möglichst hoher Ertragszuwachs im Vordergrund, widmete sich die Forschung in der Folgezeit auch anderen Qualitätsmerkmalen, wie Krankheits- und Schädlingsresistenz, Verkürzung der Wachstumszeit, Reduzierung des Strohanteils zugunsten des Kornertrags sowie Toleranz gegenüber unregelmäßiger Wasserzufuhr und niedrigen Temperaturen. Die Erzielung der „Tageslichtneutralität" verbesserte die Anbaumöglichkeiten unter den Kurztagsbedingungen der äquatorialen Brei-

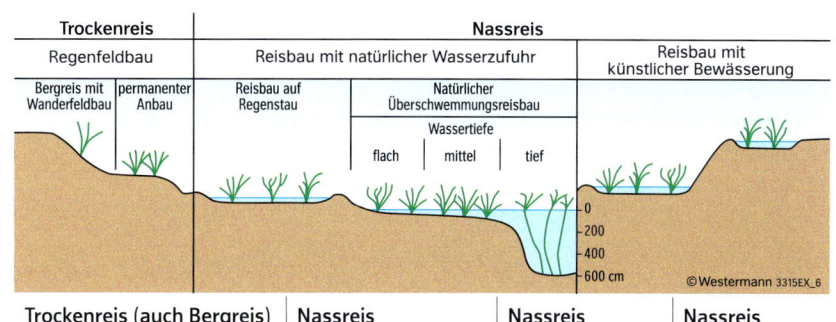

Trockenreis	Nassreis		
Regenfeldbau	Reisbau mit natürlicher Wasserzufuhr		Reisbau mit künstlicher Bewässerung

Trockenreis (auch Bergreis)	Nassreis	Nassreis	Nassreis
Wird ohne natürliches oder künstliches Anstauen von Wasser angebaut. In der Wachstumszeit benötigt er aber mindestens 200 mm Niederschlag im Monat.	Überflutung in der Hauptwachstumszeit durch Regenstau (kleinere Wälle um die Felder, die Regen zurückhalten)	Überflutung durch Hochwasser in Tiefländern der Flüsse	künstliche Bewässerung (Stauteiche, Kanäle, Brunnen)

M 8   Typen des Reisanbaus

ten. Inzwischen werden im tropischen Asien rund 80 Prozent der Reisfelder mit modernen Sorten bestellt. [...]

Wie immer bei derart umwälzenden Entwicklungen konnten auch bei der Grünen Revolution eine Reihe ökonomischer, sozialer und ökologischer Probleme nicht ausbleiben. Vor allem in den Anfangsjahren gab es vielfach Kritik, vor allem an der angeblichen Bevorzugung von Großbetrieben [...], an der Kommerzialisierung der Reisproduktion, dem

zunehmenden Einsatz von Mineraldünger und Pflanzenschutzmitteln, der Vernichtung von Arbeitsplätzen durch Mechanisierung, dem steigenden Energieverbrauch, der Verstärkung des Treibhauseffekts durch zunehmende Methanemissionen, an der drohenden Artenverarmung („Gen-Erosion") durch die Monokultivierung einiger weniger Sorten und so weiter.

Quelle: Ulrich Scholz: Die Grüne Revolution im Reisbau Asiens. In: Hans Gebhardt et al. (Hrsg.): Geographie. Heidelberg: Springer Spektrum 2011, S. 849

M 6   Quellentext zur Grünen Revolution beim Reisanbau

	1968	2018	Wachstum
Indonesien	2,14	5,19	142,6 %
Kambodscha	1,40	3,57	155,3 %
Laos	1,18	4,23	259,6 %
Malaysia	2,17	4,08	87,8 %
Myanmar	1,68	3,79	125,1 %
Philippinen	1,33	3,97	197,8 %
Thailand	1,79	3,09	73,0 %
Vietnam	1,71	5,82	240,3 %
Australien	0,72	10,39	40,0 %

Quelle: FAO

M 7   Reisertrag in ausgewählten Ländern Südostasiens (in t/ha)

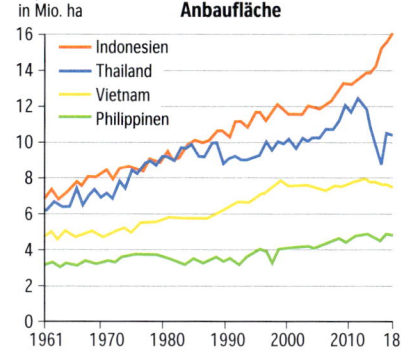
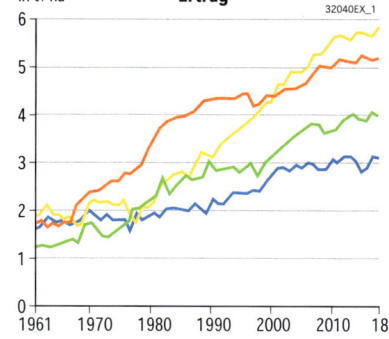

M 9   Reis: Anbaufläche und Ertrag in Indonesien, Vietnam, Thailand und den Philippinen (1961 – 2018)

3.5 Wandel der Besitzstrukturen und Land Grabbing

Der bäuerliche Familienbetrieb – meist auf kleinen oder sehr kleinen Flächen – ist noch immer die Basis der Landwirtschaft in allen Ländern Südostasiens. Hier wird keinesfalls nur für den Eigenbedarf oder für die Ernährung der heimischen Bevölkerung, sondern zunehmend auch für den Weltmarkt produziert. Daneben haben in vielen Ländern auch Plantagen und Großpflanzungen schon lange eine hohe Bedeutung. Die ungleiche Landverteilung zwischen den alten Großgrundbesitzern und den Kleinbauern war immer wieder Anlass zahlreicher Konflikte. Ein aktueller Trend ist hingegen, dass große Flächen Land von neuen Akteuren aufgekauft werden.

1. Beschreiben Sie die Bedeutung landwirtschaftlicher Betriebe verschiedener Größenklassen in Südostasien (M3, M1).
2. Erläutern Sie die Entwicklung der Durchschnittsgröße der Betriebe (M4).
3. a) Erläutern Sie die Probleme, die aus der Besitzstruktur der Landflächen auf den Philippinen entstehen (M2).
   b) Analysieren Sie die Erfolge der Agrarreformen (M1, M4).
4. Erklären Sie die Motive von Land Grabbing* (M5).
5. Analysieren Sie die naturräumlichen Voraussetzungen für die landwirtschaftliche Produktion in Kambodscha (Atlas).
6. Erläutern Sie das Land Grabbing in Kambodscha nach 1990 (M5, M6, Atlas).
7. Erörtern Sie die Chancen und Risiken von Land Grabbing in Kambodscha.

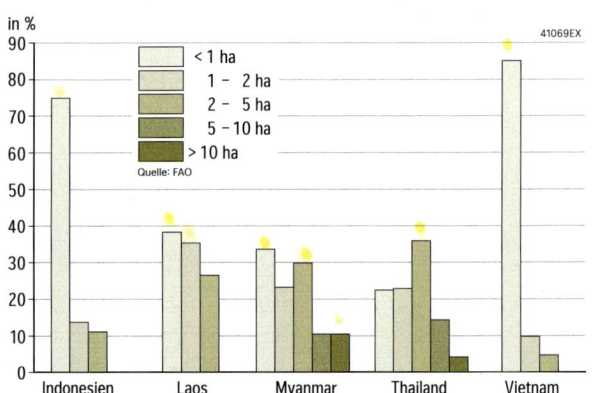

M3   Betriebsgrößenstruktur in ausgewählten Ländern

	1960	1970	1980	1990	2000	2010
Indonesien	1,2	1,1	1,1	0,9	0,8	k.A.
Myanmar	k.A.	k.A.	k.A.	2,4	2,5	2,5
Philippinen	3,6	3,6	2,9	2,2	2,0	1,3[1]
Thailand	3,5	k.A.	3,7	3,4	3,2	3,2[2]
Vietnam	k.A.	k.A.	k.A.	0,5	0,7	0,6[3]
Deutschland	12,1	14,2	17,0	29,3	40,5	55,9

Quelle: nationale Agrarstatistiken, FAO [1] 2012 [2] 2013 [3] 2008

M4   **Durchschnittliche Größe** eines landwirtschaftlichen Betriebs in ausgewählten Ländern (in ha, 1960 – 2010)

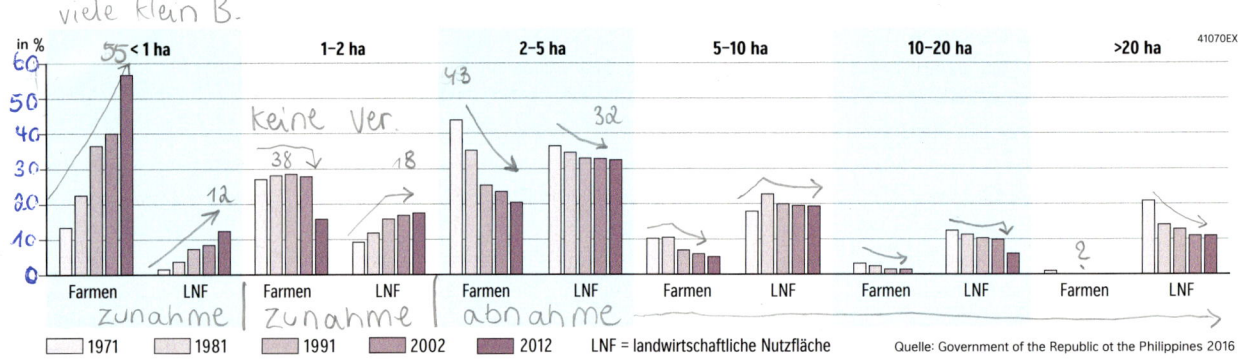

M1   Entwicklung der Betriebsgrößenstruktur auf den Philippinen (1971 – 2012; LNF = Landwirtschaftliche Nutzfläche)

In den Philippinen entstand unter dem Einfluss der Spanier eine mächtige Klasse von Großgrundbesitzern, die sog. Kaziken, die bis heute eine dominante Position in Politik, Wirtschaft und Gesellschaft des Archipelstaates innehaben, wenngleich seit 1972 Reformen initiiert wurden, um die extreme Landkonzentration sowie die damit verbundene Ausbeutung der Landbevölkerung zu mildern und so die Gefahr revolutionärer Bauernaufstände zu unterbinden. 1971 wurden noch 29 % der insgesamt 2,35 Mio. Agrarbetriebe und ca. 21 % der LNF von Pächtern bewirtschaftet, die (als sog. Kasama) zu über 90 % die Pacht in Naturalien [...] bezahlen mussten. [...] Die Kasama als Zeitpächter waren gegenüber den Kaziken rechtlich schutzlos, da selten justiziable Verträge abgefasst sowie Polizei und Justiz auf dem Lande von den Landlords dominiert wurden. Die riesige Anzahl unterdrückter Pächter wurde durch Millionen von landlosen Landarbeitern und einer riesigen Zahl von Landeigentümern mit Flächen von weniger als 2 ha ergänzt, die kaum ihre Existenz sichern konnten. [...] Unter Präsident Marcos wurde erstmals eine umfassendere Landreform initiiert, über die zwar mehrere Hunderttausend Hektar umverteilt und die Lage der Pächter etwas verbessert werden konnten, die extrem ungleiche Landverteilung jedoch nicht spürbar gemildert wurde. 1988 wurde unter Präsidentin Aquino, die der Grundbesitzer-„Aristokratie" entstammt, das Comprehensive Agrarian Reform Program (CARP) initiiert, das aus zwei Komponenten besteht. Zum einen sollte das gesamte Privat- und ein großer Teil des Staatslandes an in der Landwirtschaft erfahrene Landlose verteilt und zum anderen Landpächtern gesicherte Nutzungsrechte garantiert werden. [...] Bis Juni 2007 wurden 3,86 Mio. ha Privat- und 3,09 Mio ha Staatsland an ca. 5,9 Mio. Haushalte umverteilt. [...] Diese zunächst beeindruckenden Daten stehen zwar für eine geradezu revolutionäre Umwälzung der Landbesitzstruktur, sie verdeutlichen aber auch, dass die durchschnittliche LNF pro Betrieb so klein ist, dass hiermit kaum die Existenz einer Familie gesichert werden kann.

Quelle: Karl Vorlaufer: Südostasien. Darmstadt: WBG 2018, S. 126

M2   Quellentext zu Landreformen auf den Philippinen

 100800-262-01
schueler.diercke.de
 100800-271-03
schueler.diercke.de

Konzession
= Pachtvertrag/Lizenz

Beim kommerziellen Landerwerb in seiner legalen Form investieren Regierungen (oft anderer Staaten), vor allem aber in- und ausländische Unternehmen in die Landwirtschaft eines Entwicklungs- und Schwellenlandes. Im positiven Fall fließen dadurch Investitionen in das jeweilige Land, es kann die Produktion gesteigert werden, es findet ein Wissens- und Technologietransfer statt, von dem das Land insgesamt profitiert, die lokale Bevölkerung wird einbezogen und es wird durch Schaffung von Einkommensmöglichkeiten deren Position verbessert. Sehr häufig trägt der kommerzielle Landerwerb aber rechtlich illegitime oder zumindest stark fragwürdige Züge, wenn Akteure mit Zugang zur politischen und wirtschaftlichen Macht ihre Interessen gegen Kleinbauern mit vergleichsweise schwachen Positionen durchsetzen. Drei Gruppen sind daran wesentlich beteiligt:

- Kleinbauern in Entwicklungsländern, die von Land verdrängt werden, das sie auf der Grundlage traditioneller Nutzungsrechtregelungen bewirtschaften, für das sie aber keine „offiziellen" Eigentumsnachweise nach gegenwärtigem Recht haben.

- Staatsbedienstete, Behörden und Regierungen der Entwicklungs- bzw. Schwellenländer, die sich selbst Land aneignen, das zuvor von den Kleinbauern genutzt wurde oder bislang weitgehend ungenutzt war oder die solches Land an ausländische

Unternehmen bzw. andere Staaten vergeben und daraus einen Vorteil erhalten.

- Regierungen anderer Staaten oder ausländische Unternehmen, die sich in Entwicklungs- bzw. Schwellenländern Land aneignen, das zuvor von den Kleinbauern genutzt wurde oder bislang weitgehend ungenutzt war. [...]

In Kambodscha vergibt die Regierung Konzessionen für die Nutzung von Land an Unternehmen. Häufig handelt es sich dabei um Gemeinschaftsunternehmen mit einem kambodschanischen Partner und einem ausländischen Investor, der in aller Regel über die Ausrichtung des Projekts bestimmt. Die meisten der ausländischen Investoren in Kambodscha kommen aus Ost- und Südostasien. [...] Hinsichtlich der Ausrichtung dominierten Landwirtschaftsprojekte, aber auch Konzessionen für Bergbau und Wasserkraftwerke wurden vergeben. Bei den landwirtschaftlich genutzten Flächen dominieren Plantagen für Exportgüter wie Kautschuk. Eine Verbesserung der Ernährungssituation in Kambodscha durch Produktionssteigerung bei Nahrungsmitteln ist also davon nicht zu erwarten – angesichts des Ausmaßes kommerziellen Landerwerbs und der Verdrängung von Kleinbauern ist eher eine Verschlechterung zu befürchten, da die Plantagenflächen nun nicht mehr für die Nahrungsmittelproduktion zur Verfügung stehen. Ein wichtiges Produkt

M 8 Planierung von Ackerland von Kleinbauern in der Provinz Kampong Speu (Kambodscha) für eine Zuckerrohrplantage ausländischer Investoren

ist gegenwärtig auch Zuckerrohr. Der erzeugte Zucker kann seit 2009 zollfrei in die EU eingeführt werden. Dies ist ein starker ökonomischer Anreiz für die Agrarunternehmen, aus dem heraus überhaupt erst ein nennenswerter Zuckerrohranbau in Kambodscha entstanden ist. [...] In Kambodscha sind im Zusammenhang mit dem kommerziellen Landerwerb zahlreiche Fälle von Menschenrechtsverletzungen belegt, zum Beispiel gewaltsame Vertreibungen, Enteignungen, rechtswidrige Umsiedlungen und die Verfolgung von Menschen, die sich dagegen zur Wehr setzen. Die Regierung agiert dabei im Sinne der ausländischen Investoren.

Quelle: Diercke Handbuch. Braunschweig: Westermann 2015, S. 445–446

M 5 Quellentext zum kommerziellen Landerwerb („Land Grabbing"*) in Kambodscha

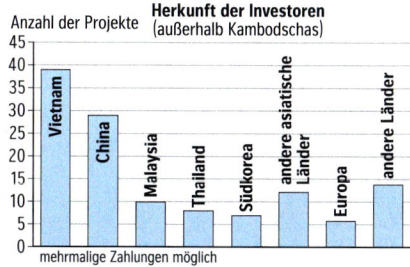

Herkunft der Investoren (außerhalb Kambodschas)
Anzahl der Projekte
Vietnam, China, Malaysia, Thailand, Südkorea, andere asiatische Länder, Europa, andere Länder
mehrmalige Zahlungen möglich

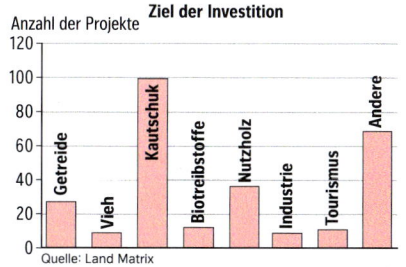

Ziel der Investition
Anzahl der Projekte
Getreide, Vieh, Kautschuk, Biotreibstoffe, Nutzholz, Industrie, Tourismus, Andere
Quelle: Land Matrix

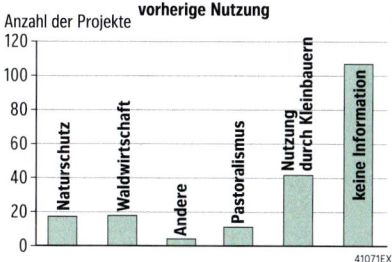

vorherige Nutzung
Anzahl der Projekte
Naturschutz, Waldwirtschaft, Andere, Pastoralismus, Nutzung durch Kleinbauern, keine Information
41071EX

M 6 Land Grabbing in Kambodscha (160 erfasste Landgrabbing-Deals 2000 – 2018; Landfläche: 1 563 569 ha (38 % der Ackerfläche))

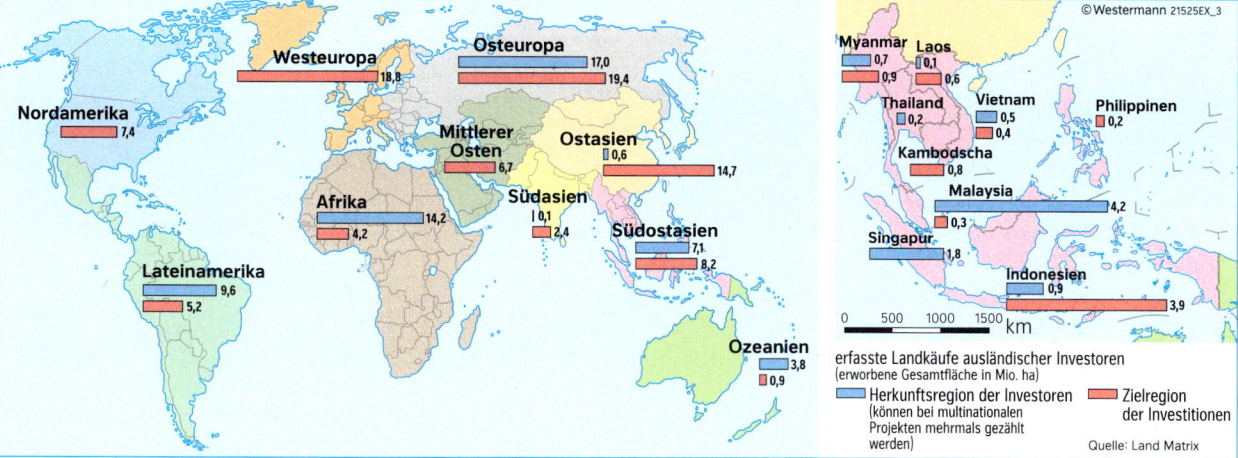

© Westermann 21525EX_3

Westeuropa 18,8
Osteuropa 17,0 / 19,4
Nordamerika 7,4
Mittlerer Osten 6,7
Ostasien 0,6 / 14,7
Afrika 14,2 / 4,2
Südasien 0,1 / 2,4
Südostasien 7,1 / 8,2
Lateinamerika 9,6 / 5,2
Ozeanien 3,8 / 0,9

Myanmar 0,7 / 0,9
Laos 0,1 / 0,6
Thailand 0,2
Vietnam 0,5 / 0,4
Philippinen 0,2
Kambodscha 0,8
Malaysia 4,2 / 0,3
Singapur 1,8
Indonesien 0,9 / 3,9

0 500 1000 1500 km

erfasste Landkäufe ausländischer Investoren (erworbene Gesamtfläche in Mio. ha)
■ Herkunftsregion der Investoren (können bei multinationalen Projekten mehrmals gezählt werden)
■ Zielregion der Investitionen
Quelle: Land Matrix

M 7 Herkunfts- und Zielregionen von erfassten transnationalen Landkäufen (2000 – 2020; ohne Forstwirtschaft und Bergbauprojekte)

3.6 Fischereiwirtschaft – Shrimps aus Thailand und Vietnam

Einst eine teure Delikatesse, heute für wenige Euro im 20er-Pack im Discounter: Garnelen, Shrimps oder Gambas haben eine ähnliche Preisentwicklung genommen wie der Atlantische Lachs. Möglich gemacht hat dies eine Anzucht in speziellen Aquakulturen, meist in Küstennähe. Dreiviertel der gezüchteten Krebstiere stammen aus Asien. In einigen südostasiatischen Ländern macht der Verkauf der Garnelen inzwischen die Hälfte der Fischexporte aus. Ihre industrielle, monokulturelle Anzucht birgt aber auch zahlreiche Gefahren für Mensch und Umwelt.

1. Vergleichen Sie die Fischereiwirtschaft in den südostasiatischen Staaten (M1, M2).
2. Erläutern Sie die zunehmende Bedeutung von Aquakulturen weltweit und in Südostasien (M3, M4).
3. Beschreiben Sie die Shrimpszucht in Thailand und Vietnam (M5–M8).
4. Erstellen Sie eine Tabelle mit Pro- und Kontraargumenten zur Aquakulturzucht von Fisch und Krebstieren in Thailand und Vietnam (M7, M9).
5. Verbraucher in den Hauptabnehmerländern der südostasiatischen Shrimpsproduktion erwarten immer mehr eine Produktion nach Nachhaltigkeitskriterien. Nehmen Sie Stellung.

Aquakultur
Zucht oder die Bewirtschaftung aquatischer Organismen (Tiere und Pflanzen) mit Eingriffen in den Aufzuchtprozess, wie z.B. Fütterung, regelmäßiger Neubesatz oder Schutz vor Räubern, die zur Erhaltung und Erhöhung der Produktion notwendig sind.
(Definition der Welternährungsorganisation FAO)

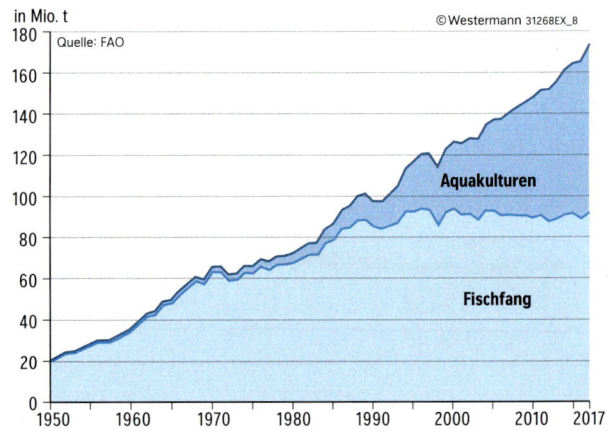

M3 Weltweite Fischereierträge (1950–2017)

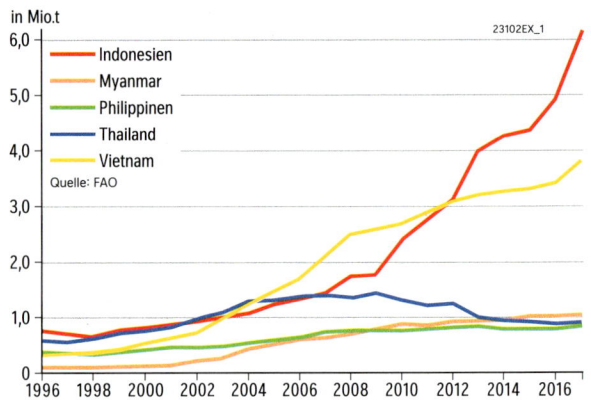

M4 Südostasien: Produktion in Aquakulturen (1995–2017)

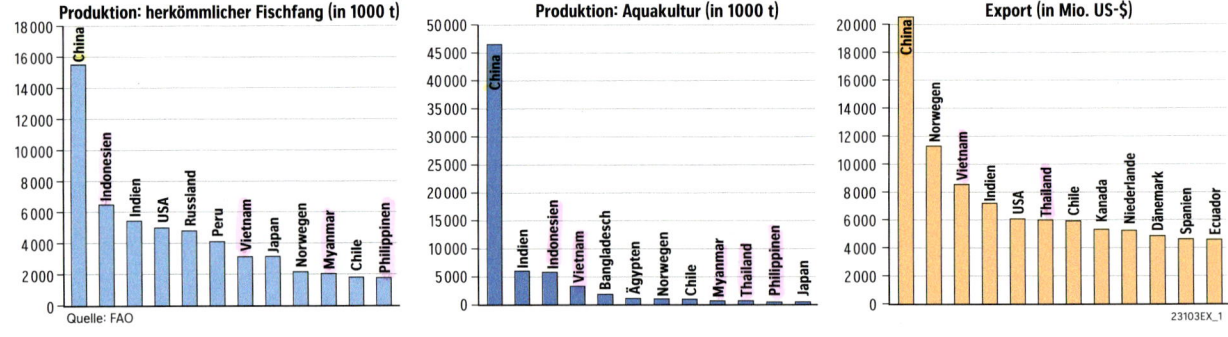

M1 Top-12 der Fischereinationen: Produktion herkömmlicher Fischfang, Produktion Aquakulturen, Export Fischereiprodukte (2017)

	Fischproduktion (in 1000 t)		Anteil Binnenfischerei[1] (in %)	Export (in Mio. US-$)	Import (in Mio. US-$)	Fischkonsum (in kg/ Kopf/Jahr)	Verhältnis Fisch/Tierprotein (in %)*	motorisierte Fischereiboote	Fischer (in 1000)	Fischfarmer (in 1000)
	Fischfang	Aquakultur								
Indonesien	6689	6150	34,2	4197	391	30,5	55,2	460567	2601	k.A.
Kambodscha	649	205	82,9	69	19	42,2	69,8	172810	578	k.A.
Laos	70	104	100,0	0	2	25,4	46,5	k.A.	k.A.	k.A.
Malaysia	1470	224	6,4	714	977	57,3	38,9	55436	136	18
Myanmar	2150	1049	58,6	693	9	47,8	45,8	19180	2262	217
Philippinen	1887	822	17,6	869	580	28,6	36,8	183998	1988	350
Thailand	1479	890	25,3	6015	3537	27,2	37,5	25002	160	275
Vietnam	3278	3820	37,9	8543	1701	35,6	31,3	32878	153	1000
China	15373	46824	50,1	20524	10679	38,9	23,6	599331	8692	4902
Welt	86636	80134	35,6	147276	137868	19,7	17,4	2812100	40422	19272

[1] Aquakultur und Fischfang Quelle: FAO

M2 Kenndaten der Fischerei in Südostasien (2017, z. Vgl. China und Welt, *bei Ernährung)

M 5   Shrimpszuchtbecken in Thailand

M 8   Thailand und Vietnam: Produktion und Export von Krebstieren

M 6   Shrimpszucht in Don Sak (Thailand)

*Die Produktion von Shrimps ist eingebrochen.
[...] Die Seuche, die als Early Mortality Syndrome
(EMS) bekannt ist, hat [...] Thailand am stärksten
erwischt [...]. Die Intensivierung der Produktion
sei in den vergangenen Boomjahren vielleicht
zu weit getrieben worden [, räumt das Agrar-
ministerium ein]. Das habe den Stress der Tiere
und damit deren Anfälligkeit für Krankheiten
erhöht. Zusätzlich zum EMS-Problem machen
der Branche [...] auch die jüngsten Enthüllungen
über die Zustände in der Fischerei- und Seafood-
Branche zu schaffen, in der rund 660 000 Leute
beschäftigt sind. Gemäß Erhebungen handelt es
sich bei 90 % davon um Migranten aus Burma,
Laos und Kambodscha. Von diesen wiederum
sind [...] etwa ein Viertel illegal angestellt.*
Quelle: Manfred Rist: Neustart nach Seuchen und
Skandalen. Neue Zürcher Zeitung 26.9.2015

M 9   Zeitungsmeldung

Das Mekong-Delta in Vietnam ist eine intensiv landwirtschaftlich geprägte Region, in der 50 % der Gesamtfläche für Reisanbau sowie 18 %
für Aquakultur genutzt werden. [...] Da mit der Zucht von Fisch und
Fischprodukten ein höheres Einkommen als mit traditioneller Landwirtschaft erzeugt werden kann, ist Aquakultur gerade für Kleinbauern ein
lohnendes Geschäft. Dies motivierte mehr und mehr Bauern zu einem
Wechsel vom Reisanbau zur Aquakultur. Diese hat sich in den letzten
zehn Jahren zu einer stark exportorientierten Industrie entwickelt. Vor
allem hochwertige Fisch- und Shrimp-Arten werden in großen Mengen
für die Märkte in der EU, den USA und Japan produziert.
Allerdings führt die Aquakultur im Mekong-Delta wegen der Einleitung
von Abwässern und des Einsatzes von Düngemitteln, Antibiotika und
Pestiziden zu Wasserverschmutzung und einer erheblichen Belastung
der Umwelt. Schadstoffeintrag und Überdüngung (Eutrophierung) sind
Hauptursachen für Biodiversitätsverlust und Degradierung der natürlichen Küstenökosysteme. Die Übernutzung der Wasserressourcen durch
Wasserentnahme für Fisch- und Garnelenteiche führt zu einem Absinken
der Grundwasserspiegel und zu einer Versalzung der Böden und mindert
vielerorts die Ernteerträge in der Landwirtschaft. Ansteigender Meeresspiegel und Salzwasserintrusion in das weit verzweigte Fluss- und
Kanalsystem beeinflussen zunehmend die küstennahen Provinzen und
verursachen negative ökologische und wirtschaftliche Folgen. Aquakultur
hat bereits vielerorts Reisbauern entlang der Küstengebiete verdrängt, und
der enorme Flächenbedarf extensiver und semiintensiver Aquakultur führt

zu großräumiger Degradierung und Zerstörung wertvoller Feuchtgebiete.
[...] Der Verlust des Küstenschutzes durch Abholzung von Mangroven-
wäldern verursacht verstärkte Küstenerosion und erhöht das Risiko für
Sturmschäden, Flutwellen und Überschwemmungen. Viren, Bakterien
und Schädlingen verursachen Ertragseinbußen und Ernteausfälle und die
Zugabe von Antibiotika führt zu Resistenzen gegenüber Krankheitserre-
gern – insbesondere in intensiven Aqua-Monokulturen. [...]
Aquakultur verlieh dem Mekong-Delta wirtschaftliches Wachstum,
wichtige Entwicklungsimpulse und zusätzliche Beschäftigung in der
Aufzucht, der Verarbeitung und Vermarktung aquatischer Produkte.
Aquakultur kann in entscheidendem Maße zur Nahrungssicherung der
lokalen Bevölkerung beitragen, deckt einen Großteil des heimischen
Bedarfs an tierischen Proteinen und kompensiert indirekt die stagnie-
renden Fangzahlen aus den bereits überfischten Meeren. Vor allem für
ärmere Kleinbauern kann ein Umstieg auf Aquakultur zu einer Verbesserung der Lebensverhältnisse und des Ernährungsstatus [führen]. [...]
Die ökologischen und ökonomischen Folgen der Umweltverschmutzung,
Abholzung und Verlust wertvoller Küstenökosysteme gefährden langfristig die Rentabilität im Aquakultursektor. Preisschwankungen auf dem
Weltmarkt und Virusinfektionen [...] haben in den vergangenen Jahren
zu starken Ernteverlusten geführt und bringen die Aquakulturfischer
in eine unsichere Lebensgrundlage.
Quelle: Marco Ottinger, Vo Quoc Tuan, Claudia Künzer: Aquakultur im Mekong-
Delta: Segen oder Fluch? Geographische Rundschau 2/2016, S. 24 – 29

M 7   Quellentext zur Aquakulturzucht in Vietnam

Zusammenfassung

Der Agrarsektor hat im Bezug auf seinen Beitrag zur Wirtschaftsleistung und als Beschäftigungsfaktor in vielen südostasiatischen Ländern noch immer eine große Bedeutung. Die Hälfte der Menschen lebt auf dem Land, ein Großteil von ihnen arbeitet in der Landwirtschaft. Selbst in höher entwickelten Ländern wie Malaysia und Thailand sind ein beachtlicher Teil der Exporte Agrarprodukte. Die wichtigsten südostasiatischen Produkte für den Weltmarkt sind Palmöl, Kautschuk, Reis und Kaffee, aber auch bei Kokosnüssen, Cashewnüssen, Pfeffer und Zimt hat die Region hohe Weltmarktanteile.

Während in Ländern wie Thailand, Vietnam und den Philippinen auf einem großen Anteil der Landesfläche Landwirtschaft betrieben wird, ist in Kambodscha und Laos dieser Anteil sehr klein.

Reisanbau und Grüne Revolution

Reis ist das wichtigste Grundnahrungsmittel in Südostasien. Besonders produktiv ist der Nassreisanbau mit zum Teil jahrtausendealten Bewässerungssystemen, aber auch in den Überschwemmungsgebieten der großen Flüsse. In einigen Bergregionen wird auch Trocken- oder Bergreis im Regenfeldbau angebaut.

In Südostasien bestand bis weit in die 1960er-Jahre die Befürchtung, die Ernährung der damals stark wachsenden Bevölkerung sei nicht mehr gewährleistet. Die Entwicklung, der Einsatz und die Verbreitung hoch ertragreicher Pflanzen steigerten dann aber die Hektarerträge insbesondere des wichtigsten Grundnahrungsmittels Reis erheblich. Dies war auf Forschungen internationaler wissenschaftlicher Institute zurückzuführen. Zur Ertragssteigerung trugen insbesondere bei Reis maßgeblich aber auch der Einsatz von Dünger, Pflanzenschutzmitteln und modernen Landmaschinen sowie eine verbesserte Bewässerung bei. Heute wird in Ländern wie Thailand und Vietnam so viel Reis produziert, dass er exportiert werden kann.

Strukturwandel in der Landwirtschaft

Die Landnutzung und Anbausysteme in Südostasien haben sich gewandelt. Klassischer Wanderfeldbau mit Anbauflächen- und Siedlungswechsel wird heute nur noch in peripheren Räumen praktiziert. Bei der modernen Form von Shifting cultivation werden immer neue Primär- und Sekundärwälder erschlossen und intensiv bewirtschaftet. Neben dem etablierten Trocken- (Mais, Hirse, Trockenreis) und Bewässerungsfeldbau (v. a. Nassreis) sind Dauerkulturen wie Ölpalmen, Kautschuk und Kaffee wichtiger geworden. Besonders die Produktion von vielseitig verwendbarem und sehr ertragreichem

Palmöl und Palmkernöl aus Ölpalmen hat in den letzten Jahrzehnten einen gewaltigen Boom erlebt. Indonesien und Malaysia produzieren gemeinsam 85 Prozent der Weltproduktion. Die flächenintensiven Bodennutzungssysteme tragen massiv zum Rückgang des tropischen Regenwalds in Südostasien bei. Die Einführung von Nachhaltigkeitsstandards bei der Palmölproduktion hat bislang noch keine befriedigenden Ergebnissen erbracht.

Wandel der Besitzstrukturen

Aber auch die Besitzstrukturen haben sich verändert. Zwar ist die Basis der südostasiatischen Landwirtschaft noch immer der kleinbäuerliche, auf kleinsten Flächen arbeitende Familienbetrieb, der heute nicht nur für den Eigenbedarf, sondern auch für den heimischen und globalen Markt produziert. Doch von nationalen und internationalen Unternehmen geführte Plantagen und Großpflanzungen spielen eine immer größere Rolle.

Landbesitz und -eigentum ist in vielen südostasiatischen Ländern sehr ungleich verteilt. Eine Reihe von Agrarreformen, etwa auf den Philippinen, hat zwar zu einer Umverteilung des Landbesitzes von den Großgrundbesitzern zu den ehemaligen Pächtern geführt, allerdings haben sich in Folge die durchschnittlich bewirtschafteten Flächen eher noch verkleinert.

Hinzu kommt, dass in den letzten Jahren auch in Südostasien große Flächen von Konzernen und Staaten zur kommerziellen Agrarproduktion aufgekauft wurden (Land Grabbing), oft ohne Berücksichtigung der Interessen der früheren Nutzer. Dabei treten nicht nur Investoren von außerhalb Südostasiens, sondern auch aus Malaysia und Singapur in Erscheinung. Bezogen auf die Agrarfläche eines Landes sind die Landkäufe in Kambodscha und Laos am gravierendsten. Wichtigste Anbauprodukte dabei sind Kautschuk, Nutzhölzern und Biotreibstoffe.

Fischereiwirtschaft

Auch die Fischerei im Meer und in Binnengewässern ist ein wichtiger Wirtschaftszweig. Indonesien ist nach China zweitgrößte Fangnation, Thailand und Vietnam zählen weltweit zu den wichtigsten Exporteuren. In den letzten Jahren hat die Bedeutung der Aquakulturen stetig zugenommen. Ein wichtiges Produkt in Thailand und Vietnam sind dabei Garnelen und Shrimps. Ihre Anzucht im industriellen Maßstab ist nicht nur sehr krankheitsanfällig, sondern trägt auch zur Zerstörung der Mangrovenwälder der Region bei.

Weiterführende Literatur und Internetlinks

Geographische Rundschau
• Vietnam – Laos - Kambodscha 2/2016

Statistikportal der Ernährungs- und Landwirtschaftsorganisation der Vereinten Nationen (FAO)
• http://faostat3.fao.org
(Interaktive Karten zur Landwirtschaft)
• http://kids.fao.org/agromaps/

Karten zur landwirtschaftlichen Nutzung
• https://ipad.fas.usda.gov/rssiws/al/seasia_cropprod.aspx

Weltagrarbericht
• www.weltagrarbericht.de

Informationen zum Reisanbau
International Rice Research Institute
Forschungsinstitut auf den Philippinen (Reiszüchtung, Grüne Revolution)
• http://irri.org/
• www.irri.org/where-we-work/countries/southeast-asia

World Rice Statistics
• http://ricestat.irri.org:8080/wrsv3/entrypoint.htm

Informationen zu Ölpalmen
• www.wwf.de/themen-projekte/landwirtschaft/produkte-aus-der-landwirtschaft/palmoel/

Borneo Orangutan Survival Deutschland
• www.orangutan.de

Informationen und Daten zum Land Grabbing
Landmatrix
• www.landmatrix.org/en/
• www.fian.de/themen/landgrabbing
FIAN
• www.fian.de/themen/landgrabbing/

4 WIRTSCHAFT UND ENTWICKLUNG

Büroangestellte auf der Raffles Place Plaza im Finanzdistrikt von Singapur

4.1 Nachholende Entwicklung in Südostasien

Nur wenige Regionen der Erde verzeichneten in den vergangenen 40 Jahren eine so tiefgreifende Umstrukturierung in gesellschaftlicher, politischer und wirtschaftlicher Sicht wie die Länder Südostasiens. Jahr für Jahr betrug das volkswirtschaftliche Wachstum in allen Ländern stets zwischen fünf und acht Prozent, unterbrochen durch die große Finanzkrise von 1997/98.

So entstand in den 1980er-Jahren der Begriff der Tigerstaaten* für einige der sich schnell entwickelnden Staaten Ost- und Südostasiens (in Anlehnung an die Eigenschaften des Tigers: hohe Dynamik, zum Sprung ansetzend). Sie zeichneten sich aus durch:

- hohes Wirtschaftswachstum,
- rasch steigendes Pro-Kopf-Einkommen,
- dynamische Industrialisierungsprozesse aufgrund der staatlich geförderten Strategie der Exportorientierung,
- wirtschaftsfreundliches Klima: niedrige Löhne und Lohnnebenkosten, geringe Steuern, niedrige arbeitsrechtliche Standards und Umweltauflagen,
- hohe Integration in die Weltwirtschaft.

Die „Tigerstaaten" kopierten mehr oder weniger die nachholende Entwicklungsstrategie Japans (M5). Allerdings begann der Strukturwandel* zeitversetzt in verschiedenen Staaten und vollzog sich unter ganz unterschiedlichen Rahmenbedingungen (Kap. 4.2 – 4.5). So zählt Singapur als Tigerstaat der ersten Generation heute zur obersten Liga der Industriestaaten (nach Pro-Kopf-Einkommen auch Brunei), Thailand und Malaysia werden den Upper-Middle-Income-Staaten (nach Weltbankeinteilung) zugerechnet, die übrigen den Lower-Middle-Income-Staaten. Indonesien, die Philippinen und Vietnam bezeichnet man als dritte

Generation der Tigerstaaten, hingegen gehören Kambodscha, Laos, Myanmar und Osttimor nach UN-Kriterien zu den Least Developed Countries, den am wenigsten entwickelten Ländern. Kambodscha, Laos, Myanmar und Vietnam begannen erst nach 1988 in einen Transformationsprozess* mit marktorientierter Wirtschaft einzutreten.

Von zentraler Bedeutung sind neben Auslandsdirektinvestitionen* und steigenden Export- wie Importraten die jeweiligen Schlüsselindustrien, darunter arbeitsintensive Textilindustrie (in Vietnam, Laos und Kambodscha), eigene Fahrzeugindustrien (Thailand, Malaysia) sowie innovative Industriebereiche der Bio-, Computer- und Informationstechnologie (vor allem in Singapur und Malaysia). Innerhalb der Länder verlief die Industrialisierung ebenfalls unterschiedlich. Hohe Wachstumsdynamik von räumlich begrenzten, zunehmend international eingebundenen Industriezentren auf der einen und erhebliches Zurückbleiben großflächiger wirtschaftlicher Entwicklungsperipherien auf der anderen Seite vergrößerten die räumlichen Disparitäten* (Kap. 4.4, 4.5).

Die wirtschaftliche Integration des südostasiatischen Raumes durch die Weiterentwicklung der ASEAN (Kap. 4.6) und das Entwicklungspotenzial des Tourismussektors (Kap. 4.9 – 4.11) sind weitere wichtige Themen.

Drei tiefgreifende sozioökonomische Umbrüche prägten den Großraum Südostasien in den letzten 30 Jahren: Zum einen setzte Anfang der 1980er-Jahre, in zeitlich gestaffelter Abfolge, ein bemerkenswerter Wirtschaftsboom in den meisten Staaten Südostasiens ein. Dieser wurde zum zweiten Ende der 1980er-/Anfang der 1990er-Jahre verstärkt durch Globalisierungs- und Transformationsprozesse, die mit dem Ende der bipolaren Weltordnung zu erheblichen politischen und sozioökonomischen Aufbrüchen führten. Zum dritten erfasste 1997/1998 die Finanz-, Wirtschafts- und politische „Asien"krise die Volkswirtschaften; diese konnte erst nach etwa zehn Jahren überwunden werden, doch inzwischen stehen alle Staaten konsolidierter da. Innerhalb der Staaten und Regionen Südostasiens haben die jüngsten Strukturumbrüche die bereits zuvor erheblichen sozioökonomischen Entwicklungsunterschiede und Disparitäten weiter vertieft.

Quelle: Frauke Kraas: Südostasien: aktuelle Prozesse der Raumentwicklung. Praxis Geographie 3/2016, S. 5 – 8

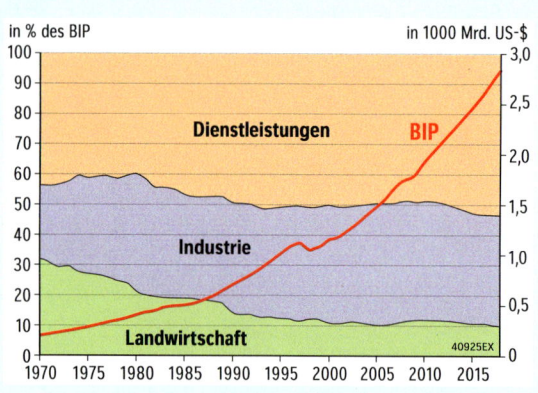

M1　Südostasien: Entwicklung des Bruttoinlandprodukts

M3　Quellentext zu den Phasen der Wirtschaftsentwicklung

M2　Textilproduktion in Vietnam

M4　Hightech-Produktion in Singapur

1. Wirtschaftliche Unterentwicklung
- keine relevante Industrieproduktion
- Import von Konsum- und Investitionsgütern (Import-abhängigkeit),
- negative Handelsbilanz*

2. Beginnende Industrialisierung
- Verringerung von Importen durch Einfuhrbeschränkungen und Aufbau einer eigenen (Leicht-)Industrie (Importsubstitution*)
- Verbesserung der Handelsbilanz*

3. Industrielle Selbstversorgung
- wachsende Industrieproduktion, primär auf den Binnenmarkt ausgerichtet

4. Exportorientierte industrielle Produktion
- Ausrichtung auf Exportprodukte
- Integration in den Weltmarkt
- Ausbau ausländischer Direktinvestitionen (ADI)*
- ausgeglichene oder leicht positive Handelsbilanz

5. Industrielle Reifephase
- Auslagerung der arbeitsintensiven Fertigung ins Ausland
- Intensivierung der Hightech-Branchen*
- Export hochwertiger und hoch spezialisierter Investitions- und Konsumgüter (hohe Exporterlöse)
- Import standardisierter Industriegüter
- zunehmende Investitionen im Ausland
- positive Handelsbilanz, volle Integration in die Weltwirtschaft

M5 Fünf Entwicklungsphasen nachholender Entwicklung beim Gänseflugmodell

Gänseflugmodell

Das Gänseflugmodell ist ein von dem Japaner Kaname Akamatsu entwickeltes Erklärungsmodell aus der Wirtschaftsgeographie. Bereits in den 1930er-Jahren veranschaulichte es die ökonomische Entwicklungsstrategie Japans, die von den ost- und südostasiatischen Tigerstaaten* später aufgegriffen wurde. Der Name des Modells spielt auf das Starten (Take Off) der „Leitgans" Japan und das nach Entwicklungsstufen gestaffelte In-Formation-Fliegen der ost- und südostasiatischen „Gänse" an. Die vereinfachte, idealtypische Vorstellung des Modells beschreibt mehrere Entwicklungsphasen, die eine Wirtschaft durchlaufen soll.

M7 (Modellhafte) Entwicklung von Import und Export

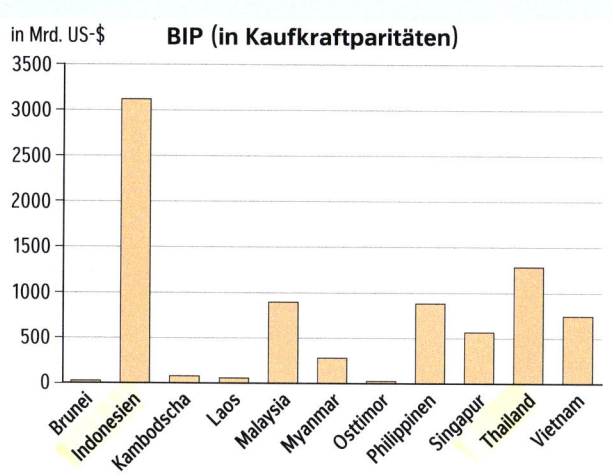

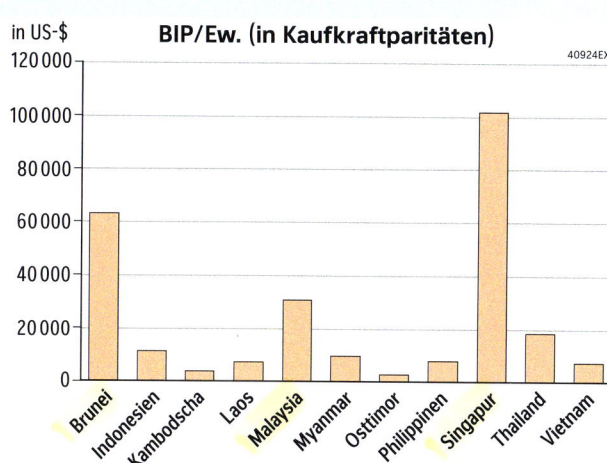

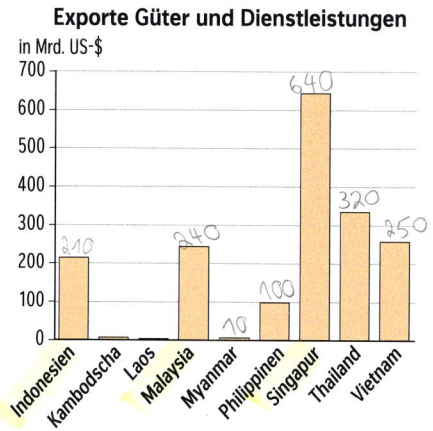

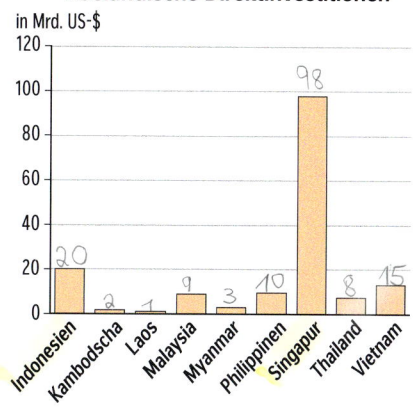

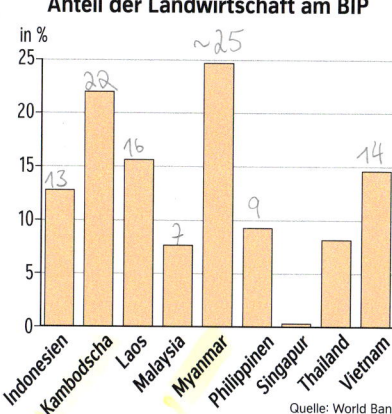

M6 Wirtschaftsdaten der südostasiatischen Staaten (2018)

---

1. Beschreiben Sie die Phasen wirtschaftlicher Entwicklung in Südostasien (M1, M3).
2. Erklären Sie die idealisierte Import- und Exportentwicklung des Gänseflugmodells (M5, M7).
3. Vergleichen Sie den wirtschaftlichen Entwicklungsstand der südostasiatischen Staaten (M6).

4.2 Singapur – der etablierte Tiger

Der kleine Stadtstaat ist unter den südostasiatischen Ländern der Klassenprimus in wirtschaftlichen Belangen. Längst hat Singapur den Sprung vom Billiglohn- in ein Hightech-Industrieland vollzogen und wird von den führenden Wirtschaftsnationen der Welt als eine ihresgleichen behandelt. Um diesen Status zu erhalten, ist Singapur intensiv dabei, ausgewählte Spitzentechnologien (Halbleiter, IT, Bio- und Gentechnologie) voranzutreiben sowie den Dienstleistungs- und quartären Sektor weiter auszubauen. Ein wichtiger Dienstleistungsschwerpunkt ist der Bereich Transport/Logistik.

1. Charakterisieren Sie die Wirtschaft Singapurs (M2, M3).
2. Erklären Sie die wirtschaftliche Entwicklung Singapurs vom Billiglohn- zu einem Hightech-Industrieland (M2 – M4).
3. Analysieren Sie die Entwicklung Singapurs zum Dienstleistungsstandort (M3, M5).
Ⓩ 4. Erläutern Sie die wirtschaftlichen Beschränkungen in einem Stadtstaat (Atlas).
5. Vergleichen Sie die Häfen Hamburgs und Singapurs (Atlas).
6. Erläutern Sie die Standortvorteile Singapurs als Drehscheibe für Güter in Südostasien (M3, M8, Atlas).
7. Beurteilen Sie die Zukunft Singapurs als Logistikstandort*.

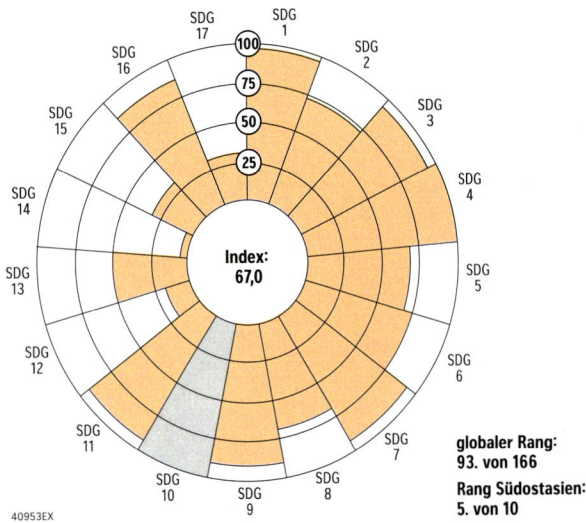

40953EX

M1 SDG-Index Singapur (2019, siehe Kap 2.8)

Index: 67,0

globaler Rang: 93. von 166

Rang Südostasien: 5. von 10

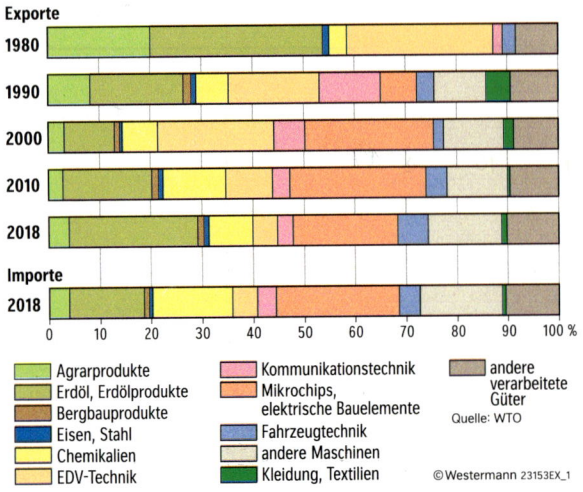

Exporte
1980
1990
2000
2010
2018

Importe
2018

	Agrarprodukte		Kommunikationstechnik		andere verarbeitete Güter
	Erdöl, Erdölprodukte		Mikrochips, elektrische Bauelemente		
	Bergbauprodukte				Quelle: WTO
	Eisen, Stahl		Fahrzeugtechnik		
	Chemikalien		andere Maschinen		
	EDV-Technik		Kleidung, Textilien		

© Westermann 23153EX_1

M2 Singapur: Export- und Importstruktur von Gütern (1980 – 2018)

Singapurs Entwicklung zu einem modernen Industriestaat ist Vorbild für viele Länder im asiatisch-pazifischen Raum geworden. [...] Die wirtschaftliche Stärke und der vergleichsweise hohe Wohlstand des Stadtstaats Singapur sind eng mit seiner Entwicklung zu einer Global City* verbunden. Unter einer Global City ist in diesem Zusammenhang eine Metropole zu verstehen, die als Steuerungs- und Kontrollzentrum in der globalen Ökonomie fungiert. [...] [Singapur hat sich] in den letzten Jahrzehnten nicht nur zum führenden Finanzplatz dieser Region, sondern auch zum Standort regionaler Headquarter multinationaler Unternehmen entwickelt, die von Singapur aus ihre Aktivitäten in diesem Teil der Welt kontrollieren und steuern.

Seit den 1960er-Jahren hat Singapur einen konsequenten und erfolgreichen Weg der Industrialisierung und des stetigen Strukturwandels* vollzogen. Dieser Weg entspricht weitgehend dem Entwicklungspfad der ost- und südostasiatischen Schwellenländer: Er beruhte zunächst auf einer importsubstituierenden* Industrialisierung und setzte anschließend auf die Entwicklung einer exportorientierten Volkswirtschaft. Dabei durchlief die Wirtschaft innerhalb weniger Jahrzehnte einen Strukturwandel von einer arbeitsintensiven zu einer kapitalintensiven und schließlich wissensintensiven Produktionsstruktur. Für den wirtschaftlichen Erfolg Singapurs können vier spezifische Erfolgsfaktoren herangezogen werden:

- Singapur profitierte stets von seiner strategischen geographischen Lage: früher als Umschlaghafen an der Straße von Malakka, heute als zentral im asiatisch-pazifischen Raum gelegenes Dienstleistungs- und Logistikzentrum.
- Die Singapurer Wirtschaftspolitik zeichnet sich bis heute durch ein hohes Maß an Anpassungsfähigkeit aus, das auch als „strategischer Pragmatismus" bezeichnet wird. Verändern sich die Rahmenbedingungen der wirtschaftlichen Entwicklung, werden umgehend Expertenkomitees eingesetzt und ihre Empfehlungen kurzfristig durch die Regierung Singapurs umgesetzt.
- Seit der Unabhängigkeit nimmt die in den Händen der Peoples Action Party liegende Regierungsgewalt weitreichenden Einfluss auf die Faktormärkte (Arbeit, Kapital, Boden). Die wirtschaftlichen Erfolge der Regierung führen hingegen zu einer hohen politischen Legitimation. Singapur wird deshalb auch als „Entwicklungsstaat" bezeichnet und ein „autoritärer Kapitalismus" bescheinigt.
- Singapur profitierte von einer außergewöhnlich starken Akkumulation von Produktionsfaktoren. Hierzu zählen die Zuwanderung von Arbeitskräften, die interne Ersparnisbildung durch den Central Provident Fund und ausländische Direktinvestitionen* sowie nicht zuletzt auch die Akkumulation des Produktionsfaktors Boden durch umfangreiche Projekte der Neulandgewinnung.

Das derzeit wichtigste Entwicklungsziel der Singapurer Wirtschaftspolitik stellt der Übergang zu einer Wissensökonomie dar. Mit diesem Ziel, das seit der Asienkrise von 1997 verfolgt wird, strebt der Stadtstaat Singapur eine strategische Neuausrichtung seiner Wirtschaft an, um neue Wachstumsmöglichkeiten erschließen zu können. Statt des Imports von Know-how durch die Ansiedlung multinationaler Unternehmen soll neues Wissen in Singapur selbstständig geschaffen und verwertet werden. Als Voraussetzungen hierfür wirbt Singapur intensiv ausländische Spezialistinnen und Spezialisten an und investiert massiv in sein Bildungssystem. Gleichfalls sollen nonkonformistisches Denken, Kreativität und eine höhere Gründungsbereitschaft gefördert werden, da diese Voraussetzungen bislang in Singapur eher schwach entwickelt sind.
Quelle: Sebastian Kinder: Global City Singapur. geographie heute 12/2017, S. 35

M3 Quellentext zur wirtschaftlichen Entwicklung Singapurs

Zeitraum	Maßnahmen der Wirtschaftspolitik	Schwerpunkt der Produktion	Herkunft der Investitionen	Hauptabsatzmärkte
1960 - 1965	Importsubstitution*, wirtschaftliche Steuerung durch öffentliche Institutionen, Entwicklung von Industriegebieten	arbeitsintensiv	Europa	Singapur
1965 - 1978	Industrialisierung durch Exportorientierung, Gründung von staatlichen Unternehmen, Gründung einer Infrastrukturgesellschaft	arbeitsintensiv	Europa, USA, Singapur	Singapur, Nachbarländer
1979 - 1986	starke Erhöhung der Löhne, Förderung von Bildung, Automatisierung und Mechanisierung	sachkapitalintensiv	Europa, Nordamerika, Japan, Singapur	Singapur, Südostasien
1987 - 1996	Stärkung der technologischen Basis, Cluster-Entwicklung*, Regionalisierung, Förderung der Ansiedlung von Unternehmenszentralen	sach- und human-kapitalintensiv	Europa, Ostasien, Japan, Singapur	Europa, Nordamerika, Ost- und Südostasien
seit 1996	wissensintensive Industrialisierung, Entwicklung zu Asiens Dienstleistungsknoten	human- und sach-kapitalintensiv	Europa, Ostasien, Japan, Singapur	weltweit

M 4 Singapur: Phasen der wirtschaftlichen Entwicklung

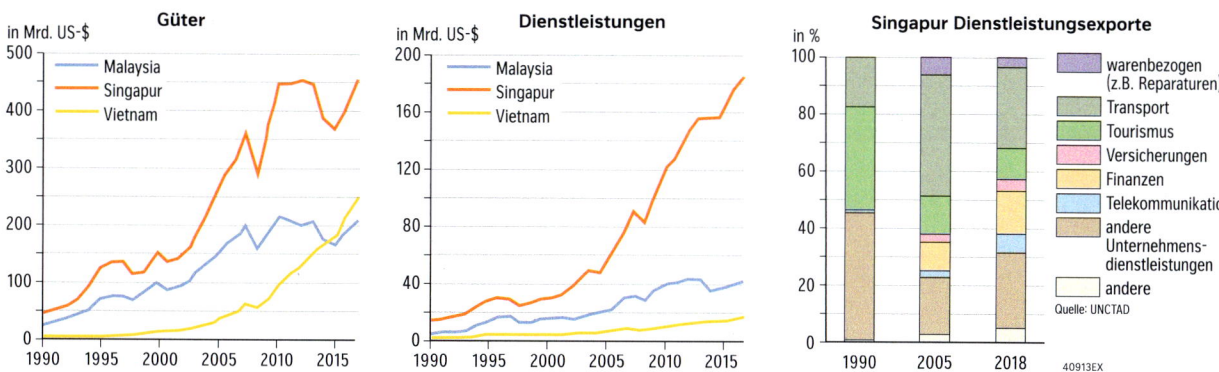

M 5 Export von Gütern und Dienstleistungen von Malaysia, Singapur und Vietnam sowie Struktur der Dienstleistungsexporte in Singapur

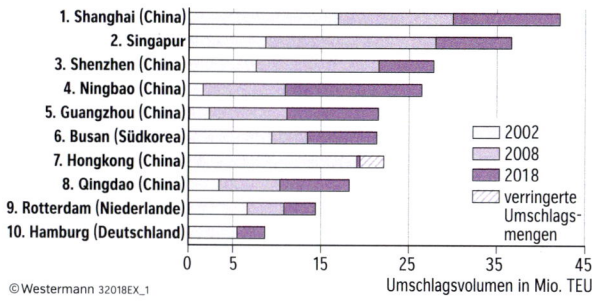

© Westermann 32018EX_1

M 6 Größte Containerhäfen der Welt

- Logistik: 9,6 Prozent Anteil am BIP, 180 000 Beschäftigte (2019)
- 5 000 Logistik- und Vertriebskettenanbieter; darunter die weltgrößten wie Schenker, NYK, Keppel Logistics und YCH
- 4 200 ausländische, multinationale Unternehmen, 26 000 internationale Firmen, oft Verteilzentrum für die Region Südostasien
- Hafen (2018): 135 000 Schiffe aus 600 Häfen in 120 Ländern; 630 Mio. t Fracht (davon 36,3 Mio. t in Containern)
- Flughafen Changi: (2019) 80 Fluglinien, die insgesamt 200 Städte in 68 Ländern bedienen, 68 Mio. Passagiere, 2,0 Mio. Fracht, drei Mrd. Menschen in einem Radius von sieben Flugstunden

M 8 Logistikstandort* Singapur

M 7 Containerhafen von Singapur

✳ 4.3 Malaysia – Tiger der zweiten Generation

In Malaysia verfolgen Politik und Gesellschaft konsequent und mit großem Ehrgeiz das Ziel, in wenigen Jahren zu den Industrienationen aufzuschließen. Mithilfe von Fünfjahresplänen versucht das Land seit 1991, dies umzusetzen. Dafür müssen zu den alten wirtschaftlichen Schwerpunkten neue erschlossen, die Infrastruktur ausgebaut und bestimmte andere Rahmenbedingungen weiter verbessert werden.

1. Charakterisieren Sie die Wirtschaft Malaysias (M2, M3, M4).
2. Erläutern Sie die Wettbewerbsvorteile Malaysias gegenüber seinen südostasiatischen Nachbarn (M3).
3. a) Fassen Sie die Ziele malaysischer Entwicklungsplanung zusammen (M8).
   b) Nehmen Sie Stellung zum Ziel Malaysias, 2020 zu den Industrieländern aufgeschlossen zu haben.
4. a) Erläutern Sie die unterschiedlichen Interessen der Teilnehmerstaaten am Indonesia-Malaysia-Singapore Growth Triangle (M6, M9).
   b) Beurteilen Sie den Nutzen Malaysias aus dem Projekt.
5. Ⓩ Erörtern Sie das Forest-City-Projekt auch vor dem Hintergrund der malaysisch-chinesischen Beziehungen (M6, M7, Internet).

US - Definition → Armut → weniger als 1,90$ pro Tag

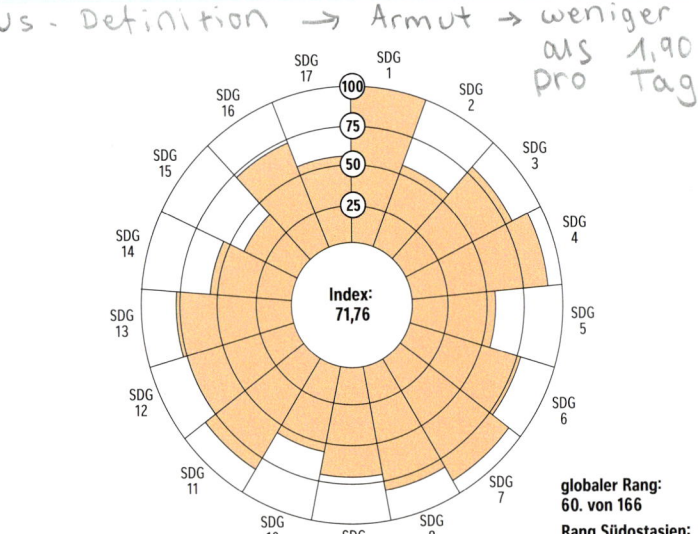

M1   SDG-Index Malaysia (2019)

globaler Rang:
60. von 166

Rang Südostasien:
4. von 10

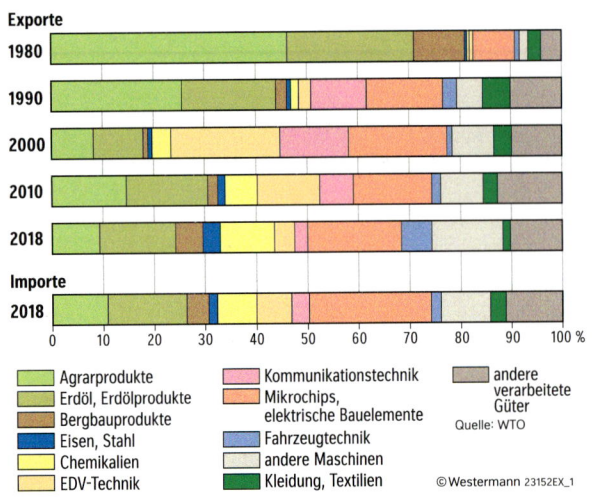

Exporte: 1980, 1990, 2000, 2010, 2018
Importe: 2018

Legende:
- Agrarprodukte
- Erdöl, Erdölprodukte
- Bergbauprodukte
- Eisen, Stahl
- Chemikalien
- EDV-Technik
- Kommunikationstechnik
- Mikrochips, elektrische Bauelemente
- Fahrzeugtechnik
- andere Maschinen
- Kleidung, Textilien
- andere verarbeitete Güter

Quelle: WTO

© Westermann 23152EX_1

M2   Malaysia: Export- und Importstruktur von Gütern (1980 – 2018)

In seiner noch jungen, gerade einmal 55-jährigen Geschichte hat [Malaysia] bereits einen enormen Wandel vollzogen. Seine Wirtschaft war am Anfang der Unabhängigkeit und auch davor unter britischer Kolonialherrschaft sehr stark von den Rohstoffen Zinn, Kautschuk und Palmöl geprägt. Recht bald nach der Unabhängigkeit wurde mithilfe vor allem japanischer Investitionen die Industrialisierung vorangetrieben, und die Exporte industrieller Erzeugnisse rückten in den Vordergrund. Inzwischen ist Malaysia einer der weltweit führenden Hersteller von Halbleitern, elektrotechnischen Erzeugnissen und Solarpanelen. Der Dienstleistungssektor hat die führende Rolle bei der Entstehung des Bruttoinlandsproduktes (BIP)* übernommen und sowohl den Primärsektor als auch die verarbeitende Industrie* auf die Plätze verdrängt. Bei der Ansiedlung von Investitionen kann Malaysia mit einigen Trümpfen aufwarten: Es bietet ein unternehmerfreundliches Umfeld mit attraktiven Anreizen, Rechtssicherheit und gut ausgebildeten Arbeitskräften. Weitere Standortvorteile sind die weit verbreiteten Englischkenntnisse und eine gut ausgebaute Infrastruktur. Zu den Herausforderungen, die das Land noch meistern muss, gehören die zum Teil starken Einkommensungleichheiten und das wirtschaftliche Gefälle zwischen den einzelnen Landesteilen. [...]

Auf den vorhandenen Rohstoffen aufbauend hat sich Malaysia von einem Agrar- zu einem Industrieland entwickelt. Auch wenn die Gummi und Palmöl verarbeitende Industrie sowie die Petrochemie und Chemie weiterhin zu den führenden Branchen zählen, hat sich die Industriepalette wesentlich verbreitert. Die elektrotechnische und vor allem die elektronische Industrie, aber auch der Transportmittel- und der Maschinenbau wurden stark ausgeweitet. Weiter zunehmen dürfte innerhalb des Industriesektors die Fertigung von höherwertigen und wissensbasierten Produkten, denn für arbeitsintensive Erzeugnisse ist Malaysia bereits zu teuer geworden.

Quelle: Bernhard Schaaf: Wirtschaftsstruktur – Malaysia. GTAI 25.7.2018

M3   Quellentext zur Entwicklung Malaysias

Legende:
- Freihandelszone
- Industriepark

Bergbau:
- Eisen
- Zinn
- Gold
- Bauxit

Industrie:
- Eisen- und Stahlerzeugung
- Buntmetallverhüttung
- Metallindustrie
- Maschinenbau
- Kraftfahrzeugbau
- Elektrotechnik, Elektronik
- Optik, Photonik
- chemische Industrie
- Erdölraffinerie

© Westermann 11753EX_2

M4   Malaysia (Malaiische Halbinsel): Wirtschaft

M 5   Petronas Towers in Kuala Lumpur, Sitz des staatlichen Mineralölkonzerns

Malaysia gehört zu den Ländern mit einer ausgeprägten Entwicklungsplanung. [...] Ähnlich wie in Japan und Südkorea soll der Staat eine strategische Funktion im Aufbau einer einheimischen Industrie spielen. [...] Die starke Rolle des Staates äußert sich in der Ausarbeitung detaillierter Fünfjahrespläne seit 1956. Außerdem werden langfristige Pläne formuliert. [...] Sehr einflussreich war die Vision 2020 (Wawasan 2020), in der 1991 das Ziel ausgegeben wurde, Malaysia bis 2020 auf das Niveau eines Industrielandes zu heben. Außerdem sind regelmäßig Industrial Master Plans ausgearbeitet worden. Seit 1971 ist mit der New Economic Policy (NEP) der Einfluss des Staates auf das Wirtschaftsleben wesentlich gestärkt worden. Bis dahin gab es kaum öffentliche Unternehmen, der Anteil der Malaien an börsennotierten Unternehmen war sehr gering [...]. Die NEP sollte nicht nur Armut effektiv bekämpfen, sondern zugleich den Rückstand der Malaien gegenüber den anderen ethnischen Gruppen, insbesondere den Chinesen, verringern. Trotzdem sind [...] die erfolgreichsten Unternehmer weit überwiegend Malaysier chinesischer Abstammung, und das trotz der jahrzehntelangen pro-malaiischen Förderpolitik und der alles beherrschenden Stellung von [der von 1957 bis 2018 regierenden Partei] UMNO. [...] [Sie schuf] ein undurchdringliches Unternehmensgeflecht bzw. von staatlichen Beteiligungen an Unternehmen, die miteinander verwoben sind.

Quelle: Andreas Ufen: Wirtschaft & Entwicklung. www.liportal.de/malaysia 2017

M 8   Quellentext zur Entwicklungsplanung in Malaysia

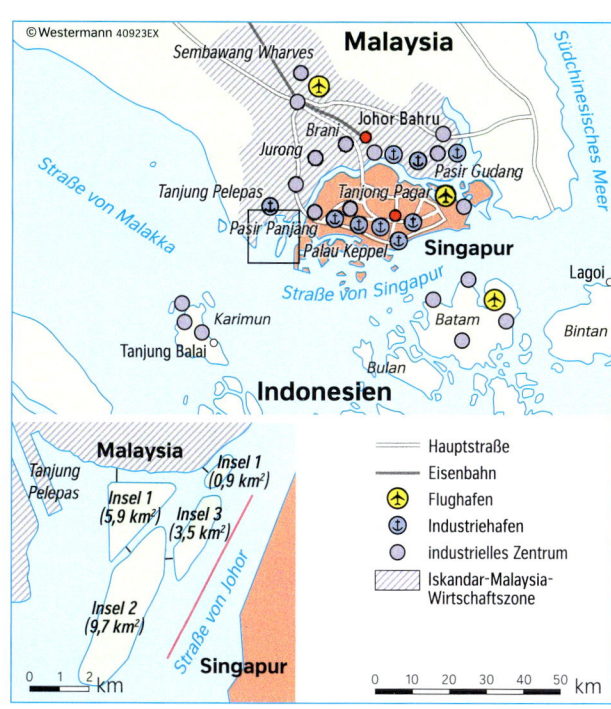

M 6   Indonesia-Malaysia-Singapore Growth Triangle (IMS-GT)

M 7   Modell von Forest City in Johor Bahru. Als Teil des Iskandar-Malaysia-Projekts und der chinesischen Seidenstraßen-Initi-ative* soll auf vier künstlichen Inseln eine Sonderwirtschafts-zone* und Stadt für 700 000 Menschen entstehen. Sie soll vollständig privatisiert und ausschließlich für Chinesen sein.

Am 17. Dezember 1994 gründeten Singapur, Malaysia und Indonesien das Indonesia-Malaysia-Singapore Growth Triangle (IMS-GT). [...] Entstanden ist das Projekt in den Büros des Singapore Economic Development Board. Auf dem winzigen Territorium des Stadtstaats Singapur [...] fehlte es den Unternehmen an Raum; zugleich trieb die starke Nachfrage nach Arbeitskräften die Löhne in die Höhe. Insofern schien es vernünftig, ein Projekt „komplementärer Entwicklung" anzugehen, um den dringenden Bedarf an Raum, Arbeitskräften und Rohstoffen abzufangen. Die Mitte des Dreiecks bildet Singapur, das über Kapital, qualifizierte Arbeitskräfte, beste technologische und kommerzielle Infrastrukturen sowie über den Zugang zum Weltmarkt verfügt. An der Nordspitze des Dreiecks liegt der Süden Malaysias, das halbqualifizierte Arbeitskräfte, „angepasste Tech-nologien" und grundlegende Infrastrukturen sowie Rohstoffe und Land zu bieten hat. Die Basis des Dreiecks schließlich bilden die indonesischen Riau-Inseln, die über unqualifizierte Arbeitskräfte und lediglich einfache Technologien verfügen, aber auch über große Rohstoffvorkommen und Riesenflächen ungenutzten Landes.

Malaysia sah in dem Projekt die Chance, den Ballungsraum um Johor Bahru zu einer großen Industriezone zu entwickeln. Obwohl es nach wie vor Spannungen zwischen beiden Ländern gibt, die vor allem auf die Umstände des Ausschlusses von Singapur aus der Malaysischen Konföderation (1965) zurückgehen, hat Kuala Lumpur gegen den Kapitalzufluss aus Singapur nichts einzuwenden. [...]

Während 150 000 Malaysier tagtäglich zum Arbeiten über die Grenze gehen, florieren auf malaysischer Seite Handel und Immobiliengeschäfte dank der Kundschaft aus Singapur, die hier viel billiger einkaufen kann und auch billigeren Wohnraum findet. Zu dem Geld, das über die Grenze strömt, gehören die 3,4 Milliarden Dollar, die Singapur in das Projekt Iskandar Malaysia investiert. Die Riesenanlage mit Industrie- und Hafenzonen, Wohnanlagen und Einkaufszentren ist seit 2006 im Bau. Bis 2025 soll sie sich auf eine Fläche erstrecken, die dreimal so groß ist wie Singapur, und Investitionen von 100 Milliarden Dollar absorbiert haben, die 800 000 Arbeitsplätze schaffen sollen. [...]

Auch wenn im Dreieck hohe Wachstumsraten von über 5 Prozent zu verzeichnen sind, wird sich an der ökonomischen Hierarchie innerhalb des Dreiecks kaum etwas ändern.

Quelle: Philippe Revelli: Dreieck der Globalisierung. In Atlas der Globalisierung. Berlin: Le Monde Diplomatique 2019, S. 66

M 9   Quellentext zum Wachstumsdreieck IMS-GT

4.4 Aktiv- und Passivräume in Thailand

Das Nebeneinander von Regionen mit hohem und niedrigem Entwicklungsstand, mit prosperierender und stagnierender Wirtschaft, mit Armut und Reichtum ist überall auf der Welt zu beobachten. Solche räumlichen Disparitäten* bestehen nicht nur auf Länderebene, sondern auch innerhalb von Staaten. In Südostasien sind beide Phänomene stark ausgeprägt. Auch in Thailand konzentrieren sich die wichtigen, exportwirtschaftlichen Aktivitäten in bestimmten Aktivräumen. Eine Förderung der Passivräume stand wiederholt auf der Agenda der nationalen Wirtschaftspolitik.

1. Fassen Sie die räumlichen Disparitäten in Südostasien zusammen (Kap 4.1 – 4.5).
2. Erläutern Sie das Dilemma für die Wirtschaftspolitik in disparitären Entwicklungsländern (M 2).
3. Erklären Sie die Polarisationsumkehrtheorie (M 1).
4. a) Lokalisieren Sie die Aktiv- und Passivräume in Thailand.
   b) Analysieren Sie die räumlichen Disparitäten in Thailand (M 3, M 4).
   c) Begründen Sie ihre Ursachen (z.B. naturräumliche Ausstattung, Wirtschaftsstruktur, Lage etc., M 4, Atlas).
5. Beurteilen Sie die Erfolge bei der Beseitigung der räumlichen Disparitäten in Thailand (M 4 – M 6).
Ⓩ 6. Erörtern Sie Chancen und Probleme für Subzentren/Wachstumspole in der thailändischen Peripherie (M 1).

Thailand, Malaysia, die Philippinen und – schon eingeschränkter – Indonesien streben dezidiert seit den 1970er-Jahren eine Milderung disparitärer Entwicklung an, indem wirtschaftsschwache Regionen über regionalpolitische und raumordnerische Instrumente gefördert werden, wie Ausbau der Infrastruktur* (Straßen, Schulen, Hospitäler usw.), Anlage von „Industrial Estates", Steuervergünstigungen für Investoren. [...] Alle Regierungen stehen jedoch vor dem Dilemma, einen Mittelweg zwischen einer ausgleichs- und einer wachstumsorientierten Regionalpolitik finden zu müssen. Ein optimales Wirtschaftswachstum wird i. d. R. nur erreicht, wenn Investitionen nicht räumlich gestreut, sondern konzentriert getätigt werden [...]. Da alle Länder unter dem Zwang stehen, schnell ein hohes Wirtschaftswachstum zu erreichen, fördern oder behindern sie i. d. R. zumindest nicht die räumliche Konzentration der Investitionen in den bereits bestehenden Ballungsräumen – mit der Folge einer Verschärfung der Disparitäten. Um auch die Ziele einer ausgleichsorientierten Politik zu erreichen, erfolgen Investitionen in wirtschaftsschwachen Räumen oft schwerpunktmäßig auf Wachstumspole und Cluster* in der Erwartung, dass so stärkere Wachstumseffekte entstehen, die auf die umgebenden Räume ausstrahlen und schließlich das Wohlstandsgefälle zu den wirtschaftsstarken Räumen abschwächen.

Quelle: Karl Vorlaufer: Südostasien. Darmstadt: WBG 2018, S. 226

M 2   Quellentext zu räumlichen Disparitäten in Südostasien

PE (Pro-Kopf-Einkommen)

1. Phase
räumliche Konzentration

ADI ▸

Der urban-industrielle Prozess nationaler Entwicklung beginnt aufgrund der Knappheit von Investitionsmitteln an einem Ort hoher Standortgunst. Dort wird auch vom Ausland investiert. Es setzt ein kumulativer Wachstumsprozess, ein Polarisationsprozess, ein.

2. Phase
intraregionale Dezentralisierung

ADI ─

Durch die hohen Wachstumsraten und die Zuwanderung kommt es in der Zentralregion zu Agglomerationsproblemen (zum Beispiel Slums, Umweltprobleme). Dies macht eine Ansiedlung im Umland attraktiv.

3. Phase
interregionale Dezentralisierung

ADI ─

In einigen ausgewählten Standorten der Peripherie entstehen Subzentren, die eine eigene Wachstumsdynamik mit Agglomerationsvorteilen, Entzugs- und Ausbreitungseffekten entwickeln. Es kommt zu ersten ausländischen Direktinvestitionen, zu Firmenverlagerungen und Wanderbewegungen aus der Zentralregion in die Subzentren.

4. Phase
sub-intraregionale Dezentralisierung

ADI ─

Die Subzentren wirken wiederum wie Wachstumspole: Es kommt zur Bildung weiterer kleiner Subzentren in deren Umland.

5. Phase
stabiles urban-industrielles Hierarchiesystem

km

Diese Mechanismen wirken langfristig der Polarisation entgegen → Abbau der regionalen Disparitäten.

🔴 urban-industrielles Zentrum
⬜ Hinterland
○ Siedlungen
🟩 Peripherie

→ mobile Produktionsfaktoren (Kapital, qualifizierte Arbeitskräfte)
ADI → ausländische Direktinvestitionen
---- → Innovationsdiffusionen

© Westermann 7557EX_7

nach: Schätzl, L.: Wirtschaftsgeographie 1. Paderborn 2003, S. 178 ff.

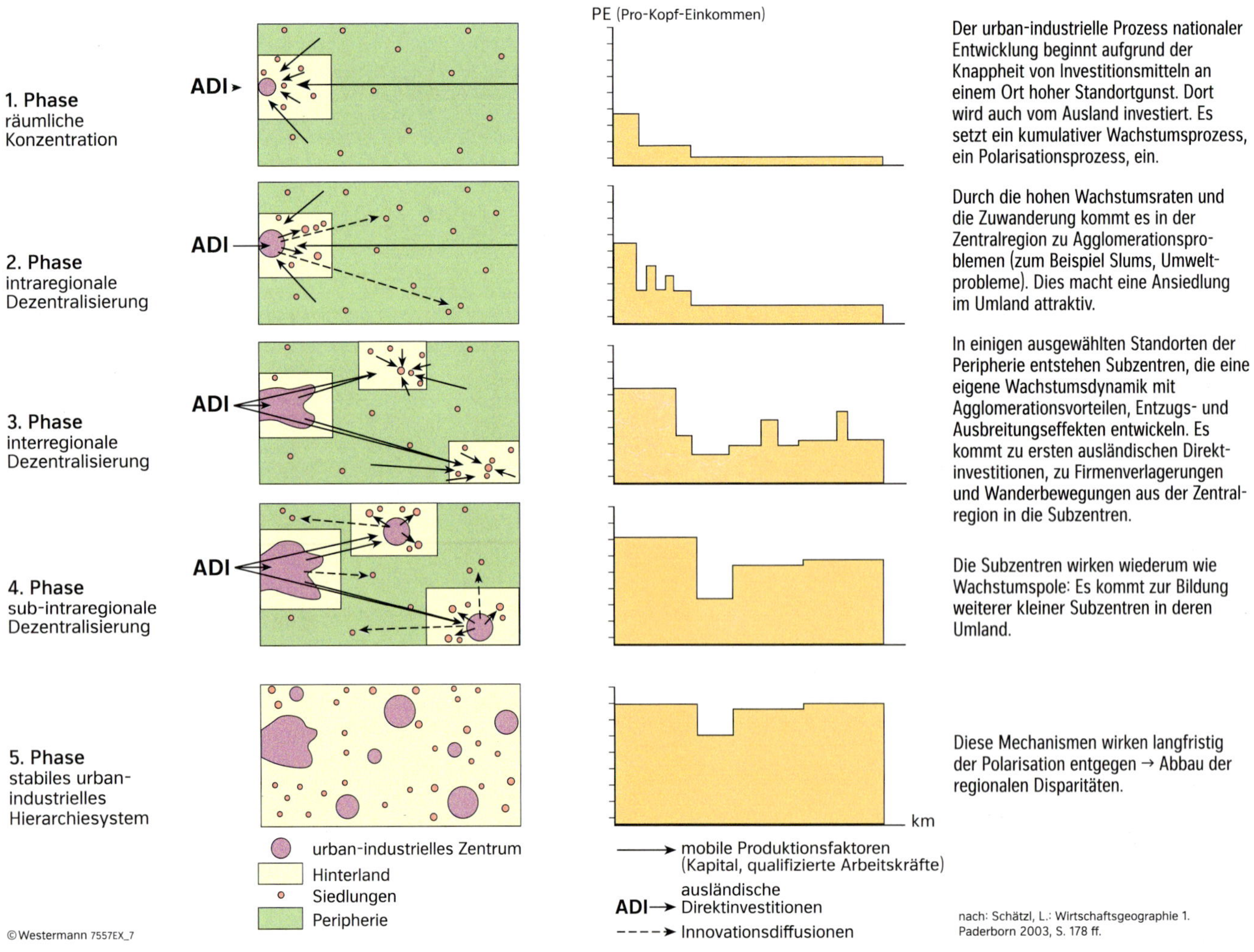

M 1   Polarisationsumkehrtheorie (nach H.W. Richardson)

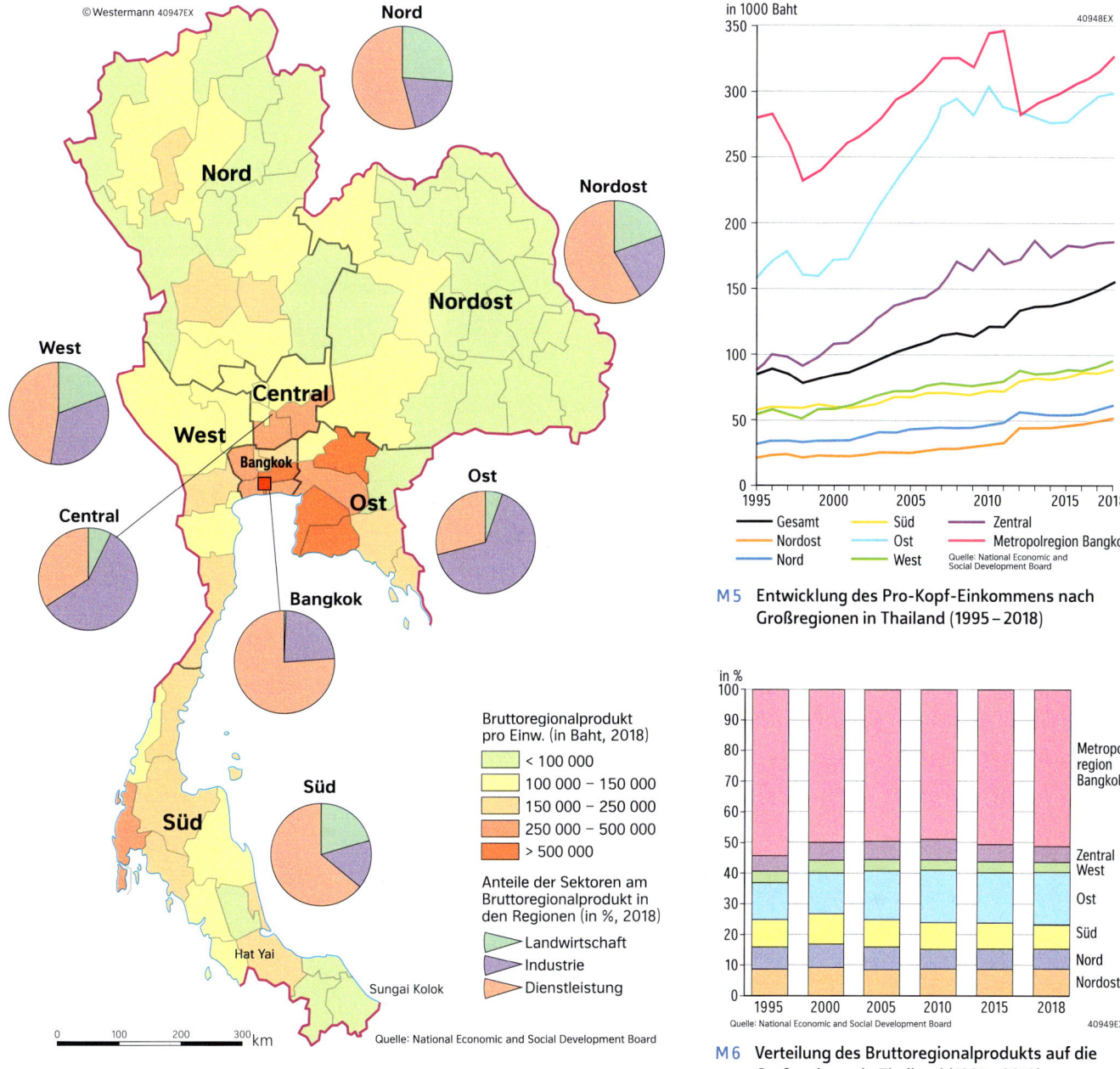

M 5 Entwicklung des Pro-Kopf-Einkommens nach Großregionen in Thailand (1995 – 2018)

M 6 Verteilung des Bruttoregionalprodukts auf die Großregionen in Thailand (1995 – 2018)

M 3 Bruttoregionalprodukt* nach Provinzen und regionale Wirtschaftsstrukur (2018)

Thailand ist seit Langem durch starke Unterschiede zwischen der Primatregion um Bangkok und den ländlichen Räumen, insbesondere im Norden und Nordosten, gekennzeichnet. Diese Disparitäten wurden durch die Integration des Landes in die Weltwirtschaft verstärkt, da sich die Gunststandorte für die exportorientierte Industrialisierung vor allem an der Küste und im Umfeld der Hauptstadt Bangkok befinden. Außer der Hauptstadt und ihrem unmittelbaren Umland (Extended Bangkok Region) wurde auch der westlich angrenzende Küstenstreifen (Eastern Seaboard Region) mit seinen Tiefwasserhäfen zu einem Standort der Exportindustrie. Diese beiden Regionen entwickelten sich deutlich dynamischer als die ländlich geprägten Regionen des Landes. [...] Dezentralisierungstendenzen der exportorientierten Wirtschaft führten vornehmlich zu einer räumlichen Erweiterung der Primatregion um Bangkok und in gewissem Umfang zu einer Verlagerung der Wachstumsdynamik aus der unmittelbaren Hauptstadtregion in das Eastern Seaboard. [...]
Die politischen Auseinandersetzungen der letzten Jahre standen in engem Zusammenhang mit den regionalwirtschaftlichen Disparitäten im

Land. Von großer Bedeutung für die Zukunft Thailands ist der Verlauf des Konflikts zwischen der Landbevölkerung des Nordens und Nordostens einerseits sowie den Mittel- und Oberschichten der Hauptstadtregion und der wohlhabenderen Landbevölkerung des Südens andererseits. Die regionale Ungleichheit im Land wurde erstmals in der jüngeren Geschichte durch die Regierung Thaksin [Premierminister 2001 – 2006] explizit adressiert. Thaksin verdankte seine Popularität einer gezielten Umverteilungspolitik aus der Hauptstadtregion in die Provinzen des Nordens und Nordostens. Beispielhaft dafür stehen die Einführung einer kostenlosen Gesundheitsversorgung, die vor allem der armen Landbevölkerung zugute kam, ländliche Entwicklungsprogramme in Form von Mikrokrediten und Förderung des Unternehmertums sowie Investitionen in die Infrastruktur in den ländlichen Regionen. [...] Die aktuelle Militärregierung [...] zeigt geringeren Einsatz für die ländlichen Regionen.

Quelle: Daniel Schiller: Regionalwirtschaftliche Disparitäten in Thailand. Geographie heute 12/2017, S. 38 – 39

M 4 Quellentext zu Disparitäten in Thailand

4.5 Vietnam – der kommunistische Tiger

Vietnam war über Jahrzehnte hinweg von kolonialer Fremdherrschaft, Besetzung, Krieg, Flüchtlingsströmen und wirtschaftlichen Krisen geprägt. Der Vietnamkrieg, der zwischen 1955 und 1975 in und um Vietnam geführt wurde, kostete insgesamt über fünf Millionen Menschen das Leben. 1986 begann die Regierung Vietnams, das von Krieg und sozialistischer Planwirtschaft* gezeichnete Land allmählich wirtschaftlich sowie politisch zu öffnen und ebnete den Weg hin zur Marktwirtschaft*. Der Erfolg kam als „verlängerte Werkbank" für arbeitsintensive Fertigung. Ausländische Direktinvestitonen* fließen aber nur in wenige Regionen, sodass es große räumliche Disparitäten* gibt.

1. Charakterisieren Sie die Wirtschaft Vietnams (M2, M4).
2. Erläutern Sie die infrastrukturellen Probleme und die Existenz von zwei Wirtschaftszentren in Vietnam (M4, M5, M8, M9).
Ⓩ 3. Ein ausländisches Unternehmen möchte in Asien
   a) Sportschuhe b) Computer
   produzieren. Finden Sie Argumente für ein Werk in Vietnam und helfen Sie bei der Standortsuche.
4. Erläutern Sie die Funktion von Sonderwirtschaftszonen* als Wachstumspole (M1, S. 62, M6).
5. Erörtern Sie die Einrichtung von Sonderwirtschaftszonen in Vietnam (M6, M7).
Ⓩ 6. Vergleichen Sie den SDG-Indizes von Singapur, Malaysia, Thailand und Vietnam (M1, Kap. 2.8, 4.2, 4.3).

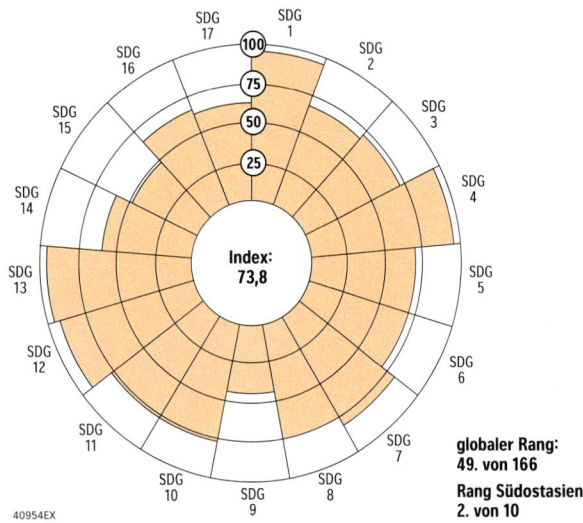

40954EX

M1   SDG-Index Vietnam (2019)

globaler Rang:
49. von 166

Rang Südostasien:
2. von 10

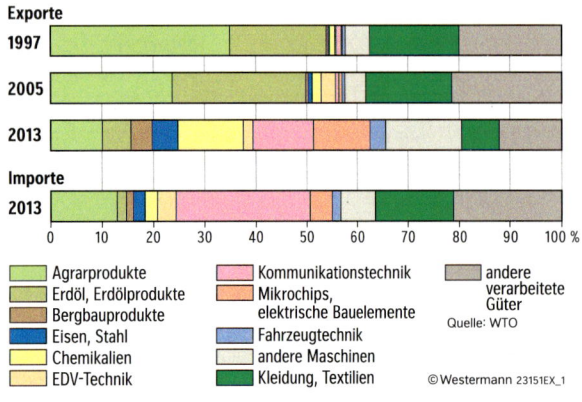

© Westermann 23151EX_1

M2   Vietnam: Export- und Importstruktur von Gütern (1997 – 2018)

M3   Sonderwirtschaftszone in Vietnam

Im Jahr 1986 beschloss der 6. Parteikongress der kommunistischen Partei Vietnams die Erneuerung des Wirtschaftssystems. Ähnlich wie die Volksrepublik China setzt Vietnam beim Übergang von der Plan- zur Marktwirtschaft auf die außenwirtschaftliche Öffnung des Landes und insbesondere auf ausländische Investitionen. Bereits 1987 wurde das erste Gesetz zur Förderung ausländischer Direktinvestitionen verabschiedet. Zusätzlich schloss Vietnam zahlreiche bi- und multilaterale Handelsabkommen (z. B. ein Freihandelsabkommen mit Südkorea im Jahr 2015, eins mit der Europäischen Union, [das 2020 in Kraft getreten ist]) und trat 1995 der ASEAN und 2007 der WTO bei.

Insbesondere seit dem WTO-Beitritt lässt sich ein starker Zustrom ausländischer Investitionen beobachten, der immer mehr auch das verarbeitende Gewerbe* umfasst. In den 1990er-Jahren konzentrierten sich die ausländischen Investitionen zunächst auf mineralische und agrarische Rohstoffe. Aber zunehmend mehr multinationale Unternehmen verlagern wegen der gestiegenen Lohnkosten ihre Produktion von China nach Vietnam. [...] Die ausländischen Direktinvestitionen konzentrieren sich vor allem auf die beiden wirtschaftlichen Zentren des Landes, den Südosten mit Ho-Chi-Minh-Stadt als dynamischste Metropole des Landes und das Rote-Fluss-Delta mit der Hauptstadt Hanoi. Bis Ende 2015 konnte der Südosten 53 % aller ausländischen Investitionsprojekte und damit 43 % des gesamten investierten Kapitals auf sich ziehen. Das Rote-Fluss-Delta kam auf 32 % der Investitionsprojekte und 26 % des investierten Kapitals. Die Gründe für die ungleiche Verteilung liegen zum einen in der unterschiedlichen industriellen Prägung und zum anderen in den Unterschieden im Wirtschaftsklima. Entsprechend der sozialistischen Industrialisierungsstrategie war das Rote-Fluss-Delta von der Schwerindustrie*, der Südosten des Landes hingegen eher leichtindustriell* geprägt. Somit konnten ausländische Unternehmen im Südosten einfacher von bestehenden Strukturen und der Verfügbarkeit von qualifizierten Arbeitskräften profitieren. [...] Viele Regierungen spätindustrialisierender Staaten erwarten durch ausländische Direktinvestitionen nicht nur neue Arbeitsplätze, sondern auch den Transfer von Kapital, Technologie und Management-Know-how, um im eigenen Land international wettbewerbsfähige Strukturen aufzubauen. [...] Einheimische Unternehmen sollen sich als Zulieferer in globale Wertschöpfungsketten integrieren und eine höhere technologische Wettbewerbsfähigkeit erreichen. Bislang haben sich diese Hoffnungen im Falle Vietnams noch nicht alle erfüllt.

Quelle: Javier Revilla Diez: Vietnam auf dem Sprung. Geographie heute 12/2017, S. 42 – 43

M4   Quellentext zur Entwicklung Vietnams

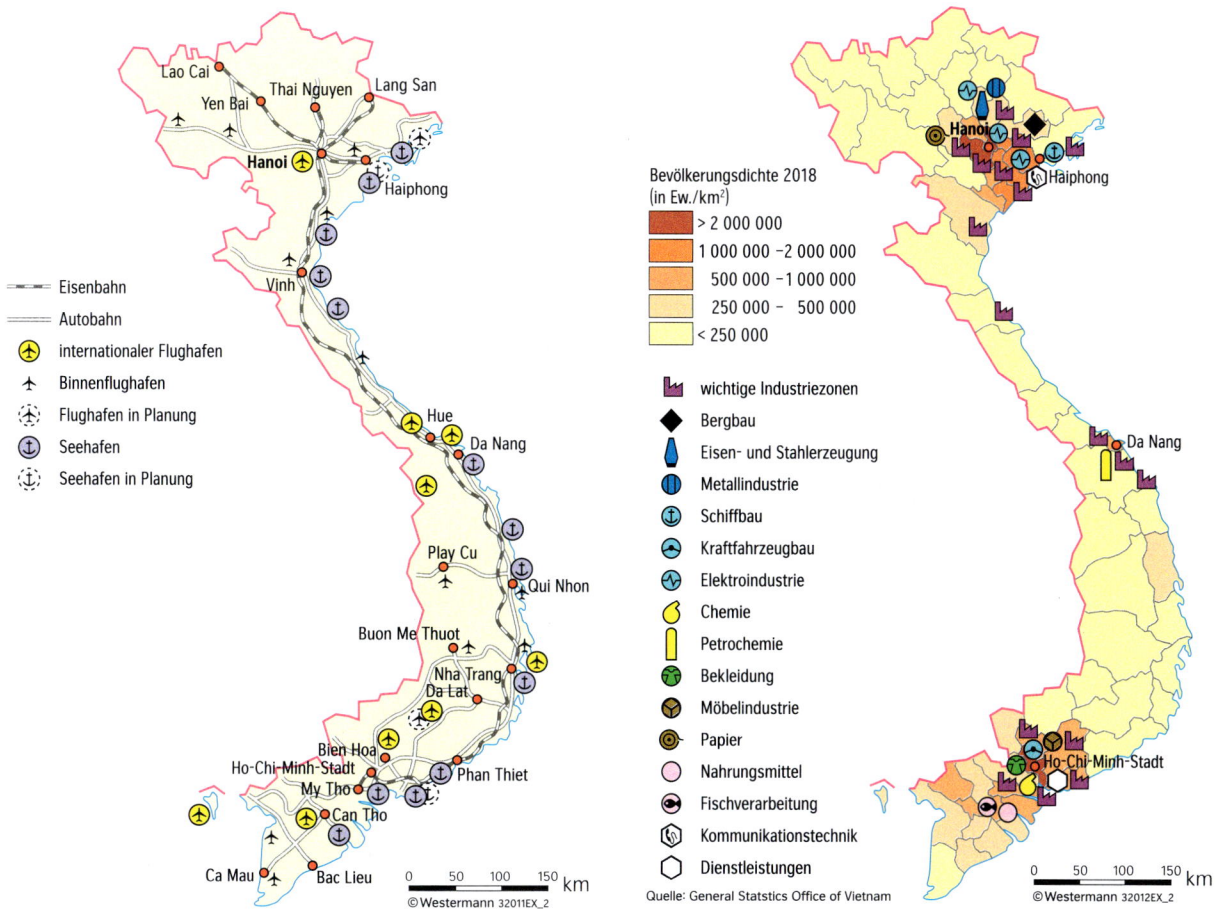

M 5   Vietnam: Verkehrsinfrastruktur

Legende M5:
- Eisenbahn
- Autobahn
- internationaler Flughafen
- Binnenflughafen
- Flughafen in Planung
- Seehafen
- Seehafen in Planung

Orte (M5): Lao Cai, Yen Bai, Thai Nguyen, Lang San, Hanoi, Haiphong, Vinh, Hue, Da Nang, Play Cu, Qui Nhon, Buon Me Thuot, Nha Trang, Da Lat, Bien Hoa, Ho-Chi-Minh-Stadt, My Tho, Phan Thiet, Can Tho, Ca Mau, Bac Lieu

© Westermann 32011EX_2

M 8   Ausgewählte Industrieparks und Bevölkerungsdichte

Bevölkerungsdichte 2018 (in Ew./km²)
- > 2 000 000
- 1 000 000 – 2 000 000
- 500 000 – 1 000 000
- 250 000 – 500 000
- < 250 000

- wichtige Industriezonen
- Bergbau
- Eisen- und Stahlerzeugung
- Metallindustrie
- Schiffbau
- Kraftfahrzeugbau
- Elektroindustrie
- Chemie
- Petrochemie
- Bekleidung
- Möbelindustrie
- Papier
- Nahrungsmittel
- Fischverarbeitung
- Kommunikationstechnik
- Dienstleistungen

Quelle: General Statstics Office of Vietnam

© Westermann 32012EX_2

	Merkmale	Anzahl
Industrial Parks	• Spezialisierung auf Produktion von diversen industriellen Gütern, • auch Ansiedlung von Unternehmen, die Dienstleistungen für industrielle Güter anbieten	330
Export Processing Zones	• Spezialisierung auf Produktion von Exportgütern, • aber auch hier Ansiedlung von Dienstleistern, die Services für die entsprechende Branche anbieten, • vereinfachte Regularien für exportorientierte Betriebe	4
High-Tech-Zones	• Multifunktionszonen, in denen sich Firmen ansiedeln können, die Hightech-Waren produzieren, Forschungen und Entwicklung betreiben oder Personal ausbilden, die später im Hightech-Bereich eingesetzt werden können, • Vergünstigungen für ausländische Investoren bei einer Ansiedlung	3
Economic Zones	• definierte geographische Gebiete, in denen bei einer Investition bestimmte Privilegien seitens des Staates gewährt werden (Steuervergünstigungen, verbesserte Landnutzungsrechte), • meist strukturschwache Regionen	43

M 6   Sonderwirtschaftszonen in Vietnam (2020)

	Einkommen (in 1000 Dong)
Vietnam	3876
Stadt	5623
Land	2990
südöstliche Region	5709
Rotes-Fluss-Delta	4834
Mekong-Delta	3588
zentrales Hochland	2896
nordwestliche Region	1482
nördliche Küstenregion	3015

Quelle: General Statistics Office of Viet Nam

M 9   Durchschnittseinkommen pro Einwohner (2018; 1000 Dong = 4 Cent)

Im Juni 2018 gingen mehrere Tausend Demonstranten in verschiedenen vietnamesischen Städten auf die Straße, um gegen einen Gesetzentwurf zur Einrichtung von drei Sonderwirtschaftszonen (SWZ) zu protestieren. [...] Ausländische Investoren dürften in diesen SWZ laut Entwurf Land für bis zu 99 Jahre pachten. Lockerere Arbeitsrechts- und Umweltschutzstandards sollen die Regionen zu attraktiven Standorten für ausländische Firmen machen. Die vietnamesische Regierung erhofft sich von dem Gesetzentwurf mehr als 250 000 neue Arbeitsplätze und zusätzliche Staatseinnahmen in Höhe von 9,5 Milliarden US Dollar im Zeitraum zwischen 2021 und 2030. [...] Kritiker äußern jedoch verschiedene Bedenken. Einerseits sorgen sich Arbeitnehmer aus den Regionen um ihre Löhne und Arbeitrechte. Unternehmen soll schließlich deutlich mehr Autonomie gepaart mit weniger staatlicher Kontrolle gewährt werden als im Rest des Landes. [...] Mit einem nationalen Maßnahmenplan verfolgt Vietnam seit 2017 die Umsetzung der Ziele für nachhaltige Entwicklung*, die in der Agenda 2030 festgeschrieben sind. In dem geplanten Gesetzentwurf sind jedoch keine Tendenzen dahingehend erkennbar, der Umweltverschmutzung und dem freigiebigen Ressourcenverbrauch in den geplanten SWZ entgegenzuwirken. [...] Chinaskeptische Demonstranten sehen sich in ihrer Sorge bestätigt, dass die Errichtung neuer SWZ mit besonderen Privilegien eine verstärkte chinesische Migration bis hin zu Souveränitätsverlusten zur Folge haben könnte.

Quelle: Louise Beichler: Vietnam: Der wachsende Einfluss Chinas sorgt für Unruhe. Konrad-Adenauer-Stiftung, Länderbericht 1.11.2018

M 7   Quellentext zu Protesten in Vietnam gegen neue Sonderwirtschaftszonen

4.6 ASEAN – „One Vision, One Identity, One Community"

Das offizielle Motto der Association of Southeast Asian Nations (ASEAN) ist (noch) mehr Zielvorgabe als gelebte politische Realität. Doch hat das 1967 gegründete Regionalbündnis eine lange Geschichte mit wechselnden politischen, wirtschaftlichen und zudem kulturellen Agenden. Heute gehören der Organisation mit Sitz in Jakarta alle südostasiatischen Länder außer Osttimor an. Die ASEAN hat zu eigenen Formen der Zusammenarbeit gefunden und strebt in absehbarer Zeit an, eine EU-ähnliche Wirtschaftsgemeinschaft zu werden.

1. a) Beschreiben Sie die Geschichte der ASEAN (M4–M7).
   b) Erläutern Sie den Wandel ihrer Zielsetzungen (auch M2).
2. a) Analysieren Sie die weltwirtschaftliche Bedeutung des ASEAN-Wirtschaftsraums und seine weltwirtschaftliche Orientierung (M1, M6, M9, Kap. 3.1, Atlas).
   b) Vergleichen Sie die Wirtschaftsbündnisse in M3.
3. (Z) Vergleichen Sie die Heterogenität der EU- und der ASEAN-Mitgliedsstaaten.
4. Erläutern Sie die bisherigen Hemmnisse einer eng(er)en wirtschaftlichen Zusammenarbeit der ASEAN-Staaten (M6).
5. Erörtern Sie den „ASEAN-Weg" als Form kooperativer staatlicher Zusammenarbeit (M6, M7, M10).
6. (Z) Beurteilen Sie, inwieweit das Regionalbündnis ASEAN dazu beiträgt, dass die Mitgiiedsstaaten selbstbewusster gegenüber den Regional- und Großmächten auftreten.

M4   ASEAN

	1970	1980	1990	2000	2010	2018
Südostasien	1,2	1,6	2,0	2,4	3,0	3,5
China	1,3	1,6	2,9	5,8	11,7	16,3
übriges Ostasien	8,6	9,6	11,6	10,9	9,6	8,7
Südasien	2,5	2,1	2,4	2,8	3,8	4,6
Westasien	2,5	3,4	2,8	3,2	3,6	3,9
Europa[1]	40,4	38,6	36,7	31,8	27,9	25,0
Nordamerika	31,4	29,6	30,0	31,2	27,6	26,0
Lateinamerika	7,2	8,6	7,2	7,3	7,5	6,6
Afrika	2,8	2,9	2,6	2,5	3,1	3,1
Ozeanien	2,1	1,9	1,9	2,0	2,0	1,9

Quelle: UNCTAD   [1] inkl. Sowjetunion/Russland

M1   Anteil an der globalen Wirtschaftskraft (in % des BIP)

„The ASEAN Community is anchored on three mutually supporting pillars: Political-Security, Economic, and Socio-Cultural. Established in 2015, it encapsulates ASEAN's resilience and dynamism in a journey spanning more than half a century, and how far and how well the ASEAN Member States have achieved in coming together as one Community."
Quelle: Fact Sheet ASEAN Community 2019

M2   Zitat aus einer ASEAN-Broschüre

1967	Gründung durch Indonesien, Malaysia, Philippinen, Singapur, Thailand; Beschluss der Bangkok-Deklaration
1971	Gründung der Zone für Frieden, Freiheit und Neutralität ZOPFAN (Zone of Peace, Freedom and Neutrality)
1976	Erstes ASEAN-Gipfeltreffen (seit 1995 jährlich, seit 2009 zweimal jährlich)
1984 - 1999	Beitritt von Brunei, Vietnam, Myanmar, Laos und Kambodscha
1994	Einrichtung des ASEAN-Regionalforums (ARF) für Sicherheitsfragen
1995	Beschluss: Schaffung einer Freihandelszone – ASEAN Free Trade Area (AFTA) – durch schrittweise Zollsenkungen
1997	Südostasiatische Atomwaffenfreie Zone SEANWFZ (South East Asia Nuclear Weapon Free Zone)
1997	Gründung des Forums ASEAN plus Three (China, Japan, Südkorea)
2003	Inkrafttreten der ASEAN-Freihandelszone (AFTA)
2007	Verabschiedung der ASEAN-Charta (M7)
2010	Freihandelszone mit China (ACFTA)
2012	Menschenrechtsdeklaration (ASEAN Human Rights Declaration)
2012	Beginn der Verhandlungen um ein pazifisches Handelsabkommen (Regional Comprehensive Economic Partnership (RCEP)) von ASEAN plus Three, Australien, Neuseeland und Indien
2015	Gründung Asean Economic Community (AEC) – Ziel: Schaffung eines gemeinsamen Wirtschaftsraums (Binnenmarkt) nach europäischem Vorbild

M5   Geschichte der ASEAN

	Gründung	Bevölkerung (in Mio.)	Fläche (in Mio. km²)	Mitglieder	BIP (in Mrd. US-$)	BIP/Ew. (in US-$)	Exporte (in Mrd. US-$)	ADI* (in Mrd. US-$)
ASEAN	1967	654,0	4,5	10	2972 (3,5 %)	4543	1814 (7,3 %)	149 (11,5 %)
EU	1992 (1952)	509,7	4,2	27	18722 (21,8 %)	36732	8508 (34,1 %)	276 (21,3 %)
NAFTA[1]	1994	493,5	21,6	3	23617 (27,6 %)	47856	3526 (14,1 %)	323 (24,9 %)
SADC[2]	1992	344,8	9,9	16	724 (0,8 %)	2102	223 (0,9 %)	8 (0,6 %)
Mercosur[3]	1991	293,1	14,9	5[4]	2695 (3,1 %)	9195	407 (1,6 %)	74 (5,7 %)

Quelle: UNCTAD   [1] Nordamerikanisches Freihandelsabkommen [2] Südafrikanische Entwicklungsgemeinschaft [3] Gemeinsamer Markt des Südens (Lateinamerika) [4] Venezuela seit 2016 suspendiert

M3   Wirtschaftsbündnisse im Vergleich (2018, in Klammern: Weltmarktanteil)

Die Gründung der ASEAN durch die Länder Indonesien, Malaysia, Philippinen, Thailand und Singapur im Jahr 1967 erfolgte vor dem Hintergrund des Vietnam-Konfliktes und der Ausbreitung kommunistischer Gruppen. Primäres Ziel war die „Sicherung der friedlichen Entwicklung der Länder", während die wirtschaftliche Entwicklung nachrangige Bedeutung hatte. Dies änderte sich in den 1970er-Jahren: Als erste Stufe der wirtschaftlichen Zusammenarbeit erfolgte im Jahr 1977 die Einrichtung einer Präferenzzone, d. h., für ausgewählte Güter wurden Zölle zwischen den Ländern abgebaut. Zudem eröffnete der Ansatz der Wachstumsdreiecke Möglichkeiten der grenzüberschreitenden Zusammenarbeit. Benachbarte Länder konnten so ihre speziellen komparativen Vorteile zusammenführen und grenzüberschreitende Produktionssysteme entwickeln (z. B. zwischen Singapur, Malaysia und Indonesien). Nach dem politischen Wandel und der wirtschaftlichen Öffnung schlossen sich in den 1990er-Jahren Vietnam (1995), Myanmar (1997), Laos (1997) und Kambodscha (1999) an. Gleichzeitig erfolgten Beschlüsse (1995) zur Realisierung einer Freihandelszone (AFTA) bis 2003. Heute sind die Zölle zwischen den Gründungsstaaten weitgehend abgebaut und die Zölle zu den neuen Mitgliedsstaaten auf niedrige Sätze reduziert. Im Jahr 2015 vereinbarten die Mitgliedsländer die Einrichtung einer Wirtschaftsgemeinschaft (ASEAN Economic Community) nach Art der EU bis zum Jahr 2020. Dieser Beschluss hat aber vorrangig symbolischen Charakter. Die ASEAN ist eher ein Dialogforum als eine geschlossene Regionalorganisation. Beschlüsse werden bei den jährlichen Gipfeltreffen getroffen. Sie betreffen beispielsweise Wirtschaft, Umwelt, Terrorismus oder Menschenrechte [...]. Daneben liegen Vereinbarungen zur Öffnung der Dienstleistungsmärkte und zur Aufhebung von Investitionsbarrieren vor. Arbeitsprinzip ist die Nichteinmischung in die inneren Angelegenheiten der Mitgliedsstaaten. Einer weitergehenden wirtschaftlichen Integration stehen vielfältige Schwierigkeiten entgegen. Aufgrund erheblicher Unterschiede im wirtschaftlichen Entwicklungsstand und in der Größe des Binnenmarktes verfolgen die Länder differierende Entwicklungsstrategien. Beispielsweise strebt Indonesien eher die Strategie der Importsubstitution an und will den großen Markt mit eigenen Produkten versorgen, während Singapur seine hochentwickelten Produkte und Dienstleistungen in ganz Südostasien anbieten möchte. Entsprechend liegt der Anteil des Intra-ASEAN-Handels nur bei knapp 25 %; Beziehungen zu Nordamerika, Ostasien und Europa sind wichtiger.

Auch weisen die Länder sehr unterschiedliche politische Systeme auf, von dem kommunistischen System Vietnams über Monarchien wie Malaysia bis zur autoritären Demokratie Singapurs. Schließlich kennzeichnet eine ausgeprägte religiöse und ethnische Vielfalt der Bewohner die Region und es kommt immer wieder zu ethnisch-religiösen Konflikten.
Quelle: Elmar Kulke: Südostasien. Geographie heute 12/2017, S.5

M 6 Quellentext zur Entwicklung der ASEAN

- Betonung der zentralen Stellung der ASEAN in der regionalen Zusammenarbeit
- Achtung der Grundsätze der territorialen Integrität, Souveränität, Nichteinmischung und nationalen Identität der ASEAN-Mitglieder
- Förderung des regionalen Friedens und der regionalen Identität, der friedlichen Beilegung von Streitigkeiten durch Dialog und Konsultation sowie des Verzichts auf Aggression
- Aufrechterhaltung des Völkerrechts in Bezug auf Menschenrechte, soziale Gerechtigkeit und multilateralen Handel
- Förderung der regionalen Integration des Handels
- Einrichtung eines Menschenrechtsgremiums und eines Mechanismus für ungelöste Streitigkeiten
- Entwicklung freundschaftlicher Beziehungen zu UN und EU
- Weitere Ziele: Armutsbekämpfung, Bildungsförderung, Good Governance, Kriminalitätsbekämpfung, Umweltschutz, Schutz des kulturellen Erbes, Bildungsförderung

M 7 Kernpunkte der ASEAN-Charta (2007, Auswahl)

M 8 Regierungschefs der ASEAN-Staaten auf dem 34. ASEAN Summit (Gipfeltreffen) in Bangkok im November 2019

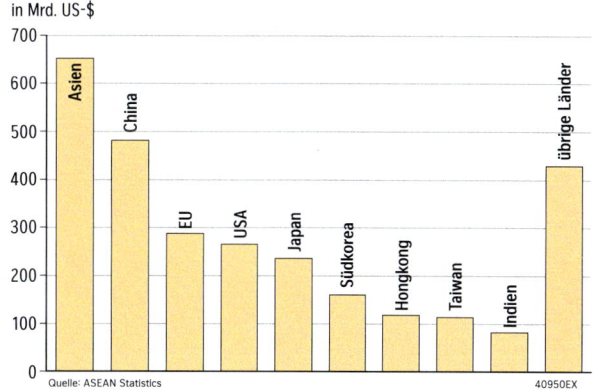

M 9 Handelspartner der ASEAN-Staaten (2018)

Angesichts der kulturellen Vielfalt, der gewaltigen politischen und wirtschaftlichen Unterschiede und eines großen Misstrauens zwischen den einzelnen Ländern war es von Anfang an eine besondere Herausforderung, einen Rahmen zu finden, der das Staatenbündnis zusammenhalten konnte. Dabei haben sich die Staaten auf die bis heute gültigen Prinzipien der Nichteinmischung und des Konsenses verständigt. Sämtliche Beschlüsse der ASEAN müssen einstimmig fallen. Und der Staatenbund mischt sich nicht in die nationalen Angelegenheiten seiner Mitglieder ein. Dieser besondere politische Stil wird von den Staaten, nicht ohne Stolz, [...] als der „ASEAN-Weg" bezeichnet. Er [ist] geprägt durch eine informelle und persönliche Herangehensweise, die auf Konfliktvermeidung ziele und häufig nicht in der Öffentlichkeit ausgetragen werde. Wichtig [ist] dabei, die anderen Mitglieder nicht zu beschämen oder in die Enge zu treiben.

Dabei bleibt aber die Frage, ob die Geschichte der ASEAN ein Erfolg war oder nicht. Die Perspektiven auf die ASEAN sind sehr unterschiedlich [...]. In der Region sieht sich die ASEAN selbst als erfolgreiche Organisation, was vor allem mit der Gründung der Wirtschaftsunion 2015 zusammenhängt. 2015 rief der Staatenbund die „Wirtschaftsgemeinschaft der ASEAN" aus, die auf einen gemeinsamen Markt und den freien Austausch von Gütern, Dienstleistungen, Arbeit und Kapital zielt. Zwar sind längst nicht alle Maßnahmen umgesetzt, aber in keinem anderen Bereich arbeitet die ASEAN so kooperativ und zielgerichtet zusammen. [...]

Die ASEAN hat dazu beigetragen, Südostasien gegenüber den USA, China und Indien insgesamt zu stärken. Ohne ASEAN wären ihre Mitgliedsstaaten den Groß- und Regionalmächten stärker ausgeliefert.
Quelle: Rodion Ebbighausen: 50 Jahre ASEAN-Weg. Deutsche Welle 7.9.2017

M 10 Quellentext zum Erfolg der ASEAN

4.7 Infrastrukturprojekte und Entwicklungskorridore

Der Bau oder Ausbau von Verkehrsinfrastruktur – Straßen, Eisenbahnverbindungen, Kanälen, Häfen, Flughäfen –, aber auch die Erleichterung des grenzüberschreitenden Verkehrs kann positive Auswirkungen auf die Wirtschaftsentwicklungen einer Region haben. Der Nutzen soll weit über den Effekt der Erleichterung des Handels hinausgehen – so die Befürworter dieser Strategie wie die Asiatische Entwicklungsbank. Im festländischen Südostasien und den benachbarten Provinzen in China und Indien wurden in den letzten Jahren zahlreiche solche Projekte angeschoben. China hingegen versucht, weltweit solche Entwicklungskorridore mit seiner Seidenstraßen-Initiative* umzusetzen.

✘ Beschreiben Sie den Ausbau des Straßensystems im festländischen Südostasien (M4.) *(M1)*

✘ Erklären Sie die Unterschied zwischen dem Konzept eines Transport- und eines Entwicklungskorridors (M3, M7).

(3.) Analysieren Sie die Lage der Entwicklungskorridore der Greater Mekong Subregion* und den geplanten Verkehrsinfrastrukturprojekten (M1, M2, M7).

4. Erörtern Sie das Interesse Chinas am Ausbau der Infrastruktur in Südostasien (M9).

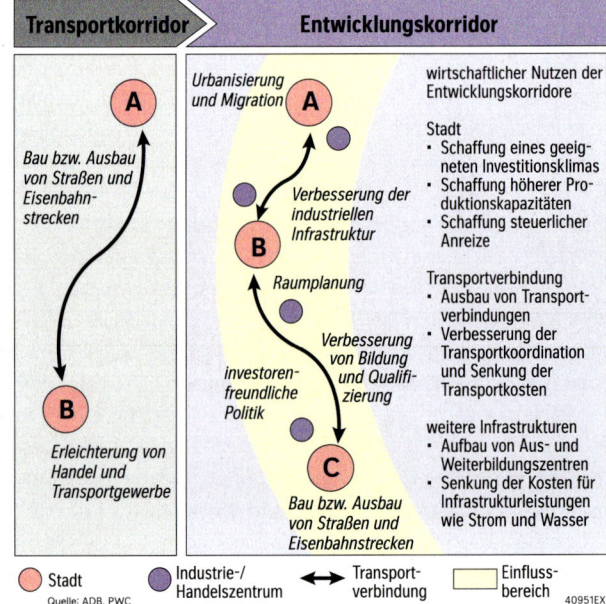

M3 Transport- und Entwicklungskorridor

M1 Entwicklungskorridore in der Greater Mekong Subregion*

Korridore
— Nord-Süd
— Süd
— Ost-West
---- mögliche Erweiterung
═══ weitere Straßenverbindungen
0 100 200 300 km

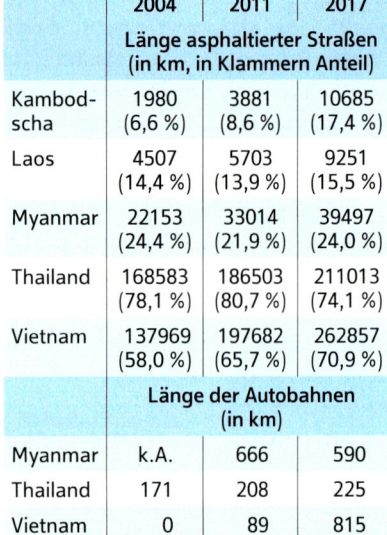

	2004	2011	2017
	Länge asphaltierter Straßen (in km, in Klammern Anteil)		
Kambodscha	1980 (6,6 %)	3881 (8,6 %)	10685 (17,4 %)
Laos	4507 (14,4 %)	5703 (13,9 %)	9251 (15,5 %)
Myanmar	22153 (24,4 %)	33014 (21,9 %)	39497 (24,0 %)
Thailand	168583 (78,1 %)	186503 (80,7 %)	211013 (74,1 %)
Vietnam	137969 (58,0 %)	197682 (65,7 %)	262857 (70,9 %)
	Länge der Autobahnen (in km)		
Myanmar	k.A.	666	590
Thailand	171	208	225
Vietnam	0	89	815

Quelle: ASEAN Statistics

M4 Straßenverbindungen im festländischen Südostasien

M5 Bauarbeiten an der China-Laos-Railway (rechts) und dem Vientiane-Vangvieng Expressway

	Straßenbauprojekte (in km)	(in Mio US-$)	Eisenbahnbauprojekte (in km)	(in Mio US-$)	Hafen-Projekte (in Mio. US-$)
Kambodscha	45	85	696	1276	90
Laos	1042	780	1125	11465	0
Myanmar	1593	1587	4257	7860	5660
Thailand	569	2250	824	1539	59
Vietnam	180	410	129	7900	0

Quelle: ASEAN Statistics

M2 Transportinfrastrukturprojekte im festländischen Südostasien

M 6   Grenzübergang zwischen Thailand und Myanmar

M 8   Erweiterung des Hafens in Laem Chabang (Thailand)

Trotz Fortschritten sind die Straßen- und Eisenbahnstrecken zwischen Bangladesch, Indien, Myanmar und Thailand lückenhaft, auf vielen Abschnitten unter Standard und es fehlen viele wichtige Verbindungen. [...] Gebiete im Landesinneren [...] haben nur begrenzten oder langwierigen Zugang zu Grenzen oder wichtigen Seehäfen. [...] Wenn die Qualität der grenzüberschreitenden Verkehrsinfrastruktur verbessert und dort, wo sie nicht vorhanden ist, erweitert wird, können die Transportstückkosten gesenkt, die Transportzeiten verkürzt und der Durchsatz [an den Grenzen] erhöht werden, was alles zu mehr Handel führen kann. [...]

Die unterschiedliche Geographie und die Vielfalt der Verkehrsträger in der Region unterstreichen die Notwendigkeit einer multimodalen Planung beim Bau von Straßen, Eisenbahnen, Seehäfen, Binnenwasserstraßen und Flughäfen, um den Bedürfnissen der Nutzer, einschließlich der Transportdienstleister, gerecht werden. [...] **Landverkehrskorridore** [...] sind regionale Straßen- oder Eisenbahnverbindungen, die in der Regel zwei Seehäfen miteinander verbinden. Die regionalen Korridore führen durch benachbarte Länder und sind somit grenzüberschreitende Transportverbindungen. Multimodale Korridore sind Korridore, die verschiedene Verkehrsträger (Land, Kanal, See oder Luft) kombinieren. Das Konzept der Korridore weist auf das Potenzial für große Verkehrssysteme hin, [die Endpunkte miteinander verbinden,] ähnlich den Schnellstraßensystemen in den USA und Europa. Allerdings ist die Umsetzung dieser Vision in Süd- und Südostasien angesichts der Hemmnisse für [solche Verkehrssysteme], darunter große Entfernungen, niedrige Einkommen, schwierige Gelände- und Klimabedingungen, schlechte Straßenverhältnisse, zeitraubende Grenzübertrittsverfahren und fehlende Transitabkommen, in weiter Ferne. [...]

Das Konzept des **Entwicklungskorridors** ist eine ganzheitliche Strategie, die Investitionen in Transport, Energie und Telekommunikation auf koordinierte Weise verbessert, um die logistische Effizienz zu steigern. Ziel ist die Entwicklung eines effizienten Transportsystems, das es Gütern und Personen ermöglicht, sich ohne übermäßige Kosten oder Verzögerungen fortzubewegen. Solche Verbesserungen können das weitere Wirtschaftswachstum und die regionale Entwicklung fördern und damit zur Armutsbekämpfung beitragen. Insbesondere können sie zur Entwicklung von Produktionsnetzen beitragen. [...]

Die Greater Mekong Subregion* [...] legte drei Korridore fest: den Ost-West-Entwicklungskorridor (EWEC), den Nord-Süd-Entwicklungskorridor (NSEC) und den Südlichen Entwicklungskorridor (SEC), wobei die beiden Letzteren aus mehreren Subkorridoren bestehen.
Quelle: Asian Development Bank Institute: Connecting South Asia and Southeast Asia. Tokio 2015, S. 53, 55-57 (Übersetzung: Thilo Girndt)

M 7   Quellentext zur Greater Mekong Subregion*

Auch wenn die erste Assoziation mit der neuen Seidenstraße häufig der Schaffung neuer Transportkorridore über Land gilt, ist der Auf- und Ausbau von Häfen im Rahmen der Initiative nicht von minderer Bedeutung. Seeschiffe wickeln gemessen am Volumen weiterhin etwa 80 Prozent des weltweiten Warenverkehrs ab. Genannte Ziele der maritimen Seidenstraße sind unter anderem der gemeinsame Aufbau von Verkehrswegen auf dem Meer und [...] das Errichten einer maritimen Kooperationsplattform. [...] Häufig geht der Bau von Häfen mit chinesischer Beteiligung mit einem „Hafen + Park + Stadt"-Konzept einher. So werden in Hafennähe auch Industriezonen entwickelt. Im Hinterland sollen Städte entstehen, die die Arbeiter des Hafens und der Industrieparks beheimaten. Ein Beispiel hierfür ist die Suez Canal Economic Zone in Ägypten. Viele dieser Projekte sind bisher aber nicht über die Planungsphase hinausgekommen, so beispielsweise Melaka Gateway in Malaysia oder die Kyaukphyu Special Economic Zone in Myanmar. Aus ökonomischer Sicht verfolgt China mit dem Engagement an Häfen weltweit eine ganze Reihe an Zielen. In erster Linie sollen bestehende Handelsrouten gesichert und neue erschlossen werden. Investitionen in Häfen an kritischen Verkehrswegen wie am Suezkanal oder in der Straße von Malakka in Südostasien tragen dazu bei, diese wichtigen Seewege auch zukünftig nutzen zu können. Dagegen bemüht sich die chinesische Regierung schon länger um die Schaffung von alternativen Routen, beispielsweise durch den Bau von Häfen in Pakistan und Myanmar. Von dort aus sollen Waren und Rohstoffe wie Öl und Gas per Land beziehungsweise Pipelines in den Westen der Volksrepublik transportiert werden, um so die Straße von Malakka zu umgehen, durch die heute noch etwa 80 Prozent der chinesischen Rohöllieferungen transportiert werden. [...]

Doch sind mit dem chinesischen Engagement im maritimen Bereich auch Risiken für die entsprechenden Länder verbunden. So treiben die Projekte teilweise die Staatsschulden in die Höhe. Die Regierung in Myanmar hat unter anderem aus diesem Grund etwa die Schuldenlast und die Eigentumsverhältnisse beim Bau des Hafens in Kyaukphyu neu verhandelt. In Kambodscha klagt die lokale Bevölkerung über Überfremdung durch chinesische Kreuzfahrttouristen, die in chinesischen Hotels absteigen, in chinesischen Restaurants speisen und in Supermärkten mit chinesischen Produkten einkaufen. [...] Für das geplante Vorhaben im Rahmen des Melaka Gateway zeigte beispielsweise eine Weltbankstudie, dass ein weiterer Hafen an Malaysias Westküste nicht gebraucht werde. Nicht zuletzt deshalb bestehen Ängste, dass [...] Häfen strategisch zur militärischen Nutzung angelegt sein könnten.
Quelle: Lisa Flatten: China baut an maritimer Seidenstraße. GTAI 16.4.2020

M 9   Quellentext zu Chinas maritimer Seidenstraße*

4.8 Laos – Exportschlager Wasserkraft?

Das Binnenland Laos zählt zu den Least Developed Countries Südostasiens. Seine ökonomische Rolle in der Region wurde bisher durch die Bereitstellung natürlicher Ressourcen für die wirtschaftsstarken Nachbarländer getragen sowie durch seine Funktion als Transitraum für den Handel zwischen Südostasien und China. Die Topographie des Landes ist maßgeblich durch ein Hochland mit in Nord-Süd-Richtung verlaufenden Tälern und den Mekong bestimmt. Durch das Hochland ziehen sich wichtige Nebenflüsse des Mekong. Diese topographischen und hydrologischen Gegebenheiten bieten sehr gute Voraussetzungen für den Bau von Staudämmen zur Energiegewinnung. Die laotische Regierung sieht im Ausbau der Energiegewinnung durch Wasserkraft am Unteren Mekong die Möglichkeit, das wirtschaftliche Potenzial des Landes zu stärken.

1. Beschreiben Sie die Landnutzung und Inwertsetzung des Einzugsgebietes des Mekong sowie die naturräumlichen Voraussetzungen (M1, Kap. 1.3, Atlas, Kap. 1.3).
2. a) Vergleichen Sie die Elektrizitätsproduktion der Mekong-Anrainerstaaten Thailand, Laos und Kambodscha (M3, M4).
   b) Erläutern Sie die Entwicklung der Produktion und des grenzüberschreitenden Handels mit Elektrizität (M4).
3. Erläutern Sie die Vor- und Nachteile des Ausbaus der Energiegewinnung durch Wasserkraft am unteren Mekong (M5).
4. Nehmen Sie Stellung zu der Frage, inwieweit das laotische Wasserenergieprogramm zu einer Vertiefung beziehungsweise zu einer Belastung der Beziehungen zu den südasiatischen Nachbarländern und China führen kann (M5).
5. Beurteilen Sie, inwiefern das Programm als Motor für nachhaltige Entwicklung in Laos gelten kann (M5).

M 1   Wasserkraftwerke (Auswahl) in der Mekong-Region

M 2   Nam-Theun-2-Wasserkraftwerk

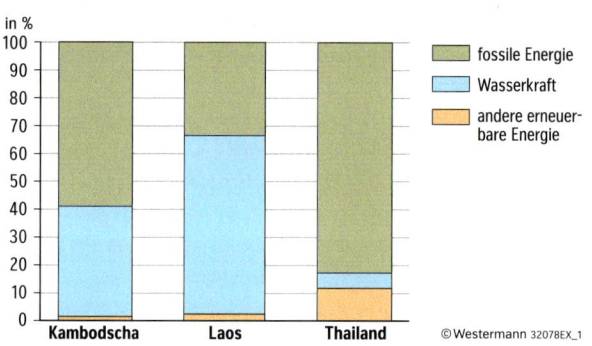

M 3   Zusammensetzung der Elektrizitätsversorgung in Kambodscha, Laos und Thailand

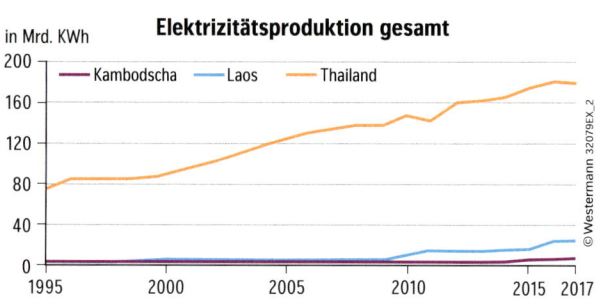

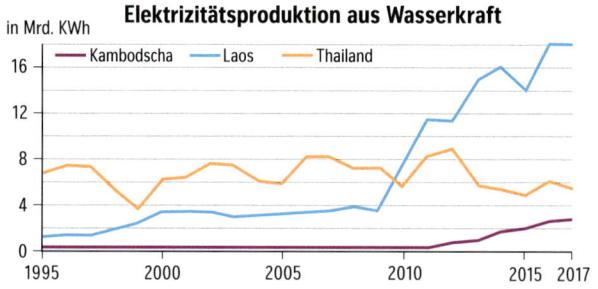

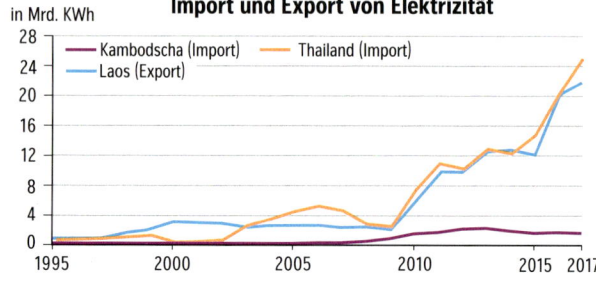

M 4   Produktion und Export/Import von Elektrizität in Kambodscha, Laos und Thailand (1995 – 2017)

Devisen = Geld aus dem Ausland (Laos zu viel Strom)

Als Transitraum und Quelle von natürlichen Ressourcen kommt Laos in der regionalen Ökonomie [...] eine eher passive Rolle zu. Um das ehrgeizige Ziel zu erreichen, bis 2020 den Status Least Developed Country abzulegen, bedarf es jedoch einer aktiveren Positionierung seitens der laotischen Regierung. Dieses Vorhaben soll mithilfe ausländischer Direktinvestitionen vor allem im Ressourcensektor (Generierung von Wasserkraft, Abbau von Rohstoffen, Ausbau der Landwirtschaft) und dabei insbesondere mit der Realisierung von Großprojekten umgesetzt werden. Als eigenes wirtschaftliches Potenzial sieht die Regierung dabei in erster Linie den Ausbau der Wasserkraft. In der Folge hat Laos eigene Staudammprojekte am Mekong und seinen Nebenflüssen gebaut bzw. geplant. Der Mekong stellt dabei ein umstrittenes Gemeingut dar. Viele der Anrainerstaaten, allen voran China, haben bereits Staudämme gebaut. Laos war davon bisher vor allem von der Oberlieger-Unterlieger-Problematik betroffen. Mit dem Bau eigener Dämme wird es nun selber zum Akteur in der Gemengelage von nationalstaatlichen Interessen, Zivilgesellschaft und zwischenstaatlichen Institutionen, die die Verwaltung eines Gemeinguts zum Ziel haben. [...] Einen Versuch, die gemeinschaftliche Nutzung des Unteren Mekong zu koordinieren und zwischen den unterschiedlichen nationalstaatlichen Interessen der Anrainerstaaten zu vermitteln, stellt die Mekong River Commission (MRC) dar. Im Jahr 1995 unterzeichneten die vier Staaten Laos, Kambodscha, Thailand und Vietnam das Mekong Agreement, um eine nachhaltige Nutzung des Flusses zu gewährleisten. [...] Erklärtes Ziel der laotischen Regierung ist es, zur „Batterie der Region" zu werden. Dafür plant der Staat bis zum Jahr 2020 den Bau von 70 weiteren Staudämmen. [...] Das 1 000 Megawatt leistende Nam-Theun-2-Wasserkraftwerk liegt am Nam-Theun-Fluss, einem Nebenfluss des Mekong. Auf dem Nakai-Plateau in der Provinz Bolikhamxai wird der Nam Theun von einer 39 m hohen Staumauer zu einem 450 km² großen See gestaut. [...] Als im Jahr 2005 die Finanzierung des Projekts festgelegt wurde, handelte es sich um die größte ausländische Investition in Laos und das größte Wasserkraftwerk mit Finanzierung aus dem Privatsektor. [...] Im Verlauf des Projekts wurden [...] die Ausmaße für die lokale Bevölkerung deutlich. Über 6 200 Bewohner und Bewohnerinnen des Nakai-Plateaus, die überwiegend ethnischen Minderheiten angehören, mussten umgesiedelt werden. Schätzungen zufolge sind entlang des Xe-Bang-Fai-Flusses 120 000 Personen von den Auswirkungen des Staudamms betroffen. Es kommt zu Überschwemmungen, zum Verlust von Fisch- und weiteren Wasserressourcen sowie zu Sedimentbildung. Bereits als die ersten Pläne für den Bau des Staudamms bekannt wurden, waren Stimmen aus der Zivilgesellschaft laut geworden, [...] welche die negativen Folgen des Projekts für die Umwelt und die lokale Bevölkerung aufzeigten. Sie beriefen sich vor allem auf das Missmanagement von kleineren Wasserkraftprojekten im Land, in denen die laotische Regierung bereits gezeigt hatte, dass sie den betroffenen Gemeinschaften weder legalen Schutz bieten konnte noch Umweltstandards beachtete. Nach dem Bau der Kraftwerke wartete ein Großteil der Bevölkerung immer noch auf Entschädigungszahlungen und Maßnahmen für den Ersatz von Fischerei, Land und Trinkwasser. Der Bau von Staudämmen* wird trotz der Kritik weiter vorangetrieben. Entlang des Hauptstroms sind derzeit neun Staudämme auf laotischem Territorium zur Generierung von Wasserkraft geplant: [...] Laos plant, 95 % des gewonnenen Stroms nach Thailand zu verkaufen. Damit könnte auch eine Verschiebung des Machtverhältnisses in der Region einhergehen: Laos produziert Energie, welche die thailändische Wirtschaft dringend benötigt. Im Juni 2014 nahm Laos ebenfalls Konsultationen mit den anderen Anrainerstaaten für den Bau des 260 Megawattstarken Don-Sahong-Staudamms auf [2 km nördlich der kambodschanischen Grenze]. Konflikte mit dem Nachbarland Kambodscha scheinen daher fast unausweichlich, zumal dort ebenfalls zwei Staudämme entlang des Hauptstroms in Stung Treng [...] geplant sind. Neben Kambodscha haben bereits Thailand und Vietnam Bedenken angemeldet und eine grenzüberschreitende Prüfung der Auswirkungen auf die Lebensumwelt der 60 Mio. Anrainer des Mekong sowie auf die migrierenden Fischarten gefordert. Insbesondere Vietnam befürchtet verheerende Folgen für das Mekongdelta wie etwa die Verminderung von fruchtbarem Schwemmland, Salzwasserintrusion und die Behinderung der jährlichen Fischmigration.

Quelle: Sandra Kurfürst: Kräftemessen am Unteren Mekong. Geographische Rundschau 2/2016, S. 18–23

Handschriftliche Randnotizen: Umsiedlung — Überschwemmung + Verlust von Fisch und Wasserressourcen — Fischerei Land und Trinkwasser — Machtverschiebung Konflikte — Konflikte — Verminderung von fruchtbaren Schwemmland + Salzwasserintrusion + Behinderung der jährlichen Fischmigration

M 5 Quellentext zur Nutzung der Wasserkraft in Laos

Handschriftliche Notizen: – Verlust der Biodiversität – Nahrungsgrundlage entfällt – Kulturverlust

Methodische Schritte zur Textauswertung in Klausuren

Vor der Lektüre des Textes und der Texterstellung
- Erfassen Sie die Aufgabenstellung und deren Grundidee; beachten Sie den Operator und jedes Wort der Aufgabe.
- Lokalisieren Sie den Beispielraum und grenzen ihn ab.
- Erfassen Sie den Bezug des Textes (incl. Überschrift) zur Aufgabenstellung.
- Bestimmen Sie die Textart; berücksichtigen Sie die Quelle, Datum (und eventuelle Textintention).

Beim und nach dem Lesen
- Verwenden Sie einen Textmarker: Markieren Sie bedeutende Entwicklungen/Strukturen/Schlüsselwörter bzw. Fachbegriffe; ordnen Sie Entwicklungen chronologisch; schlagen Sie evtl. unklare (Fremd-)Wörter im zugelassenen Duden/Wörterbuch nach; vermerken Sie am Textrand Verknüpfungen zu anderen Aufgaben und Inhalten (evtl. Unterrichtswissen).
- Erstellen Sie eine Gliederung der Aufgabenlösung in Stichpunkten auf Konzeptpapier.
- Verdeutlichen Sie Zusammenhänge (auch sprachlich): Verknüpfen/kontrastieren Sie Aussagen syntaktisch, z.B. mit „weil", „da", „infolgedessen" oder „jedoch", „aber", „ demgegenüber" etc.; neue Gesichtspunkte setzen Sie möglichst mit einem Absatz ab.
- Verknüpfen Sie stets Ihre Antworten und Aussagen mit (selbst ausgewählten Atlas-)Materialien, so dass ein gegliederter Text entsteht: Einleitung/Hauptteil/Fazit beziehungsweise Überleitung zwischen Teilaufgaben.

Texterstellung/Aufgabenlösung
Wichtig: Vermeiden Sie es, den Text zu paraphrasieren, sondern verfassen Sie einen eigenständigen
a. aufgabenbezogenen,
b. (fach-)sprachlich eindeutigen, präzisen,
c. differenzierten,
d. gegliederten Text mit
e. sachgerechten Materialbezügen.

Nach der Texterstellung
- Lesen Sie Korrektur, d.h., überprüfen Sie Ihre Lösung auf inhaltliche und sprachliche Fehler (z. B. Rechtschreibung/Zeichensetzung).
- Korrigieren Sie diese dann eindeutig.

4.9 Tourismus in Südostasien
→ VORABI

Die Tourismusbranche zählt weltweit zu den am stärksten wachsenden Wirtschaftszweigen, seit 1950 jährlich um durchschnittlich sieben Prozent. Von Anfang der 1970er-Jahre bis heute hat sich die Zahl der Reisenden ungefähr verdreifacht, Tendenz steigend. Dabei sind auch immer mehr neue Destinationen in den Blickpunkt geraten. So ist für die Region Südostasien der Fremdenverkehr zu einer wirtschaftlichen Triebfeder geworden, mit ganz unterschiedlichen touristischen Schwerpunkten. Seit 1990 haben sich die Ankünfte internationaler Touristen in der Region von 21,2 Mio. auf 129 Mio. im Jahr 2018 versechsfacht. Massentourismus mit seinen positiven, aber auch diversen negativen sozialen und ökologischen Begleiterscheinungen ist somit in Südostasien ein relativ junges Phänomen.

1. Beschreiben Sie die Bedeutung Südostasiens für den weltweiten Tourismus (M1, Atlas).
2. Vergleichen Sie die Entwicklung und die ökonomische Bedeutung des Tourismus für die Länder Südostasiens (M2, M4).
3. Analysieren Sie die Formen des touristischen Angebotes in Südostasien (M5, M6). Ermitteln Sie die touristischen Schwerpunkte der einzelnen südostasiatischen Länder.
4. Die Herkunftsländer der Touristen (Südostasien, China, Europa) hat Einfluss auf den Tourismus. Erörtern Sie.
(Z) 5. Beurteilen Sie den Effekt des Tourismus auf den Erhalt des Weltkulturerbes in Südostasien (M3, M5).

M3 Gruppe von Touristen besichtigt den Ta-Prohm-Tempel bei Angkor Wat (Kambodscha)

	Touristenankünfte		Tourismuseinnahmen		
	Markt-anteil	Wachstum 2010/18	in Mrd. Euro	Markt-anteil	pro Ankunft (in Euro)
Südostasien	9,2 %	6,8 %	121	9,8 %	940
Ostasien	12,1%	6,1 %	160	13,0 %	946
Südasien	2,3 %	10,5 %	37	3,0 %	1128
Westasien	4,3 %	0,9 %	61	5,0 %	1021
Afrika	4,8 %	3,6 %	33	2,6 %	484
Nord-/Mittel-/Südamerika	15,4 %	4,6 %	283	23,0 %	1309
Europa	50,7 %	4,8 %	483	39,3%	680
Welt	100,0 %	5,0 %	1229	100,0 %	877

Quelle: UNWTO

M1 Tourismus: Vergleich der Großräume (2018)

	Tourismuseinnahmen			
	in Mio. US-$		als Anteil am Export (in %)	
	2000	2018	2000	2018
Indonesien	4975	15600	7,0	7,4
Kambodscha	345	4832	18,9	26,2
Laos	114	757	22,5	12,2
Malaysia	5873	21774	5,2	8,8
Myanmar	195	1570	9,2	10,6
Philippinen	2334	10080	8,5	10,8
Singapur	5142	20416	2,8	3,1
Thailand	9935	65242	12,2	19,9
Vietnam	k.A.	6830	k.A.	3,9

Quelle: World Bank (andere Berechnungsweise als bei UNWTO)

M4 Tourismuseinnahmen in Südostasien (2000, 2018)

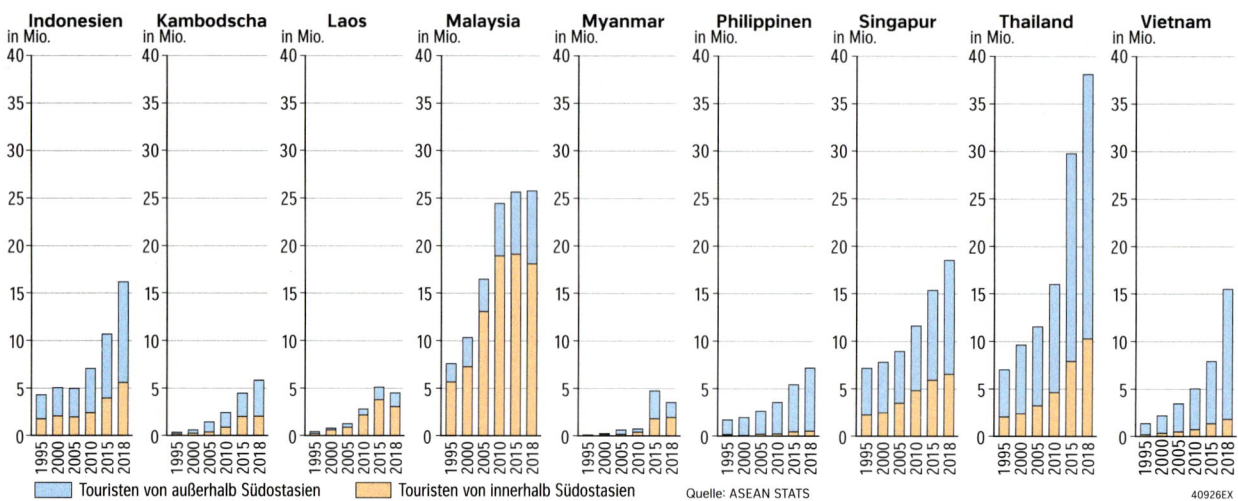

M2 Südostasien: Touristenankünfte (1995 – 2018)

Touristen von außerhalb Südostasien   Touristen von innerhalb Südostasien
Quelle: ASEAN STATS   40926EX

Handschriftliche Notizen am rechten Rand:
Aspekte der Nachhaltigkeit
- Ökonomie
- Ökologie
- sozial
- politisch
- kulturell

M 5   Ziele des Tourismus und Welterbestätten in Südostasien

Parallel zu den sozioökonomischen und politischen Transformationen* sowie zum breitflächigen Ausbau der Infrastruktur haben sich in Südostasien vielfältige Erscheinungsformen von Tourismus entwickelt. [...] Sowohl die agrarisch dominierten Staaten wie Myanmar, Laos und Kambodscha [...] als auch Staaten mit einer diversifizierten Produktionsstruktur wie etwa Thailand, Malaysia oder Singapur haben den Tourismus in ihren nationalen Entwicklungsplänen verankert. Dieser wird dabei vielfach als Motor zur wirtschaftlichen Entwicklung im Sinne der Schaffung von Beschäftigung und Einkommen sowie der Anziehung von Kapital und Auslandsinvestitionen gesehen. [...] Mit der Förderung des Tourismus verfolgen die Staaten Südostasiens vorrangig wirtschaftliche Ziele, die jedoch nicht selten soziale, kulturelle und ökologische Entwicklungen konterkarieren. behindern + *

Südostasien wird oft durch seine Vielfalt charakterisiert. Dies trifft sowohl auf die unterschiedlich verlaufenden Stadien der Tourismusentwicklung zu als auch auf ein breites Angebot touristischer Attraktionen. Südostasiens naturräumliche Struktur, das attraktive Landschaftsbild, seine Geschichte und die kulturelle Diversität stellen die Basis vielfältiger touristischer Primärangebote. Mit Ausnahme des Binnenstaates Laos haben alle Staaten der Region Zugang zu Meer und Küsten und nützen diese Ressourcen für die Entwicklung von SSS- („sun, sand, sea") und Schnorchel- bzw. Tauch-Tourismus. Vulkanlandschaften, insbesondere auf den Philippinen und in Indonesien sowie Berg- und Hügellandschaften in Festland- und Insular-Südostasien sind weitere natürliche Attraktionen, die für Ausflugs- und Trekkingtourismus nutzbar

gemacht wurden. Trekkingtouren stehen dabei oft in Kombination mit Ethnotourismus, wobei ethnische und indigene Minderheiten und deren kulturelle Praktiken vermarktet werden. Kulturtourismus zu Sakralbauten und Weltkulturstätten – wie etwa Angkor in Kambodscha, Bagan in Myanmar, Sukothai in Thailand oder die hinduistische Tempelanlage Prambanan in Indonesien – stellt eine weitere zentrale Reiseform dar. [...] Städtetourismus wie beispielsweise in Singapur oder Kuala Lumpur kombiniert koloniales Erbe mit postmoderner Architektur. Viele südostasiatische Metropolen sind darüber hinaus bekannt für urbane Vielfalt und ethnische Viertel (z.B. Chinatowns), eine gut ausgebaute Infrastruktur für Konferenztourismus sowie ausgeprägte Amüsier- und Rotlichtmeilen. Diese Angebote und Attraktionen werden durch ein relativ leistungsfähiges Dienstleistungsgewerbe erweitert. Zu diesem sekundären touristischen Angebot zählen eine gut ausgebaute Hotellerie, die Backpacker und Luxusreisende gleichermaßen bedient, eine Gastronomie und Kulinarik, die einfache Garküchen und internationale Restaurants einschließt, Einkaufsmöglichkeiten von lokalen Märkten bis hin zu modernen Shopping Malls sowie vielfältige Servicebereiche. Zu weiteren Faktoren, die die touristische Entwicklung in Südostasien in den letzten Jahrzehnten beschleunigt haben, gehören ein sehr gutes Preis-Leistungs-Verhältnis, niedrige Kriminalitätsraten in touristischen Kontexten, gute internationale und regionale Fluganbindungen, liberale Einreiseformalitäten und das Image freundlicher und offener Gesellschaften.

Quelle: Alexander Trupp: Tourismus in Südostasien – Entwicklung und Trends. In Karl Husa et al. (Hg.): Südostasien. Wien: nap 2018, S. 274 – 276

Handschriftlicher Text am linken Rand (vertikal): Aspekte der Nachhaltigkeit

Handschriftlicher Text am unteren Rand: * beeinflussen

M 6   Quellentext zum Tourismus in Südostasien

informeller Sektor

S 273

4.10 Entwicklung durch Tourismus

Fast alle Länder Südostasiens sehen im Tourismus ein Zugpferd wirtschaftlicher Entwicklung, insbesondere in peripheren Regionen. So initiierte Thailand bereits in den 1970er-Jahren ein touristisches Entwicklungsprogramm mit gezielten Infrastrukturmaßnahmen und Subventionen für private Investoren in den Tourismus. Die Bewertung des Erfolgs dieser Maßnahmen sollte aber auch Nachhaltigkeitskriterien standhalten.

1. Fassen Sie das touristische Potenzial Thailands und speziell der Insel Phuket zusammen (Kap. 3.9, Atlas, Internet).
2. Erläutern Sie die touristische Entwicklung Thailands und der Insel Phuket (M4, M6, Atlas).
3. Erläutern Sie das touristische Entwicklungsmodell einer Peripherieregion am Beispiel Phuket (M1, M2, Atlas).
4. „Der Tourismus ist das wirkungsvollste Instrument zur Armutsbekämpfung." „Der Tourismus stellt eine auf lange Sicht sichere Einnahmequelle dar." Nehmen Sie Stellung zu einer dieser beiden Thesen (M5).

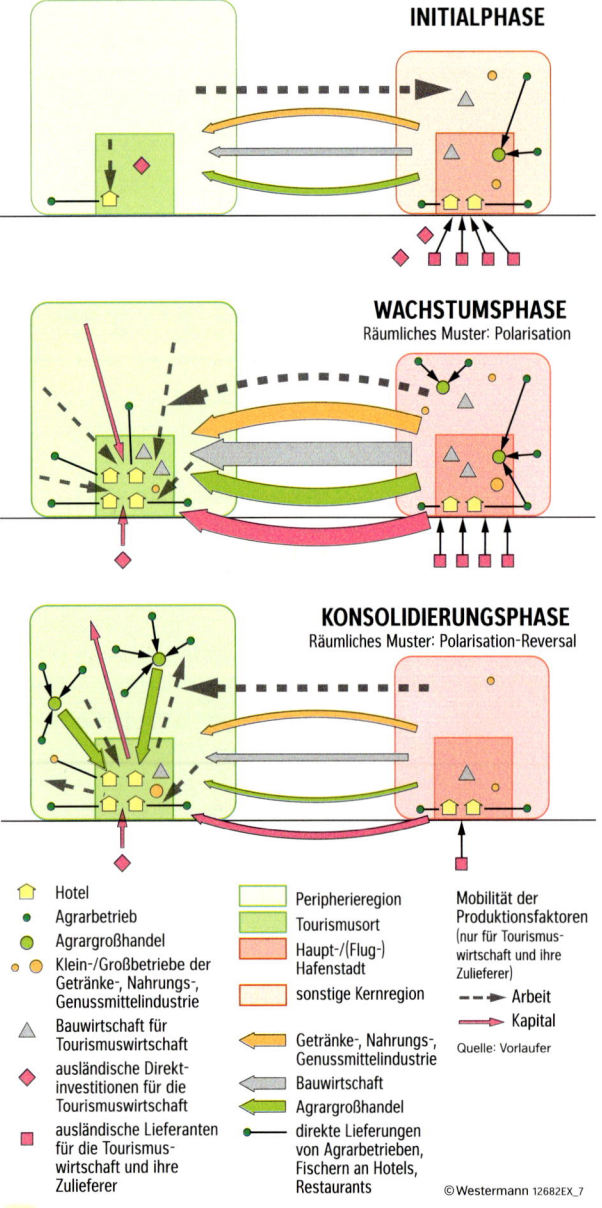

INITIALPHASE

WACHSTUMSPHASE
Räumliches Muster: Polarisation

KONSOLIDIERUNGSPHASE
Räumliches Muster: Polarisation-Reversal

⬠ Hotel
● Agrarbetrieb
● Agrargroßhandel
◌ ● Klein-/Großbetriebe der Getränke-, Nahrungs-, Genussmittelindustrie
△ Bauwirtschaft für Tourismuswirtschaft
◆ ausländische Direktinvestitionen für die Tourismuswirtschaft
■ ausländische Lieferanten für die Tourismuswirtschaft und ihre Zulieferer

▢ Peripherieregion
▢ Tourismusort
▢ Haupt-/(Flug-)Hafenstadt
▢ sonstige Kernregion
➡ Getränke-, Nahrungs-, Genussmittelindustrie
➡ Bauwirtschaft
➡ Agrargroßhandel
●— direkte Lieferungen von Agrarbetrieben, Fischern an Hotels, Restaurants

Mobilität der Produktionsfaktoren (nur für Tourismuswirtschaft und ihre Zulieferer)
––➤ Arbeit
➤ Kapital
Quelle: Vorlaufer

© Westermann 12682EX_7

M1 Modell zur raum-zeitlichen Entfaltung der Tourismuswirtschaft

Das Modell [M1] beschreibt, wie es über die Entfaltung der Tourismuswirtschaft in einem Entwicklungsland schrittweise zu einem Abbau regionaler Disparitäten und zu einer Mobilisierung bislang ungenutzter Ressourcen kommen kann. Unter Fokussierung auf die für die Tourismuswirtschaft wichtigsten Zulieferindustrien und Dienstleistungen und unter Einbeziehung der mobilen Produktionsfaktoren Arbeit und Kapital wird der Entwicklungsprozess über einen unbestimmten Zeitraum in seinen Auswirkungen auf eine funktional dominante Kernregion und eine Peripherieregion mit einem in der Entwicklung begriffenen touristischen Zentrum beleuchtet. Der Prozess ist in vier Phasen gegliedert [...].

1. Vortouristische Phase. Die Situation in der vortouristischen Phase ist durch extreme Disparitäten zwischen der Kernregion und einer exemplarischen Peripherieregion gekennzeichnet und weist damit eine Struktur auf, die für viele Entwicklungsländer charakteristisch ist. Die in der Kernregion gelegene Stadt trägt als Primatstadt in der Regel die Hauptstadtfunktion und ist mit einem großen Flug- und / oder Seehafen ausgestattet. Die Hauptstadt ist Hauptzielgebiet der Abwanderung vom Land. Hier konzentrieren sich zudem ausländische Kapitalzuflüsse für die Tourismuswirtschaft, die auch aus dem Ausland mit Waren und höherrangigen Dienstleistungen versorgt wird.

2. Initialphase. Die noch zu entfaltende touristische Destination in der Peripherieregion bildet einen Wachstumspol, der in der Initialphase noch in starker Abhängigkeit, so vor allem über Lieferbeziehungen, zum dominanten Zentrum steht. Die wirtschaftlichen Verflechtungen mit ihrem Umland sind gering. Eigenständige wirtschaftliche Beziehungen zum Ausland unterhält der modellhafte Tourismusort nicht.

3. Wachstumsphase. In dieser Phase wird die touristische Infrastruktur des peripheren Tourismusortes stark ausgebaut. Dieser Expansionsprozess stützt sich überwiegend auf die Zuflüsse (Zulieferungen) von Waren, Know-how, Kapital und Arbeitskräften aus dem Zentrum. Ein geringerer Teil der zum Wachstum benötigten Ressourcen wird auch aus dem Umland und in Form von Direktinvestitionen aus dem Ausland eingespeist. Die Verflechtungen werden qualitativ und quantitativ intensiviert. Die Bauwirtschaft spielt hierbei eine besonders wichtige Rolle. In der Peripherieregion kommt es in dieser Phase zur Ausprägung bzw. Verstärkung einer intraregionalen Polarisation. Das Wachstum konzentriert sich zunächst auf das neue touristische Zentrum, das jedoch (zunehmend) die Rolle eines Gegengewichts zur Kernregion übernimmt. So absorbiert es bereits in der Wachstumsphase zumindest einen Teil der Land-Stadt-Wanderung und wird zum Abwanderungsziel für qualifizierte Arbeitskräfte aus der Primatstadt.

4. Konsolidierungsphase. In dieser Phase kommt es zu einer erheblichen Abschwächung der Abhängigkeit der Peripherie von der Kernregion, deren Dominanz zurückgeht. Demgegenüber verstärken sich die Verflechtungen zwischen dem Tourismusort und seinem Umland. Die heimische Landwirtschaft profitiert sehr von der steigenden Nachfrage in der Tourismusdestination, wo nicht nur Gäste, sondern auch eine wachsende Wohn- und Arbeitsbevölkerung zu ernähren ist (Rückwärtskopplungseffekte). Die lokalen Betriebe stellen sich nach Art und Menge der Produkte auf diese Nachfrage ein und können ihre Waren direkt über den sich ausbreitenden Agrargroßhandel absetzen. Erwirtschaftete Kapitalüberschüsse fließen nun auch in die Peripherieregion und sorgen hier für weitere Wachstumsimpulse. Insgesamt kommt es durch die beschriebenen Ausbreitungseffekte (Polarization-Reversal-Effekte) zu einem Abbau der inter- und intraregionalen Disparitäten.

Quelle: Diercke Handbuch. Braunschweig: Westermann 2015, S. 449

M2 Quellentext zum Tourismusentwicklungsmodell

M 3 Khao Phing Kan, Insel in der Phang Nga Bay (Thailand)

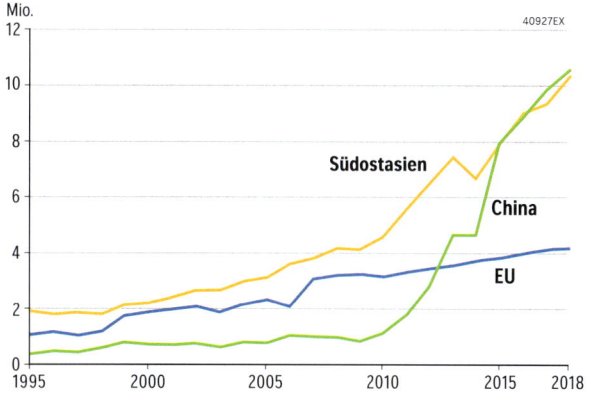

M 6 Thailand: Touristenankünfte nach Herkunftsregionen

Vor 1950

- Reisen europäischer Aristokraten nach Bangkok
- internationaler Tourismus auf niedrigem Niveau, wenige Hundert Touristen in Bangkok (An- und Abreise auf dem Seeweg)

1950er- und 1960er-Jahre

- Ausbau des Flughafens in Bangkok (1950)
- Aufkommen von günstigen Charterflügen und Pauschalreisen, Gründung einer nationalen Fluglinie (1960)
- 1960: 81 000 ausländische Touristen
- Gründung der Tourism Organisation of Thailand (1959, später Tourism Authority of Thailand) als staatliche Vermarktungsorganisation (z.B. internationale Imagekampagnen)
- erste Boomphase während des Vietnamkriegs (1962 – 1975) als Erholungsziel US-amerikanischer Soldaten

1970er-Jahre

- „Massification" – Zunahme von nationalen und internationalen Touristen und Tourismuseinnahmen, zunächst vor allem Low-Budget-Reisende (Backpacker) aufgrund einfacher touristischer Infrastruktur
- erster Nationaler Tourismusentwicklungsplan (1976): Tourismusförderung, Ausbau der touristischen Infrastruktur, Förderung und Erschließung von Tourismusgebieten wie Bangkok / Pattaya, Chiang Mai und Phuket.
- „Expansion" – Ausdehnung des tourist. Angebots in die Fläche

1980er-Jahre

- „Heterogenization" – Ausdifferenzierung des touristischen Angebots: neben Strand- und Kulturtourismus auch Öko-, Ethno-, Geschäfts-, Messe-, Kongresstourismus etc.

1990er-Jahre

- zeitweise Rückgänge der Touristenzahlen durch äußere (Golfkrieg) und innere Ereignisse (Militärputsch, Asienkrise),
- „Regionalization" – touristische Öffnung gegenüber südostasiatischen Nachbarländern und China (neue Grenzübergänge, Ausbau der Verkehrsinfrastruktur)
- starke Zunahme der asiatischen Touristen durch Wirtschaftsboom, vor allem aus China
- Ausweitung der internationalen Marketingmaßnahmen

Seit 2000er-Jahre

- Gründung des Ministeriums für Tourismus und Sport (2002)
- Bemühen um *quality tourists* (Touristen mit sehr hohen Reiseausgaben)
- Ausweitung des Angebots auf Medizin- und Kreuzfahrttourismus und Volunteer-Tourismus
- weitere Rückschläge durch Naturkatastrophen, Vogelgrippe, SARS, Tsunami, Überschwemmungen) und politische Krisen, Demonstrationen und Terroranschläge mit meist nur kurzfristigen Auswirkungen auf die Touristenzahlen

M 4 Entwicklung des Tourismus in Thailand (nach Trupp 2018)

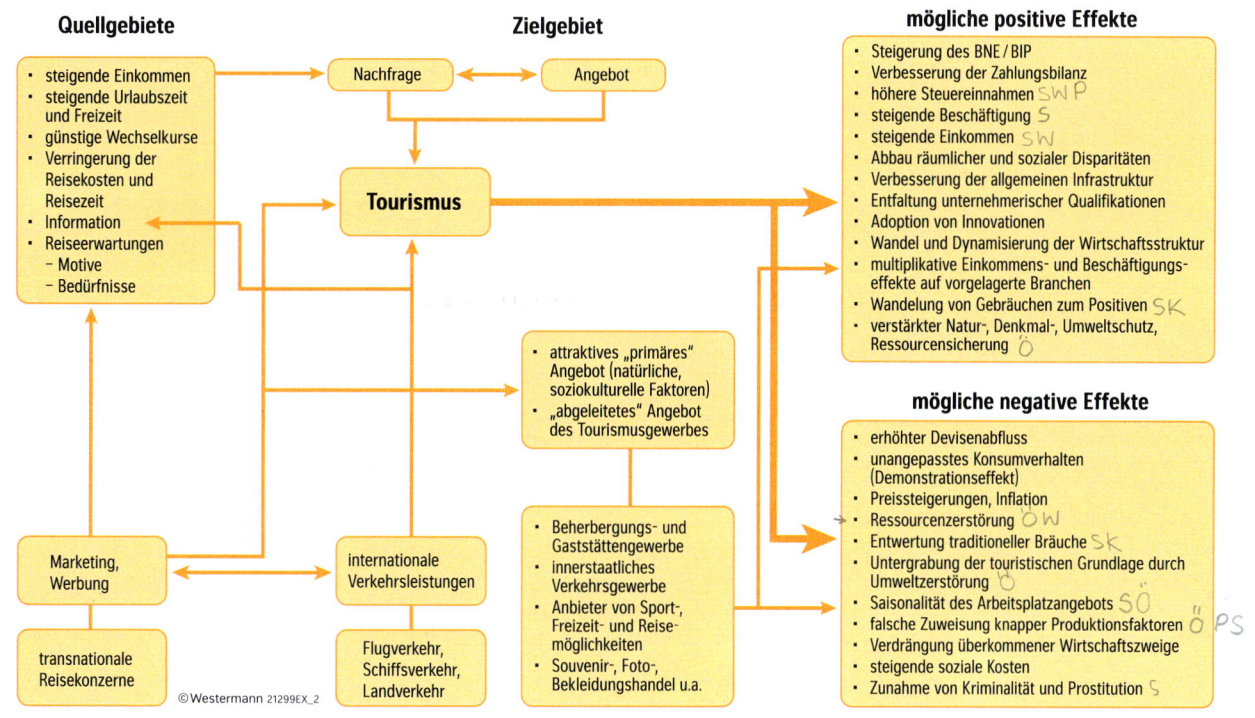

M 5 Auswirkungen des Tourismus

4.11 „Unentdeckte Exotik" – Tourismus in Myanmar

Im Gegensatz zu seinem südöstlichen Nachbarn Thailand, das sich immerhin weltweit auf Platz 9 der Tourismusziele befindet, ist Myanmar erst ganz am Anfang seiner touristischen Entwicklung. Dies ist weniger seinem touristischen Potenzial geschuldet als vielmehr der jahrzehntelangen schwierigen politischen Lage, geprägt durch Sozialismus, Militärregierungen und zahlreichen inneren Konflikten, aber auch internationalen Handelsbeschränkungen. Erst in den letzten Jahren stieg die Zahl der internationalen Touristen an. Neben wichtigen religiösen und kulturellen Stätten sind die große Vielfalt an natürlichen und von Menschenhand geschaffenen Landschaften, die ursprünglichen Traditionen der ethnischen Bevölkerungsgruppen und die ausgeprägte Gastfreundschaft der Bevölkerung eine hervorragende Grundlage für den Tourismus. Der Anziehungskraft der „unentdeckten Exotik" eines Landes, das sich „öffnet", stehen Engpässe in der touristischen Infrastruktur und den Transportmöglichkeiten gegenüber.

1. Beschreiben Sie die aktuellen Schwerpunkte des Tourismus in Myanmar (M 3, M 6, M 7).
2. Charakterisieren Sie das Fremdenverkehrspotenzial Myanmars (M 3, M 6, www.tourism.gov.mm).
3. Analysieren Sie die Struktur und Entwicklung des Tourismus in Myanmar (auch im Vgl. zu Thailand, M 1, M 2, M 6, M 8, M 10).
4. Erläutern Sie die gegenwärtigen Einschränkungen und Probleme des Tourismus in Myanmar (M 6).
5. a) „Je mehr eine touristische Destination erschlossen wird, desto mehr verschwinden eben jene Unterschiede und Besonderheiten, für die sich Touristen interessieren." Nehmen Sie Stellung zu dieser Aussage.
   b) Entwickeln Sie Ideen, den Tourismus in Myanmar auszubauen, ohne in diese Falle zu tappen.

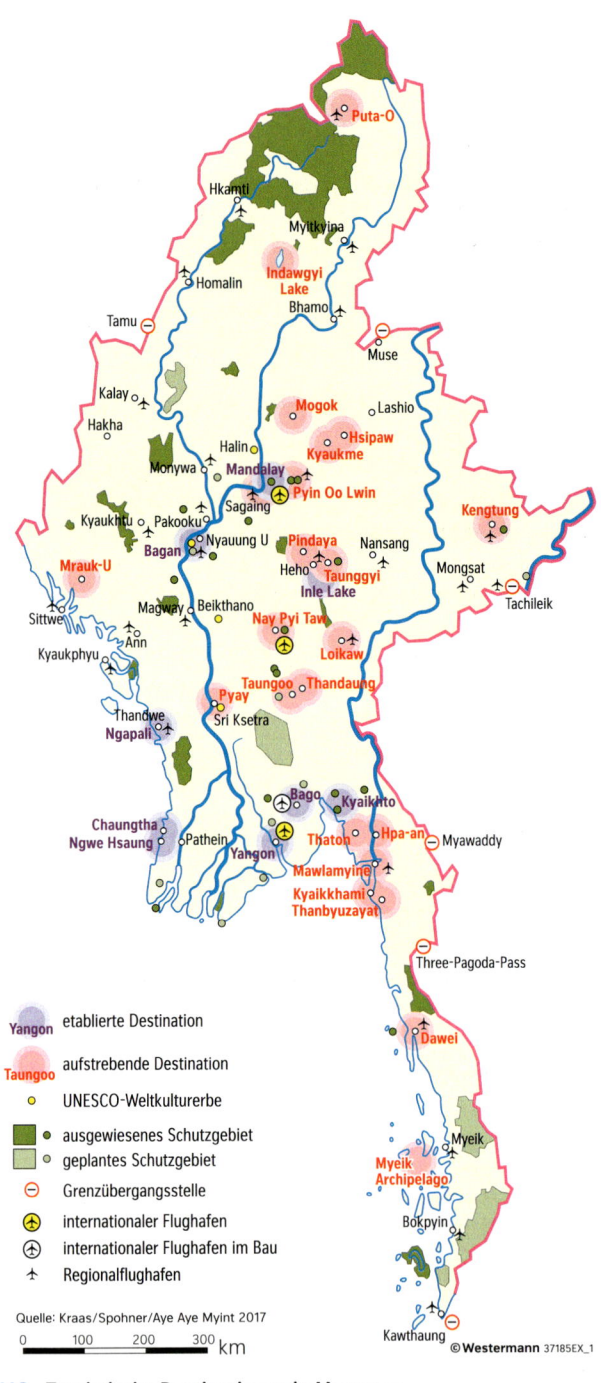

etablierte Destination Yangon

aufstrebende Destination Taungoo

○ UNESCO-Weltkulturerbe

■ ausgewiesenes Schutzgebiet

■ geplantes Schutzgebiet

⊖ Grenzübergangsstelle

✈ internationaler Flughafen

✈ internationaler Flughafen im Bau

✈ Regionalflughafen

Quelle: Kraas/Spohner/Aye Aye Myint 2017

0   100   200   300 km

© Westermann 37185EX_1

M 3   Touristische Destinationen in Myanmar

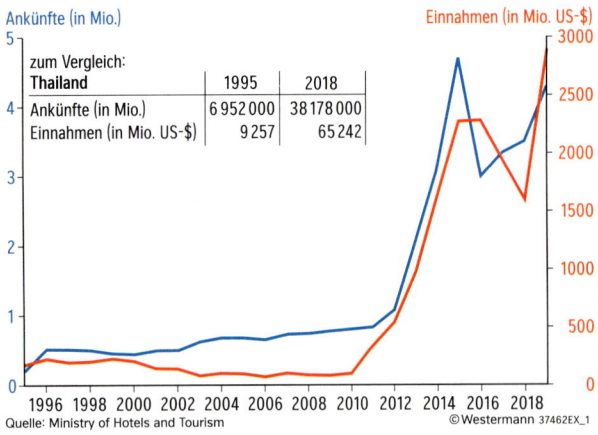

Ankünfte (in Mio.)   Einnahmen (in Mio. US-$)

zum Vergleich: Thailand	1995	2018
Ankünfte (in Mio.)	6 952 000	38 178 000
Einnahmen (in Mio. US-$)	9 257	65 242

Quelle: Ministry of Hotels and Tourism

© Westermann 37462EX_1

M 1   Internationale Touristenankünfte und Tourismuseinnahmen in Myanmar (1995 – 2019)

	Myanmar	Thailand	Südostasien
Beitrag zum BIP	4,6 %	19,7 %	12,1 %
Beschäftigung im Tourismus (in Mio.) (in Klammern Anteil)	1 073,5 (4,8 %)	8 054,6 (21,4 %)	42,3 (13,3 %)
Anteil an den Exporten	10,3 %	21,1 %	9,1 %

Quelle: WTTC

M 2   Anteil des Tourismus an der Wirtschaftskraft, Beschäftigung und den Exporten in Myanmar, Thailand und Südostasien (2019)

M 4   Schnellboote für Touristen auf dem Inle Lake

M 5   Yangon und die Shwedagon Pagode

M 9   Regionalflughafen in Sittwe

Myanmar hat ein rasches Wachstum der touristischen Nachfrage zu verzeichnen, insbesondere seit 2011 [nach den politischen Reformen], und beginnt, sein Angebot an touristischen Produkten und Dienstleistungen zu diversifizieren*. Das Land bietet ein immenses Potenzial für die Entwicklung des Tourismus, mit großem Reichtum an Kultur- und Naturerbe, der unverfälschten Gastfreundschaft seiner Menschen und, zumindest im Moment, der exotischen Anziehungskraft eines bisher „unerforschten" Landes (zumindest aus einer ausländischen Perspektive betrachtet). Dies wird flankiert von steigenden Einkommen in seinen asiatischen Nachbarländern, mit einem damit einhergehenden Anstieg der Investitionen und des Interesses an Auslandsreisen.

Seine bedeutenden religiösen und kulturellen Stätten, die lebendigen Traditionen der vielen ethnischen Gruppen des Landes und die große Vielfalt seiner Natur- und Kulturgüter bieten ein immenses Potenzial für die Entwicklung des Tourismus. Diese primären Potenziale werden durch zunehmend diversifizierte sekundäre Tourismusressourcen verstärkt. Zahlreiche Hotels und Restaurants, vor allem im mittleren bis gehobenen Preissegment, haben in jüngster Zeit eröffnet, und internationale Hotelinvestoren drängen auf den Markt. Das Angebot im formellen und informellen Souvenirhandel nimmt zu, und auch das Angebot an touristischen oder tourismusbezogenen Dienstleistungen. [...]

Nach der Unabhängigkeit des Landes im Jahr 1948 waren die Aufenthaltslänge und die Reisefreiheit der internationalen Besucher zunächst durch die Folgen von Konflikten und Bürgerkriegen eingeschränkt. Die Reisefreiheit wurde dann durch die Verstaatlichung der Industrie und die Politik der Autarkie und Isolation ab 1962 weiter eingeschränkt. Erst mit der Einführung einer marktorientierten Wirtschaft nach 1988 konnte eine zweite Phase der Tourismusentwicklung beginnen. Dies geschah 1996 mit dem Start der Marketingkampagne „Visit Myanmar

Year", deren Ziel es war, eine größere Offenheit für den Tourismus im Allgemeinen und den Ausbau einer kleinen Anzahl von Zentren zu fördern. [...] Die schlechte Verkehrs- und Versorgungsinfrastruktur des Landes und damit seine Unzugänglichkeit führten jedoch dazu, dass es in den Randregionen des Landes praktisch keine Tourismusentwicklung gab. Eine ausgeprägte Saisonabhängigkeit (Hochsaison: November bis Mitte April, vor Beginn des Monsuns) schränkte die Möglichkeiten zur Entwicklung des Tourismus zusätzlich ein. Das System eines obligatorischen Währungsumtauschs, unrealistisch hohe Wechselkurse und die Auswirkungen der Sanktionen waren weitere Hemmnisse. Eine dritte Phase der Tourismusentwicklung begann mit einem raschen Anstieg der Besucherzahlen, der durch den gegenwärtigen Transformationsprozess ausgelöst wurde.

Myanmar verfügt über eine Reihe gut etablierter Zentren des internationalen Tourismus, deren bedeutende religiöse, kulturelle und historische Stätten seit Jahrzehnten Besucher anziehen. Dazu gehören das Gebiet um die archäologische Stätte von Bagan [...] und alte Königsstädte wie Bago, Dagon, Taungoo und Mandalay. Der Inle-See, umgeben von 1500 m hohen Bergen, ist ein weiteres klassisches Element jedes touristischen Programms. [...] Es entstehen auch eine Reihe neuer Reiseziele, die meisten mit einem spezialisierten Angebot. Die Aufnahme der drei antiken Pyu-Städte Halin, Beikthano und Sri Ksetra [...] in die UNESCO-Liste des Weltkulturerbes im Juli 2014 hat dem Kultur-, Geschichts- und Denkmaltourismus neue Impulse gegeben. [...] Rund um Yangon und Mandalay gibt es eine wachsende Nachfrage nach Resorts für Wochenendtourismus, der bei Myanmars Mittelklasse und Elite sowie der wachsenden internationalen Expatriat-Gemeinschaft immer beliebter wird.

Quelle: Frauke Kraas, Zin Nwe Myint: The tertiary sector. In: Frauke Kraas, Regine Spohner, Aye Aye Myint: Socio-Economic Atlas of Myanmar. Stuttgart: Steiner 2017, S. 132 – 133 (Übersetzung: Thilo Girndt)

M 6   Quellentext zum Tourismus in Myanmar

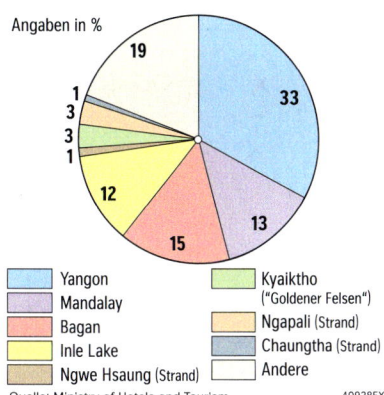

Angaben in %

Yangon 33
Mandalay 13
Bagan 15
Inle Lake 12
Ngwe Hsaung (Strand) 1
3
3
1
19

Yangon
Mandalay
Bagan
Inle Lake
Ngwe Hsaung (Strand)
Kyaiktho ("Goldener Felsen")
Ngapali (Strand)
Chaungtha (Strand)
Andere

Quelle: Ministry of Hotels and Tourism   40928EX

M 7   Beliebteste Reiseziele der Touristen in Myanmar (2019)

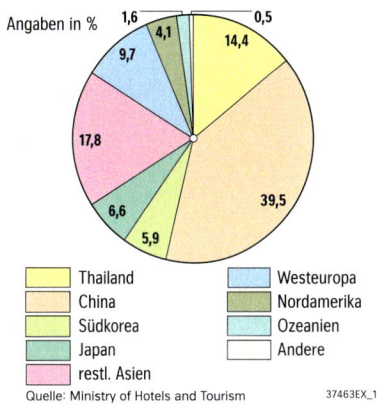

Angaben in %

1,6   4,1   0,5
9,7   14,4
17,8
39,5
6,6
5,9

Thailand
China
Südkorea
Japan
restl. Asien
Westeuropa
Nordamerika
Ozeanien
Andere

Quelle: Ministry of Hotels and Tourism   37463EX_1

M 8   Herkunft der internationalen Tourisristen in Myanmar (2019)

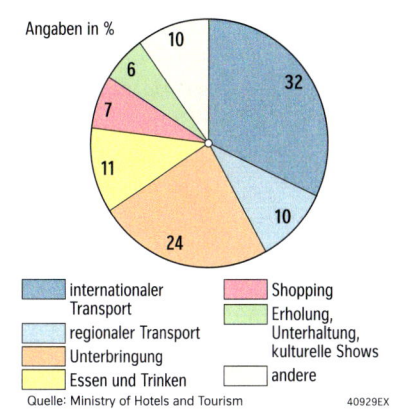

Angaben in %

10
6   32
7
11
24   10

internationaler Transport
regionaler Transport
Unterbringung
Essen und Trinken
Shopping
Erholung, Unterhaltung, kulturelle Shows
andere

Quelle: Ministry of Hotels and Tourism   40929EX

M 10   Ausgaben der internationalen Touristen in Myanmar (2019)

Zusammenfassung

Nachholende Entwicklung

Um ein Schlagwort für die rasante wirtschaftliche Entwicklung einiger ost- und südostasiatischer Staaten zu haben, kam in den 1980er-Jahren der Begriff „Tigerstaaten" auf. Zeitversetzt haben in Südostasien an erster Stelle Singapur, im Anschluss Malaysia und Thailand und schließlich Indonesien, die Philippinen und Vietnam einen ähnlichen wirtschaftlichen Entwicklungsweg wie das Vorbild Japan beschritten (Gänseflugmodell): von der Importsubstitution über eine exportorientierte, arbeitsintensive Konsumgüterproduktion hin zu technologieintensiveren Fertigungsprozessen. Heute sind die genannten Staaten stark in die globalisierte Wirtschaft integriert, wenn ihnen auch die regionale Großmacht China, die zum gleichen Zeitpunkt einen ähnlichen Weg gegangen ist, mittlerweile den Rang abgelaufen hat.

Vorreiter Singapur möchte nicht nur seinen Status als Asiens Dienstleistungsknoten ausbauen, etwa im Logistiksektor, sondern seine wissensintensive Industrialisierung fortsetzen. Malaysia und Vietnam wollen in absehbarer Zeit dorthin, wo Singapur bereits ist: Aufsteigen in den Status eines Industrielandes. Durch eine schrittweise Erneuerungspolitik hat die sozialistische Republik Vietnam in den vergangenen 30 Jahren bereits bemerkenswerte wirtschaftliche Erfolge erzielt. Wie viele andere Länder setzt Vietnam auf Sonderwirtschaftszonen, um attraktiv für ausländische Investoren zu sein. Viele einfache Konsumgüter, die zuvor in China produziert wurden, werden mittlerweile in vietnamesischen Fabriken hergestellt. Malaysia versucht, mit ambitionierten Fünfjahresplänen den nächsten Schritt zu einer Hightech-Industrie zu bestreiten.

Myanmar, Laos und Kambodscha hingegen stagnieren mehr oder weniger auf niedrigem Niveau. Das stark agrarisch geprägte Binnenland Laos, das wirtschaftlich bislang vor allem als Transitland nach China und zur Bereitstellung von Ressourcen (Kupfer, Agrargüter) für seine Nachbarn agierte, hat begonnen, das hydroelektrische Potenzial des Mekongs und seiner Nebenflüsse zu nutzen und vor allem nach Thailand Elektrizität zu exportieren.

Überwindung räumlicher Disparitäten

Zwischen den südostasiatischen Staaten, aber auch innerhalb der Länder bestehen große räumliche Disparitäten, etwa zwischen den urbanen Wachstumsräumen und den peripheren, landwirtschaftlich geprägten Regionen. Indonesien hat bereits vor Jahrzehnten groß angelegte Umsiedlungsprojekte gestartet, um diese Disparitäten zu überwinden. Die Erfolge sind allerdings gering und haben zum Teil zu einer Verschärfung von Konflikten geführt. Auch in Thailand ist das Bemühen um eine Wirtschaftspolitik, die räumlichen Disparitäten zwischen der prosperierenden Küstenregion um Bangkok und den ländlichen Gebieten in Norden und Nordosten abzubauen, mit der Militärregierung seit 2014 abgeflaut.

Integration und Zusammenarbeit

Innerhalb des 1967 gegründeten Wirtschaftsbündnisses ASEAN streben die südostasiatischen Staaten (außer Osttimor) eine noch stärkere wirtschaftliche Integration an, die auch China mit einschließt. Im Lauf der Geschichte der ASEAN vollzog das Bündnis sehr heterogener Staaten einige Kurswechsel, wobei der besondere Stil insbesondere auf Konfliktvermeidung angelegt war. Seit 2015 streben die ASEAN-Staaten einen gemeinsamen Wirtschaftsraum (Binnenmarkt) nach Vorbild der Europäischen Union an. Im Zuge der zwischenstaatlichen Zusammenarbeit der Greater Mekong Subregion, aber auch der chinesischen Seidenstraßen-Initiative werden zahlreiche Verkehrsinfrastrukturprojekte umgesetzt, die als sogenannte Entwicklungskorridore auch tiefgreifende wirtschaftliche Impulse setzen sollen.

Entwicklungsmotor Tourismus

Dank immer mobiler werdender Menschen ist der internationale Tourismus heute ein weltweit bedeutender Wirtschaftssektor. Auch für zahlreiche südostasiatische Länder gehören inzwischen die Einnahmen aus dem Tourismus zu wichtigen Devisenquellen. Dabei kommen die Touristen längst nicht mehr nur aus den westlichen Industrienationen. Die Zahl der Flugreisenden aus der Region selbst und vor allem vom großen Nachbarn China nahm in den letzten Jahren massiv zu. Die meisten Länder haben zur Förderung des Tourismus spezielle Entwicklungsprogramme (z. B. Ausbau der Infrastruktur, Subventionen) aufgelegt. Gerade in den peripheren Regionen soll der Tourismus der wenig entwickelten Wirtschaft auf die Sprünge helfen. Deshalb spielt der Tourismus mit Blick auf die sozialen, ökologischen und ökonomischen Auswirkungen eine entscheidende Rolle für eine nachhaltige Entwicklung.

Weiterführende Literatur und Internetlinks

Geographische Rundschau
• Neue Seidenstraßen 6/2019
• Tourismusgeographie 5/2016
• Vietnam – Laos - Kambodscha 2/2016

ASEAN (Verband Südostasiatischer Nationen)
• www.asean.org

ASEAN Statistics (Statistikportal)
• www.aseanstats.org

Statistikportal der Weltbank mit vielen Wirtschaftsdaten
• http://data.worldbank.org

Statistikportal der UN Conference of Trade and Development
• www.unctad.org

Statistikportal der Welthandelsorganisation WTO
• http://stat.wto.org

World Economic Processing Zones Association (WEPZA) (Informationen zu Sonderwirtschaftszone)
• www.wepza.org

BMZ: nachhaltiger Tourismus
www.bmz.de/de/themen/nachhaltige_wirtschaftsentwicklung/tourismus/

World Tourism Organisation
• www2.unwto.org/en

World Travel & Tourism Council
• www.wttc.org

Tourismus Südostasien
• www.visitsoutheastasia.travel

Thailand Tourismus
• www.thailandtourismus.de
• www.tourismthailand.org
• www.mots.go.th/mots_en

Tourismus Myanmar
• www.tourism.gov.mm

5 STADT UND METROPOLISIERUNG

Autofreier Sonntag in Jakarta

5.1 Megastädte und Metropolen

Frühe Stadtkulturen Südostasiens entstanden bereits im 8. Jahrhundert. Die großen, antiken Tempel- und Stadtanlagen etwa von Sri Ksetra, Angkor (S. 6) oder Bagan (S. 8) sind Zeugnisse hinduistisch-buddhistischer, von gottgleichen Königen beherrschter Hochkulturen des kontinentalen Südostasiens. Städte waren zuerst vor allem religiöse Zentren und Herrschaftssitze. Erst in der Kolonialzeit wurden viele dafür neu ausgebaute Städte zu Wirtschafts-, Handels- und Verwaltungszentren. Flächengreifende Urbanisierungsprozesse setzten nach dem Zweiten Weltkrieg, beschleunigt zumeist erst Mitte der 1980er-Jahre ein, als einige Staaten Südostasiens boomendes Wirtschaftswachstum erlebten, begleitet von (inter-)nationalen Investitionen in Industrie und Infrastruktur sowie Arbeitsmigration aus den ländlichen Regionen.

Innerhalb kürzester Zeit entstanden zum Beispiel in Bangkok, Jakarta und Manila (M1) neue innerstädtische Zentren mit internationaler Architektur, Tausenden von Büro- und Wohnhochhäusern, Einkaufszentren und Freizeitparks, neuen Autobahn- und ÖPNV*-Netzen – bei gleichzeitig massiver Verdrängung der angestammten Wohnbevölkerung. Die Konsequenzen des Wirtschaftsbooms waren ein enormer innerstädtischer Strukturwandel und eine weitflächige räumliche Expansion, denen die vorhandene Verkehrs-, Versorgungs- und Entsorgungsinfrastruktur trotz einer Vielzahl neuer großer Infrastrukturprojekte nicht gewachsen ist. Vielerorts entstanden im Stadtumland (*urban fringe**) angesichts schwacher administrativer Ordnungsstrukturen und fehlender Raumplanung weitgehend unkontrollierte, heterogene Flächennutzungsmosaike mit direktem Nebeneinander verschiedenster Nutzungsarten. Die Urbanisierungs- und Stadtentwicklungsprozesse* verliefen in den Ländern Südostasiens jedoch in sehr unterschiedlicher Weise (M4). Zudem entstanden auf der einen Seite eher primatstadtdominierte* und auf der anderen Seite eher multipolare (mehrkernige), aber hierarchisch organisierte Stadtsysteme in den südostasiatischen Ländern.

Zahlreiche Entwicklungen treten in ganz Südostasien auf:
- eine weit greifende Expansion über die administrativen Stadtgrenzen hinaus entlang der Infrastrukturlinien (z.B. Ausfallstraßen, Eisenbahnlinien, Hochbahntrassen),
- enge Verzahnung von städtischen und ländlich/agrarischen Strukturen im gering verdichteten megaurbanen Raum,
- Umbau vieler Innenstädte zu international vernetzten Dienstleistungszentren,
- Bau symbolträchtiger Prestigeobjekte (Wolkenkratzer, Fernsehtürme) und neuer Stadtteile sowie Stadtneugründungen (Kap. 5.4),
- weitflächiger Ausbau und Neubau öffentlicher Personennahverkehrs-Netzwerke,
- inselartige Entstehung moderner Gated Communities* in der Nähe traditioneller innerstädtischer Geschäfts- und Bürozentren (Fragmentierung*),
- Verdrängungsprozesse ärmerer Bevölkerungsgruppen aus innerstädtischen Lagen und Entstehung von Slums und Marginalsiedlungen (Kap. 5.3),
- Erhalt des kolonialen Kulturerbes (Kap. 5.5) und tourismusgetragene Stadtentwicklung.

Die enorme Konzentration von Stadt- und Wirtschaftswachstum in wenigen Megastädten* und Metropolen, meist den Hauptstädten, verstärkt regionale Disparitäten* in Südostasien. Gleichzeitig wachsen aber auch viele Klein- und Mittelstädte durch Migrationsgewinne aus dem direkten Umland. Regionalstädte haben eine zentrale Bedeutung als Dienstleistungszentren für die umgebenden ländlichen Regionen.

Metropole und Metropolisierung

Metropolen (griech. = „Mutterstadt") bezeichnen große, dynamische und führende, international verflochtene Städte mit herausragender funktionaler Bedeutung, speziell innerhalb der globalisierten Wirtschaft, die zudem eine herausragende politische, historische, kulturelle, religiöse, wissenschaftliche, soziale und verkehrstechnische Bedeutung innerhalb eines Landes haben.

Als Prozess der Metropolisierung wird die zunehmende Konzentration bedeutender Funktionen in einem Land gegenüber dem ländlichen Raum und den anderen Städten hin zur Metropole bezeichnet.

M1 Manila

	Verstädterungsgrad*		Verstädterungs-rate* (2015–2020)	größte Stadt	Einwohner (in Mio.)	jährliche Wachstumsrate (2015–2020)	Millionenstädte	Metropolisierungsgrad[1]	
	1950	2020							
Indonesien	12,4 %	56,6 %	2,27 %	Jakarta[2]	10,77	1,14 %	16	14,4 %	(7,0 %)
Kambodscha	10,2 %	24,2 %	3,25 %	Phnom Penh	2,08	3,11 %	1	12,4 %	(51,3 %)
Laos	7,2 %	36,3 %	3,28 %	Vientiane	0,68	1,22 %	0	0 %	(26,3 %)
Malaysia	20,4 %	77,2 %	2,13 %	Kuala Lumpur[3]	8,00	3,09 %	2	27,4 %	(31,5 %)
Myanmar	16,2 %	31,1 %	1,74 %	Yangon	5,33	1,89 %	2	12,4 %	(31,2 %)
Philippinen	27,1 %	47,4 %	1,99 %	Manila[4]	13,92	1,59 %	2	14,4 %	(26,8 %)
Singapur	99,4 %	100,0 %	1,39 %	Singapur	5,91	1,39 %	1	100,0 %	(100,0 %)
Thailand	16,5 %	51,4 %	1,73 %	Bangkok	10,54	2,28 %	4	20,8 %	(29,5 %)
Vietnam	11,6 %	37,3 %	2,98 %	Ho-Chi-Minh-Stadt	8,60	3,15 %	6	18,6 %	(23,4 %)
Südostasien	15,5 %	50,0 %	2,21 %				34	15,8 %	(k. A.)

[1]Metropolisierungsgrad: Anteil der Bevölkerung in Städten mit mehr als 1 Mio. Einwohner (in Klammern: Anteil der Bevölkerung der größten Stadt an der städtischen Bevölkerung); [2] Kernstadt, [3] Greater Kuala Lumpur, [4] National Capital Region Manila,   Quelle: World Urbanization Prospects 2018

M2 Daten zur Verstädterung südostasiatischer Staaten (2020)

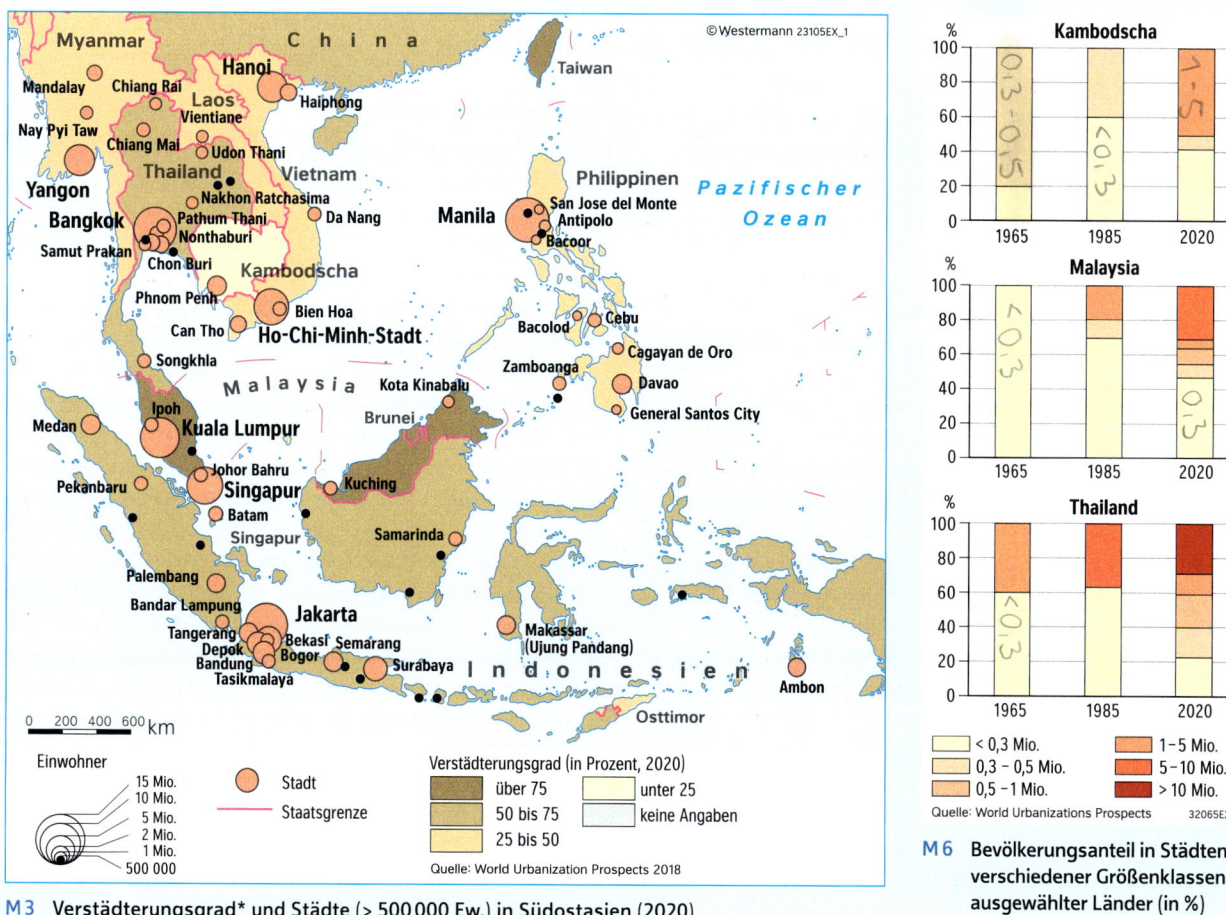

M3 Verstädterungsgrad* und Städte (> 500 000 Ew.) in Südostasien (2020)

Kambodscha

Malaysia

Thailand

Legende:
< 0,3 Mio. | 1–5 Mio.
0,3 – 0,5 Mio. | 5 – 10 Mio.
0,5 – 1 Mio. | > 10 Mio.

Quelle: World Urbanizations Prospects 32065EX_1

M6 Bevölkerungsanteil in Städten verschiedener Größenklassen ausgewählter Länder (in %)

handschriftlich: zunehmende Verstädterung

Typ	Beispiele	Merkmale
Städte mit stark reglementierter Stadtplanung	Singapur, Kuala Lumpur, Putrajaya (Malaysia), Nay Pyi Taw (Myanmar)	Zentrale (durch Staat oder starke Stadtverwaltung) und zielgerichtete Steuerung der Flächennutzungsplanung und aufwendiger Projekte (Cityerweiterung, Sanierung)
teilgeplante Stadtentwicklung* unter dominanter administrativer Steuerung	Chiang Mai (Thailand), Cebu (Philippinen), Kuching (Malaysia)	teils von Verwaltung und Wirtschaft vorangetriebene Projekte der Cityerneuerung und Suburbanisierung*, teils Fehlen geplanter Stadtentwicklungsaktivitäten
Entwicklungen steuerungsarmer Stadtdifferenzierung	Bangkok (Thailand), Jakarta (Indonesien), Manila (Philippinen)	durch schwache administrative Steuerung massive ungeplante Stadtexpansion und Auflösung städtischer Strukturen, Ausbreiten von Slums und Gated Communities*, infrastrukturelle Überlastung und Umweltprobleme
Stadtumbau im Zuge von Transformation*	Hanoi (Vietnam), Phnom Penh (Kambodscha), Vientiane (Laos), Yangon (Myanmar)	Übergang zur Marktwirtschaft (Ausbau des Einzelhandels und Wohnungsmarkts, Modernisierung veralteter Infrastrukturen, Verstärkung sozialer Disparitäten)

M4 Entwicklungstypen südostasiatischer Städte

Diagramm oben (in %):
handschriftlich: geringster Zuwachs 50 - 82; größter Zuwachs 18 - 90; mehr als verdreifacht 18 - 65; 18 - 53

Legende:
Südostasien — Ostasien
Südasien — Europa

Diagramm unten (in %):
Legende:
Kambodscha — — Malaysia ...... Thailand
Indonesien — — Philippinen

Quelle: UN Urbanization Prospects 2018 © Westermann 32064EX_1

M5 Verstädterungsgrad* ausgewählter Regionen und Länder (1950 – 2050, ab 2020 Prognose)

1. Beschreiben Sie die nationalen Städtesysteme in Südostasien (M3).
2. Analysieren Sie die städtische Bevölkerungsentwicklung in Südostasien nach 1950 (M2, M5, M6).
3. Vergleichen Sie die Entwicklung der Verstädterung in Thailand, Malaysia und Kambodscha (M2, M5, M6).
4. Charakterisieren Sie die vier Entwicklungstypen südostasiatischer Städte (M4).

5.2 Jakarta – von der Kolonialsiedlung zur Megastadt

Die Hauptstadt Indonesiens entwickelte sich seit ihrer Gründung (1613) als koloniale Handels- und Verwaltungsstadt, damals Batavia genannt, vor allem nach der Unabhängigkeit Indonesiens (1945) rasant zur größten Megastadt* des Landes. In Jakarta lebten 2020 10,2 Mio., im gesamten Agglomerationsraum Jabodetabek 34,5 Mio. Menschen. Massive Veränderungen der Landnutzung, regelmäßige Überschwemmungen und zunehmende megaurbane Probleme führen zur Überlegung, die Hauptstadt zu verlagern.

1. Beschreiben Sie die Bildfolge (M 7).
2. Erläutern Sie die Bezeichnung „Jabodetabek" (M 1, M 4).
3. „Jabodetabek ist eine schnell wachsende Agglomeration*."
   a) Stellen Sie die Bevölkerungsentwicklung der Agglomeration grafisch dar (M 2).
   b) Beurteilen Sie diese Aussage differenziert.
4. Analysieren Sie die Flächennutzungsänderungen Jakartas seit 1975 (M 3).
Ⓩ 5. Erörtern Sie die ökologischen, ökonomischen und sozialen Konsequenzen, die durch die massiven urbanen Veränderungen Jakartas hervorgerufen werden.
6. In den letzten Jahren kam es wiederholt zu Überschwemmungskatastrophen in Jakarta.
Ⓩ   a) Recherchieren Sie zu den Überschwemmungskatastrophen von 2007, 2013 und 2020 und erstellen Sie einen Bericht.
   b) Erläutern Sie die Ursachen (M 5).

Das schwer steuerbare dramatische Wachstum der Metropolregionen, der Kernstadt mit ihrem verstädterten Umland, veranlasste die Regierungen fast aller Länder schon vor Jahrzehnten, die unkontrollierte chaotische Stadtentwicklung* und Flächennutzung u. a. über Raumordnungsmaßnahmen zu verhindern. Dies wird oft dadurch erschwert, dass das schon seit Langem in die Verstädterung einbezogene Umland und die Kernstadt der Agglomeration oft unterschiedlichen administrativen Einheiten unterstehen. Für den Großraum Jakarta z. B. wurde deshalb schon 1976 die Planungsregion Jabotabek ausgewiesen: Unter diesem Akronym wurden neben Jakarta die Distrikte Bogor, Tangerang und Bekasi zusammengefasst und inzwischen wurde auch der Distrikt Depok in die Metropolregion mit dem aktualisierten Namen Jabodetabek einbezogen. Um die hohe Konzentration umweltbelastender Industrien in Jakarta zu verringern, wurde über Umweltauflagen (...) erreicht, dass viele Betriebe ihren Standort an den Außenrand Jakartas verlagerten und sich hier auch neue Industrien bevorzugt niederließen. Die Wohnbevölkerung folgte dieser Entwicklung. Die Zuwanderung aus anderen Landesteilen orientierte sich vornehmlich auf die Umlanddistrikte. [...] Im Zuge der Suburbanisierung* verlegen mehr und mehr Menschen ihren Wohnsitz aus der Kernstadt in die umliegenden Räume. [Es] wurden im suburbanen [...] Raum bis 1995 neun „Neue Städte" auf einer Fläche von insgesamt 16 000 ha durch private Investoren errichtet.
Quelle: Karl Vorlaufer: Südostasien. Darmstadt: WBG S.98 – 99

M 4   Quellentext zur Agglomeration Jabodetabek

M 1   Agglomeration* Jabodetabek

	1980	1990	2000	2010	2015
Jakarta	6,5	8,2	8,4	9,6	10,2
Bogor[1]	2,7	4,0	5,3	7,4	8,6
Tangerang[2]	1,5	2,8	4,3	5,9	6,9
Bekasi[3]	1,1	2,1	4,0	5,0	5,9
Jabodetabek	11,9	17,1	22,1	27,9	31,6

[1] Bogor City, Bogor Regency, Depok City [2] Tangerang City, Tangerang Regency [3] Bekasi City, Begasi Regency Quelle: Indonesia Census

M 2   Einwohnerzahl in der Agglomeration Jabodetabek (1980 – 2015)

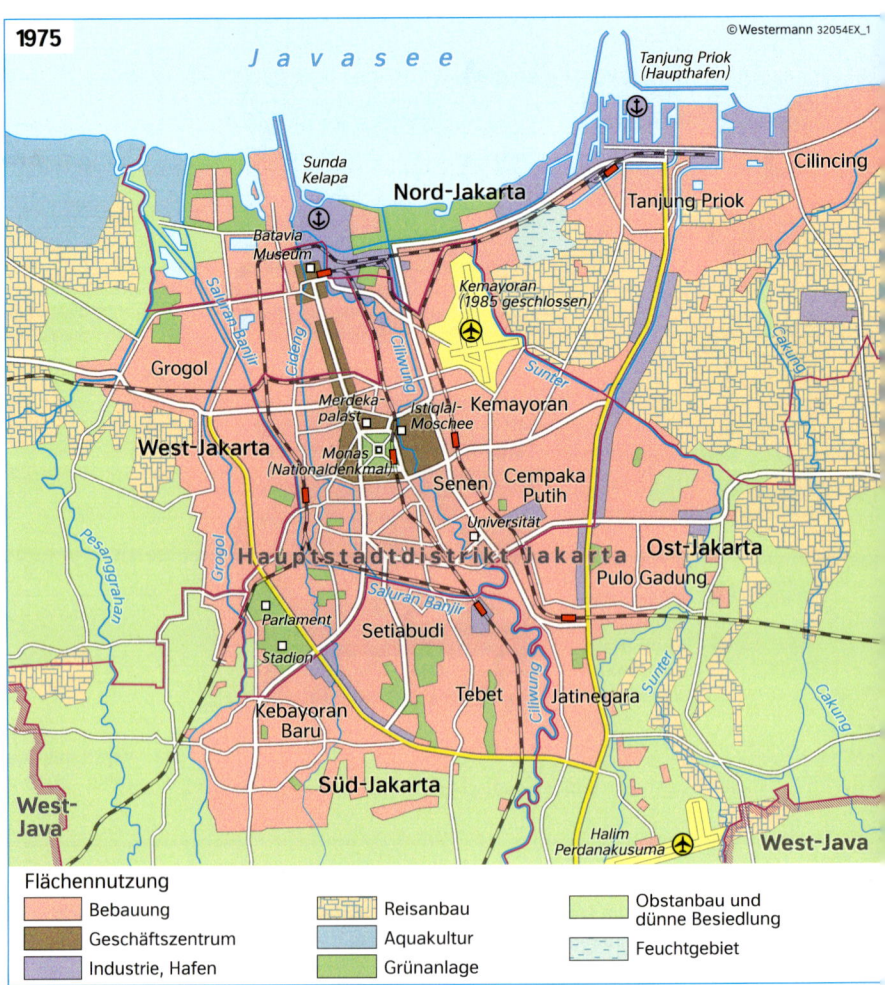

M 3   Jakarta: Stadtentwicklung 1975, 2020

Überschwemmungen sind seit der Gründung der Stadt 1619 ein wiederkehrendes Problem von Jakarta. Die Ursachen allein in der Kombination von schweren monsunalen Regenfällen (Monsunzeit: Oktober bis Mai) und Tidehochs zu suchen wäre jedoch zu einfach. Hochwasserkatastrophen ereignen sich, wenn eine Kombination mehrerer natürlicher und anthropogener Faktoren zusammentrifft, die sich wechselseitig verstärken.

Die Zersiedelung führte zur Abholzung großer Teile des Hinterlandes von Jakarta, zum Verlust von Überschwemmungsgebieten entlang der Flüsse und zur Landversiegelung an den Hängen des Jakarta-Beckens. Abholzungsbedingte Erosion führt zur Verschlammung der bestehenden Wasserwege. Der Abfluss des Wassers wird verlangsamt.

Große Teile der Stadt liegen unter dem Meeresspiegel. Das Entwässerungssystem kann die großen Wassermengen nicht aufnehmen. Starke Verschmutzung und Verschlammung, Kanalisierung und Verengung von Flüssen, Kanälen und Abflüssen durch menschliche Aktivitäten verringern die Kapazitäten der bestehenden Entwässerungseinrichtungen erheblich.

Durch Erosion und Landgewinnung wurde die Küstenlinie der Stadt ständig nach Norden verschoben, wodurch sich das Gefälle und die Abflussrate der Wasserwege verringern. Starke Grundwasserentnahme und eine Verdichtung der Böden tragen zu einer fortschreitenden Landabsenkung bei; Senkungsraten liegen bei bis zu 32 cm pro Jahr. Tiefliegende, hochwassergefährdete Gebiete vergrößern sich deshalb ständig. Informelle Siedlungen (auf etwa 20 % der besiedelten Fläche Jakartas) verengen die Gewässer, und die Bewohner werden bei Überschwemmungen selbst gefährdet. Ferner blockieren hochpreisige Baukomplexe der Ober- und Mittelschicht – speziell an der Küste – den Abfluss.

Auch die mangelnde Bereitschaft der lokalen Bevölkerung und der Regierung, gemeinsam Verantwortung für Maßnahmen in großem und kleinem Stil zu übernehmen, verschlechtert Entwässerungskapazitäten erheblich.

Überschwemmungen sind komplexe Ereignisse und letztlich Zivilisationsfolgekatastrophen. Zum Schutz gegen Überschwemmungen müssen komplexe Maßnahmen ergriffen werden: Technische Bauwerke (Barrieren, Schleusen, Pumpanlagen) müssen durch Maßnahmen von Verwaltung und Bevölkerung (Abfallbeseitigung und Reinigung von Kanälen) begleitet werden.

M5   Überschwemmungen als Zivilisationsfolgenkatastrophen

M6   Überschwemmungen in Jakarta 2018

1970

1981

1992

2003

2016

M7   Jakarta: Innenstadt 1970 – 2016

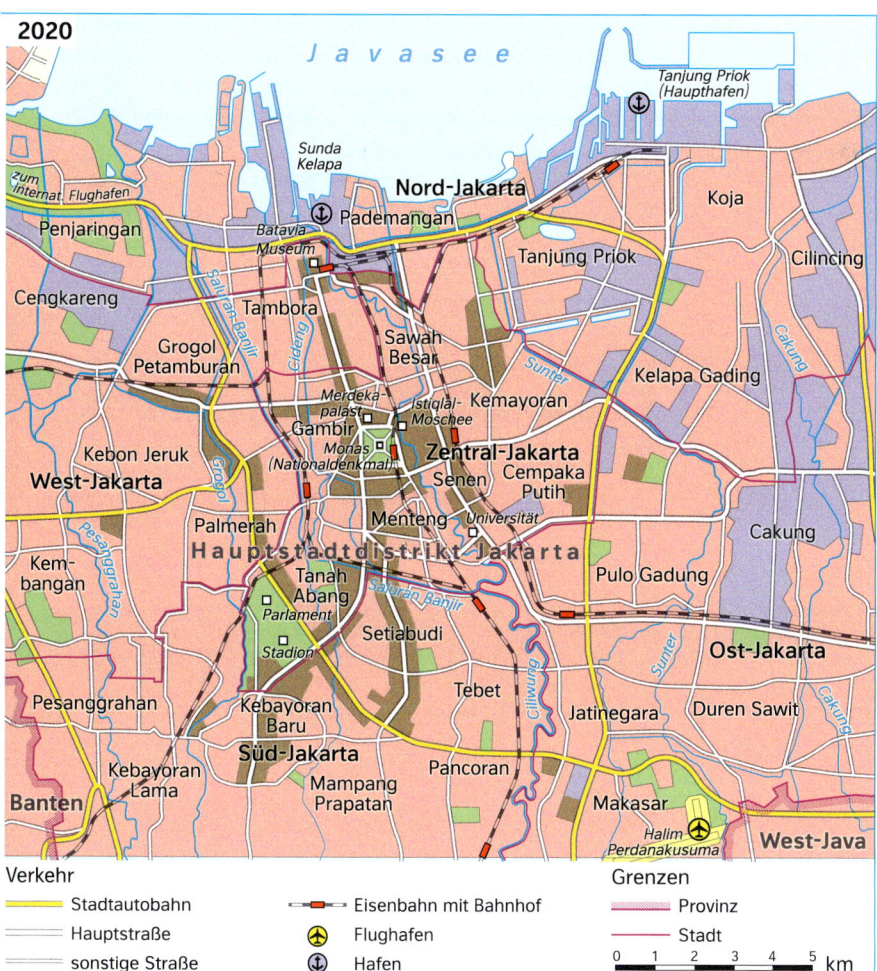

2020

Javasee

Tanjung Priok (Haupthafen)

Sunda Kelapa

zum Internat. Flughafen

Penjaringan

Batavia Museum

Nord-Jakarta

Pademangan

Koja

Cengkareng

Tambora

Tanjung Priok

Cilincing

Grogol Petamburan

Sawah Besar

Kelapa Gading

Merdeka-palast

Istiqlal-Moschee

Kemayoran

Gambir

Monas (Nationaldenkmal)

Zentral-Jakarta

Senen

Cempaka Putih

Kebon Jeruk

West-Jakarta

Palmerah

Menteng

Universität

Cakung

Hauptstadtdistrikt Jakarta

Kembangan

Tanah Abang

Parlament

Pulo Gadung

Setiabudi

Stadion

Pesanggrahan

Tebet

Ost-Jakarta

Kebayoran Baru

Jatinegara

Duren Sawit

Süd-Jakarta

Pancoran

Kebayoran Lama

Mampang Prapatan

Makasar

Banten

Halim Perdanakusuma

West-Java

Verkehr
- Stadtautobahn
- Hauptstraße
- sonstige Straße
- Eisenbahn mit Bahnhof
- Flughafen
- Hafen

Grenzen
- Provinz
- Stadt

0 1 2 3 4 5 km

5.3 Slums in Manila

Für Viertel mit niedriger Wohnqualität und/oder ungeklärten Grundbesitz-verhältnissen hat sich der Oberbegriff Slum eingebürgert. In den Städten der Welt existieren zahlreiche Typen. Schon die Bauweise von Slums kann sich fundamental unterscheiden: von festen, aber heruntergekommenen Häusern über Baracken und Hütten aus Holz und Wellblech bis hin zu sporadischen Unterkünften aus Planen und diversen anderen temporären Materialien. Oft befinden sich Slumviertel an gefährlichen Plätzen, wie steilen Berghängen, Überschwemmungsgebieten, Abwasserkanälen, Flussufern, Müllkippen, Bahndämmen, Straßenüberführungen oder direkt an Eisenbahngleisen – kurz: auf allen unbebauten Flächen innerhalb der Stadt. Alternativ finden sich an den Stadträndern expandierende Hüttenviertel. Beschäftigung finden die Slumbewohner meist, aber nicht nur im informellen Sektor. Manilas Slums prägen das Erscheinungsbild der philippinischen Hauptstadt und verdeutlichen die gravierenden sozialen Probleme der Stadt.

1. Beschreiben Sie das Foto M5.
2. Fassen Sie die wesentlichen Merkmale zusammen, die einen Slum ausmachen (können) (M2–M4).
3. a) Erläutern Sie die verschiedenen „Slumtypen"(M3, M4).
   (Z) b) Erklären Sie die Begriffe „*slums of hope*" (Hoffnung) und „*slums of despair*" (Verzweiflung) (M3).
4. Analysieren Sie die Entwicklung der Slumbevölkerung in Südostasien (M1).
5. a) Erläutern Sie die Lage und die Verteilung der Slums in Manila (M6, Internetkartendienst).
   (Z) b) Vergleichen Sie das Erscheinungsbild verschiedener Slumtypen in Manila (Internetkartendienst).
6. Das Durchschnittseinkommen der Slumbewohner von Manila ist höher als das nationale. Begründen Sie diesen Befund.
7. Slums sind besonders von der Corona-Pandemie und den Lockdown-Maßnahmen betroffen. Erläutern Sie (M9–M11).

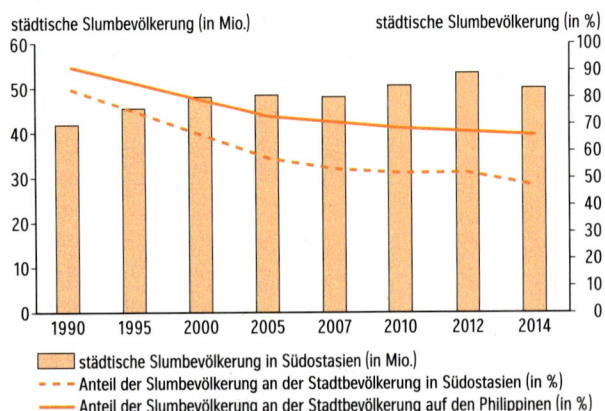

städtische Slumbevölkerung (in Mio.)   städtische Slumbevölkerung (in %)

□ städtische Slumbevölkerung in Südostasien (in Mio.)
- - - Anteil der Slumbevölkerung an der Stadtbevölkerung in Südostasien (in %)
—— Anteil der Slumbevölkerung an der Stadtbevölkerung auf den Philippinen (in %)
Quelle: UN Habitat   41001EX

M1   Slumbevölkerung in in Südostasien und den Philippinen (1990–2014)

Gemäß der Definition von UN HABITAT zeichnet sich ein Slum dadurch aus, dass mindestens eins der fünf folgenden Kriterien nicht erfüllt ist:
- eine stabile Behausung mit Schutz vor Klimaextremen,
- genügend Raum (nicht mehr als drei Personen pro Raum),
- Zugang zu sauberem Wasser,
- Zugang zu verbesserten sanitären Anlagen,
- sicherer Wohnstatus ohne Risiko auf Vertreibung.

M2   UN-Definition eines Slum-Haushalts

Traditionell beschreibt der Begriff „Slum" Wohngebiete, die einst solide oder sogar attraktiv waren, die aber durch den Wegzug ihrer ursprünglichen Bewohner in neue und bessere Gebiete der Städte inzwischen heruntergekommen sind. Der Zustand der alten Häuser verschlechterte sich, die Wohnungen wurden aufgeteilt und an einkommensschwache Bevölkerung vermietet. Typische Beispiele sind innerstädtische Slums vieler Städte in entwickelten und unterentwickelten Ländern. Slums umfassen heute allerdings auch die großen informellen Siedlungen. [...] Die Qualität der Behausungen in solchen Siedlungen reicht von der einfachen Hütte bis zu dauerhaften Häusern, während der Zugang zu Wasser, Elektrizität, sanitären Einrichtungen und anderen einfachen Infrastrukturleistungen gewöhnlich eingeschränkt ist. Für diese Siedlungen gibt es eine große Bandbreite an Namen und verschiedene Besitzregelungen. [...]
Slums lassen sich in zwei große Klassen einteilen:
1. *Slums of hope*: Siedlungen, die sich durch neue, normalerweise selbst errichtete, meist illegale Strukturen auszeichnen (z. B. Hausbesetzer), die sich in einem Prozess der Entwicklung, Konsolidierung und Verbesserung befinden oder diesen vor Kurzem durchlaufen haben; und
2. *Slums of despair*: im Niedergang begriffene Stadtviertel, in denen die Umweltbedingungen und die Ausstattung der Häuser einen Degenerationsprozess durchlaufen.
Der Sammelbegriff „Slum" wird [in den Industrieländern] heute meist vieldeutig und abfällig gebraucht. Er hat viele Beiklänge und Bedeutungen [...]. Er kann beträchtlich variieren in dem, was er in verschiedenen Teilen der Welt oder selbst in verschiedenen Teilen derselben Stadt bezeichnet. In Entwicklungsländern besitzt der Terminus „Slum" meist nicht die ursprüngliche, umstrittene, abwertende Konnotation, sondern bezieht sich einfach auf Wohnverhältnisse niedriger Qualität oder informelles Wohnen. Große, sichtbare Gebiete mit Squattern oder informellen Unterkünften sind eng mit der Wahrnehmung von Armut, mangelhaftem Zugang zu Grundversorgung und Unsicherheit verbunden. Begriffe wie Slum, Baracken-, Squattersiedlungen, informelles Wohnen oder einkommensschwache Gemeinschaft werden von Behörden in etwa synonym eingesetzt.

Quelle: The Challenge of Slums: Global Report on Human Settlements 2003. London & Sterling: UN Habitat, 2003, S. 9 (Übers. Thilo Girndt)

M3   Quellentext zum Begriff „Slum"

Bezeichnung	Definition
Slum	ursprünglich innerstädtisches, degradiertes (von der Mittel- und Oberschicht verlassenes) Wohnviertel, dessen Bebauung in immer kleinere Wohneinheiten aufgeteilt wurde; heute oft Oberbegriff für innen- und randstädtische Viertel mit niedriger Wohnqualität
Marginalsiedlung	Siedlung mit provisorischer Bausubstanz, hoher Einwohnerdichte und mangelhafter Infrastruktur; gelegentlich auch für eine ausgedehnte Hüttensiedlung in der Peripherie der Städte
Squattersiedlung	auf illegal besetztem Gelände, oft öffentlichem Land, errichtete Siedlung einfacher Bausubstanz, im Stadtraum oder am Rand von Städten (Squatter = Siedler ohne Eigentumstitel)
informelle Siedlung	aus provisorischem Baumaterial errichtete Siedlung ohne Rechtssicherheit (oft mündliche und temporäre Absprachen, oft zeitbefristete Duldung) auf privatem oder öffentlichen Grund. Oft verstoßen Siedlungen gegen bestehende Bau- und Planungsvorschriften (wenn vorhanden) oder liegen in Gefahrengebieten.

M4   Verschiedene Bezeichnungen für Slums

M 5 Slum an Bahngleisen in Manila (Philippinen)

M 10 Corona-Lockdown in einem Slum in Manila

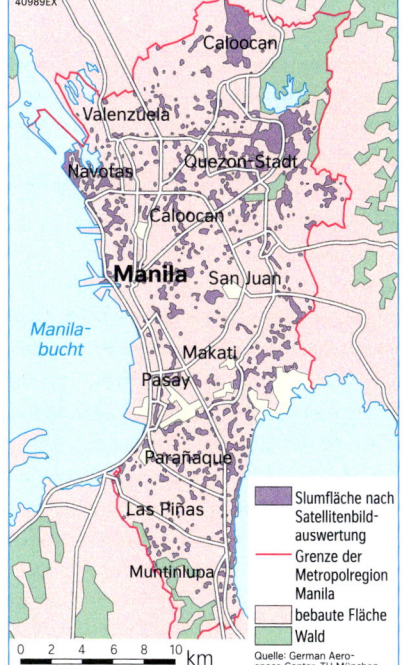

M 6 Slums in Manila

„Laut Studien […] leben mehr als die Hälfte der Einwohner Manilas als Squatters in illegalen Siedlungen auf öffentlichem oder privatem Land. […] Wie in anderen Megastädten Südostasiens auch wurde zwar partiell in Slumsanierung, Neustadtgründungen, sozialen Wohnbau und andere Improvement-Programme investiert, in Wirklichkeit wurde dadurch aber ausschließlich die besser verdienende Mittelschicht gefördert […] Vonseiten der philippinischen Regierung wurde nun sukzessive versucht, eine Legalisierung des illegalen Landbesitzes voranzutreiben, nicht zuletzt, um die durch Nachbarschaftshilfe errichteten Siedlungen in ihrem volkswirtschaftlichen Gesamtwert zu erhalten. […] Alle genannten Maßnahmen können jedoch nicht darüber hinwegtäuschen, dass im Großraum Manila eine extreme Polarisierung* der metropolitanen Gesellschaft stattgefunden hat. […]
Auffallend in Manila ist das dichte unmittelbare Neben- bzw. Durcheinander unterschiedlicher Lebensformen von Arm und Reich. […] Fast allerorts, wo sich Platz auftut, wird dieser (illegal) zur vorübergehenden Besiedlung in Besitz genommen. Eine klare Trennung zwischen Slums, Geschäftsdistrikten und beispielsweise Touristengebieten ist in Manila so einfach nicht möglich. Auch die Dichte der Obdachlosen (v. a. Kinder und Jugendliche) scheint in Manila weit über [der in Jakarta oder Bangkok] zu liegen. Statistiken dazu fehlen."
Quelle: Martin Heintel, Günther Spreitzhofer: Manila – Urbanisierung findet statt. Wien 2011, S.331

M 8 Quellentext zu Manilas Slums

„Nicht alle Haushalte in den Slums […] sind einkommensschwach. Nur etwa 32 Prozent der Slumbevölkerung […] sind arm, gemessen an den nationalen Armutsgrenzen pro Kopf. […] Der Großteil oder mehr als 50 Prozent lebt über der Armutsgrenze […], wohnt aber in einem armen Lebensumfeld. Dabei handelt es sich in der Regel um Mindestlohnempfänger und Gelegenheitsarbeiter, die weiterhin in Elendsvierteln leben, weil es in der Stadt keine alternativen Unterkünfte gibt und sie sich die Kosten für die Anreise aus entfernten, kostengünstigeren Stadtrandgebieten für Arbeits- und Einkommensmöglichkeiten in städtischen Zentren nicht leisten können. Gleichzeitig leben nicht alle Armen in Elendsvierteln, sondern sind über die ganze Stadt verstreut, mit einer ähnlichen physischen Umgebung wie die Slums, mit einer defizitären Infrastruktur und unsicheren Besitzverhältnissen."

Marife M. Ballesteros,
philippinische Slum-Forscherin (2011)

M 7 Zitat

„Noch bevor das Coronavirus in Manila eintraf, entstand ein Sprichwort im Slum San Roque [35000 Bewohner]: „Niemand stirbt an einem Fieber." Es gibt viele Gefahren, denen die Bewohner im täglichen Leben ausgesetzt sind: Drogengetriebene Kleinkriminalität. Nahrungsmittelknappheit. Überbevölkerung und schlechte sanitäre Einrichtungen. Fieber, Körperschmerzen und Husten waren schon lange vor dem Virus an der Tagesordnung. Die von Präsident Rodrigo Duterte verhängte [Corona-bedingte] Abriegelung […] stürzt die Bevölkerung von San Roque noch tiefer in die Armut. […] Viele der Männer sind Tagelöhner, die auf den Baustellen der immer größer werdenden Metropole arbeiten. […] „Es ist ein Albtraum für Leute wie uns", sagt [die Bewohnerin] Susana Baldoza. […] „Jetzt, da es eine Abriegelung gibt, können wir nicht nach draußen gehen, um nach Arbeit zu suchen, um zu überleben." Sie sagt, sie bezweifelt nicht, dass das Virus ein Killer ist, glaubt aber, dass viele Menschen eher an Hunger sterben, weil die staatliche Hilfe nur langsam eintrifft. Jetzt helfen Nachbarn den Nachbarn, um die ärmsten Bewohner der Gemeinde zu ernähren."

Jason Gutierrez, Journalist (2020)

M 9 Zitat

„Obwohl das Coronavirus weltweit von Menschen verbreitet wurde, die es sich leisten konnten, mit Flugzeugen und Kreuzfahrtschiffen zu reisen, bedroht das Virus heute die sozial unsichtbaren und vergessenen Gemeinschaften der städtischen Slums. […] Epidemien von Infektionskrankheiten neigen dazu, sich in den Slums auszubreiten. […] In einer Studie aus Delhi aus dem Jahr 2018 schätzten Forscher beispielsweise, dass selbst nach Maßnahmen wie Impfen und sozialer Distanzierung (zu Hause bleiben, Schulen schließen, die Kranken isolieren) bei der Slumbevölkerung eine 44 Prozent höhere Influenza-Infektionsrate auftreten würde als bei der Bevölkerung in Nicht-Slum-Gemeinschaften.
[Überfüllung in den Slums, Unterernährung, eingeschränkter Zugang zu sanitären Einrichtungen und sauberem Wasser oder auch die Atemwege belastende schlechte Innenluft in den Behausungen sind typische Gründe hierfür.] Doch der wichtigste Faktor, der die Ausbreitung von Pandemien in Slums ermöglicht, ist die Vernachlässigung dieser marginalisierten Bevölkerungsgruppen durch die Regierungseliten."

Lee W. Riley, Eva Raphael und Robert Snyder,
US-amerikanische Epidemiologen (2020)

M 11 Zitat

5.4 Singapur – smarte Global City auf Sand gebaut

In dem kleinen Fischerdorf Wa Hakim auf einer Insel an der Südspitze der Malaiischen Halbinsel hatten um das Jahr 1800 nur etwa 150 Malaien und einige Chinesen ihr Zuhause. Wenige Jahre später gründete Thomas Stamford Raffles, Handelsagent der britischen Ostindien-Kompanie, an gleicher Stelle eine erste Handelsniederlassung. 1867 wurde Singapur zur britischen Kronkolonie, und aufgrund seiner Lage wuchs die Bedeutung der Hafenstadt als Umschlagplatz für Waren. Heute leben im Stadtstaat Singapur auf der Hauptinsel, den drei größeren und etlichen kleineren Inseln 5,7 Mio. Menschen, größtenteils Chinesen, aber auch ein hoher Anteil Arbeitsmigranten aus vielen Ländern (siehe S. 55). Durch Landgewinnung stieg die Landfläche von ehemals 581 km² auf heute etwa 725 km² (etwa die Größe Hamburgs) und soll bis 2030 noch um 100 km² wachsen. Die heute zu den wichtigsten Global Cities gehörende Stadt sieht sich zudem als Vorreiter bei der Digitalisierung und dem Einsatz intelligenter Verkehrs- und Infrastrukturkonzepte (Smart City), aber auch rigider Ordnungs- und Sicherheitsbestimmungen.*

1. Beschreiben Sie die Stadtentwicklung von Singapur mithilfe der Karten von 1980 (M1) und heute (Atlas).
2. (Z) Charakterisieren Sie die wesentlichen städtebaulichen Elemente dieser Entwicklung (M2).
3. Erläutern Sie die Einordnung Singapurs als Global City mithilfe der verschiedenen Städterankings (M2–M4).
4. Beschreiben Sie die Neulandgewinnung in Singapur von den 1980er-Jahren bis 2030 (M1, M3, Atlas).
5. Erläutern Sie die Folgen der Neulandgewinnung in Singapur für die Nachbarstaaten am Beispiel des Rohstoffs Sand (M4).
6. (Z) Stellen Sie ein Projekt des Smart-Nation-Programms mit einem Kurzbericht vor (Internet: www.smartnation.gov.sg).
7. Erläutern Sie die Erfolgsfaktoren zur Umsetzung des Smart-Nation-Programmes in Singapur (M7).
8. Erörtern Sie, ob und wie sich die Projekte aus Singapur in deutschen Großstädten umsetzen lassen.

Nach der Unabhängigkeit, 1963 [...] begann ein beispielloser wirtschaftlicher Aufstieg, der nicht nur die Einwohnerzahl [...] anschwellen ließ, sondern auch zu einer erheblichen Flächenausdehnung und Veränderung der Nutzungsstruktur führte. Ausgedehnte Industrie- und Hafenbereiche, z. T. auf Neuland (vorwiegend in Jurong), ein neuer internationaler Flughafen (Changi Airport seit 1981), der Abriss von Squatter-Siedlungen, in denen Mitte der 1950er-Jahre ca. 27 % der Bevölkerung lebten, der Bau von Housing Estates [Großwohnsiedlungen] und New Towns in Gestalt von Hochhauskomplexen, eine radikale Flächensanierung und Umsiedlung im Altstadtbereich, die Verlagerung des innerstädtischen Geschäftszentrums in die Hotel- und Shopping-Center-Zone um die Achse Orchard-Tanglin Road sowie die Entstehung eines Banken- und Finanzzentrums[...] lassen das koloniale Erbe heute nur noch ganz punktuell sichtbar werden. Zwar hat man sich mittlerweile entschlossen, Teile der alten Chinatown und von Little India zu erhalten und die zweigeschossigen Shophouses nicht abzureißen, sondern zu renovieren, doch ist damit ein Bevölkerungsaustausch verbunden, weil das Viertel aufgrund seiner Nähe zum CBD* für Besserverdienende attraktiv ist (Gentrification). [...] Multifunktionale Komplexe mit Marinas auf Neulandgewinnungsflächen oder die erst 1997 vollständig eröffnete Suntec City, das größte Einkaufszentrum Singapurs [...] sind Beispiele des kontinuierlichen Wandels. [...] Die wohlorganisierte Bürokratie reglementiert selbst das private Leben der Bürger; Singapur ist für seine vielen Verbotsschilder und die konsequente Förderung des Mass Rapid Transit (MRT) [Metro] bei gleichzeitiger Beschränkung der Kfz-Zulassungen und der Zufahrt in die Innenstadt bekannt. Durch straffe Kontrolle der Raumordnung konnte eine Zersiedlung der Insel verhindert werden; trotz Raumenge ist es gelungen, ein „grünes Herz" als Wasserschutzgebiet sowie Restbestände des tropischen Regenwaldes und der Mangrove zu erhalten.

Quelle: Jürgen Bähr, Ulrich Jürgens: Stadtgeographie II. Braunschweig: Westermann 2009, S. 268–270

M2   **Quellentext zur Stadtentwicklung Singapurs**

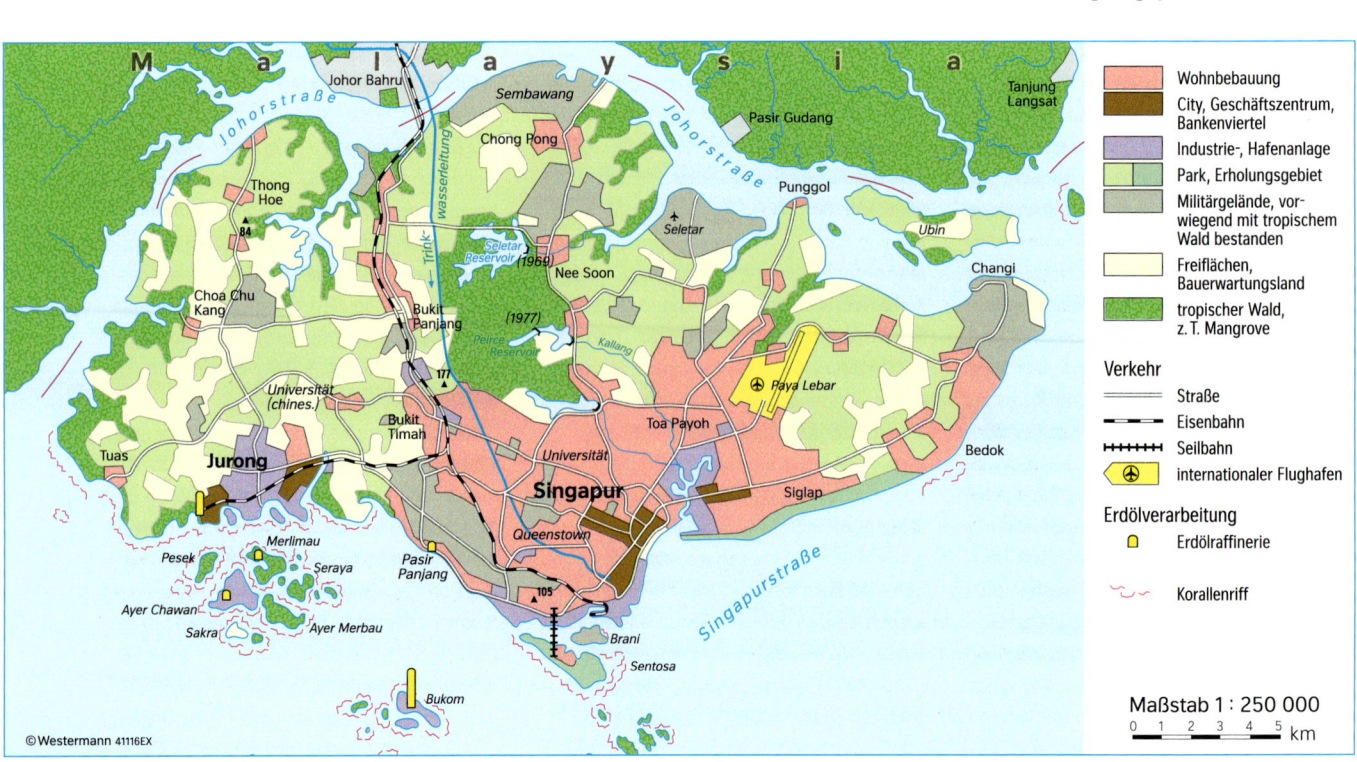

M1   **Singapur 1980**

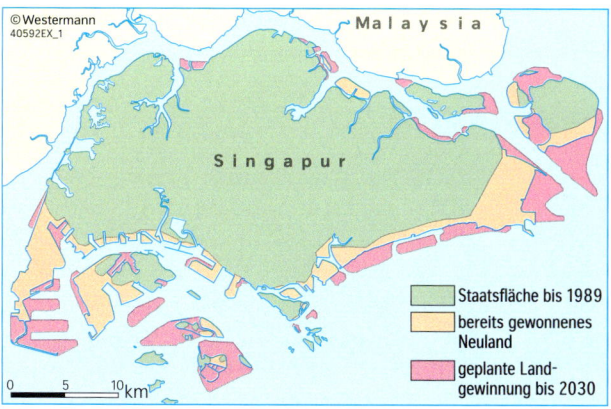

M 3   Neulandgewinnung in Singapur

M 6   Bauarbeiten auf der aufgeschütteten Marina Bay (2011)

Der Boom der internationalen Finanzmetropole basiert auf Sand: sehr viel Sand. Mehr als 500 Millionen Tonnen wurden zur Landgewinnung im Meer aufgeschüttet. „Pro Kopf verbraucht Singapur den meisten Sand. Es ist ein recht kleiner Staat, der wegen seines gewaltigen Landbedarfs entschieden hat, sein Territorium zu vergrößern", sagt Pascal Peduzzi vom Umweltprogramm der Vereinten Nationen (UNEP). [...] Küsten- und Meeressande können wegen ihres Salzgehalts Probleme bereiten: Für den Beton, aus dem Hochhäuser oder Brücken gebaut werden, muss die Qualität der Bausande hoch sein. Was in diesem Sektor verbaut wird, muss aus Flüssen oder Flussablagerungen kommen – und die beiden waren bis vor Kurzem auch die wichtigsten Quellen. Doch weil diese Ressourcen durch den immensen Bedarf moderner Gesellschaften knapp werden, verlagert sich die Gewinnung generell zunehmend ins Meer und an die Küsten. [...]
Beispiel Singapur. Den Sand für die Aufschüttungen holte der Stadtstaat lange Zeit vor allem aus Indonesien, Malaysia, Thailand und dann auch

Kambodscha. Dort verschwanden dafür ganze Strände, Meeresboden wurde abgesaugt. Nicht ohne Folgen, wie Peduzzi erklärt: „Das führt zu Problemen. So entstehen durch das Absaugen von Meeresböden Löcher, und in die sind auf indonesischem Territorium 24 Sandinseln gerutscht. Als sie verschwanden, verkleinerte sich das Territorium Indonesiens und damit wiederum seine exklusive Wirtschaftszone." Inzwischen haben Indonesien und Kambodscha Exportverbote für ihren Sand erlassen, ebenso Malaysia. Singapurs Behörden sind unbeeindruckt: Derzeit entsteht dort mit dem Tuas der weltgrößte Containerterminal – durch Aufschüttungen, mit Sand, der inzwischen sogar aus Australien kommt. Und auch eine andere Quelle trägt dazu bei: „Durch die Exportverbote ist jedoch der Sandpreis enorm gestiegen. Und das ist dann auch ein Anreiz für den illegalen Sandhandel, um den Sandbedarf für die Expansion Singapurs zu decken", sagt Peduzzi.
Quelle: Dagmar Röhrlich: Ein nur scheinbar unendlicher Rohstoff. Deutschlandfunk 5.1.2020

M 4   Quellentext zum Sandverbrauch Singapurs

Mit der 2014 verkündeten „Smart-Nation"-Strategie sollen smarte Technologien in fünf ausgewählten Bereichen getestet bzw. eingesetzt werden: Mobilität, Wohnen und Umwelt, wirtschaftliche Produktivität, Gesundheit und im öffentlichen Dienstleistungssektor. Im Vergleich zu vorangegangenen Kampagnen ist eine deutliche Erweiterung von einem Fokus auf „hard domains" (vor allem Aufbau von IKT-Infrastruktur und -Industrien) zu „soft domains" (z. B. e-government, Förderung von Innovationen, Unternehmertum, Lebensqualität von Älteren und Kranken) festzuhalten. Die Entwicklung neuer innovativer Ideen soll durch eine Reihe von Maßnahmen unterstützt werden, u. a. durch die Bereitstellung von Flächen und Infrastruktur für die Entwicklung und Erprobung technischer Lösungen. Derzeit gehören dazu 13 Gewerbeparks, Wissenschaftszentren, Wohngebiete und Grünanlagen. Besonderes Augenmerk wird auf Internetsicherheit und den Schutz geistigen Eigentums gelegt. Große Datenbestände und Datenanalyseprogramme werden öffentlich zugänglich gemacht. So stellt die Land Transport Agency (LTA) Echtzeitdaten zu Busankunftszeiten, Verfügbarkeit von Sitzplätzen und Taxis bereit, die es der Öffentlichkeit und privaten Unternehmen ermöglichen, alternative Verkehrslösungen zu nutzen bzw. zu entwickeln. [...] Spiel- und Bildungsprogramme sollen den Nachwuchs ab dem Kindergartenalter durch alle Altersstufen mit smarten Geräten vertraut machen.
Traditionell wird die Bevölkerung nicht oder kaum in Planungsprozesse eingebunden [...]. Fragwürdig sind z. T. der Umgang mit der Privatsphäre und dem Datenschutz. Besonders kritisch ist die stadtweite

- Sicherstellung einer kritischen Masse von Nutzern durch kompakten Stadtstaat (hohe Bevölkerungsdichte, Bevölkerungswachstum)
- Erleichterung der Umsetzung durch autoritäres Regime und Zusammenfallen von nationalen und städtischen Interessen
- Attraktivität für ausländische Investoren durch politische Stabilität, niedriger Steuern, Rechtssicherheit und Fördermittel
- diverse Gesellschaft mit unterschiedlichen Bedürfnissen und Lebensmodellen bei gleichzeitig hoher Leistungsbereitschaft und einer besonderen Offenheit für IKT
- hohe Investitionen in Forschung und Entwicklung (F & E) sowie Bildung
- hohes Humankapital
- sehr gute materielle Lebensqualität
- weiche Standortfaktoren wie ein breites Konsum-, Kultur- und Unterhaltungsangebot, ein sehr guter Ausbau von Erholungs- und anderen Grünflächen, ein ansprechend und vielfältig gestaltetes Stadtbild durch moderne Architektur und Erhalt kulturellen Erbes

M 7   Erfolgsfaktoren zur Etablierung smarter Technologien in Singapur (nach Bork-Hüffer 2017)

Etablierung einer neuen Sensortechnik in öffentlichen Räumen. Dabei handelt es sich um den weltweit umfassendsten Versuch, Daten über das Alltagsleben und -geschehen der Bevölkerung zu sammeln. Mittels faseroptischer Systeme und einer besseren Verknüpfung bestehender drahtloser Netzwerke können z. B. die Sauberkeit in öffentlichen Räumen, Menschenansammlungen und Bewegungsmuster jedes lokal registrierten Fahrzeugs digital verfolgt werden.
Quelle: Tabea Bork-Hüffer: „Beyond Smart City" Geographische Rundschau 7-8/2017, S. 37 – 40

M 5   Quellentext zum Smart-Nation-Programm von Singapur

5.5 Globale Modernität oder urbanes Kulturerbe?

Bis auf Thailand haben alle Länder Südostasiens eine koloniale Vergangenheit. Die europäischen Kolonialherren haben Städte neu gegründet (Singapur) oder bestehende um- und ausgebaut (Jakarta, Yangon). In den letzten Jahrzehnten fand erneut eine Überformung statt. Im Zeichen von Globalisierung und Wirtschaftsboom erfolgte ein Umbau insbesondere der Innenstädte nach westlichem (nordamerikanischem) Vorbild. Heute stellt sich für die Stadtplaner die Frage, wie sie mit der gebauten Vergangenheit – dem urbanen Kulturerbe – umgehen sollen. Abriss der Gebäude aus der Kolonialzeit und der vorkolonialen Zeit? Erhalt und Pflege für den Tourismus? Maßvolle Neubauten neben alter Bausubstanz? Jede Stadt in Südostasien versucht, ihren eigenen Weg zu finden.

1. Beschreiben Sie den Umbau der südostasiatischen Städte in den letzten Jahrzehnten (M 3).
2. Erläutern Sie die Merkmale südostasiatischer Städte (M 1) am Beispiel Yangon (M 7), Jakarta (M 3, S. 82/83), Singapur (Atlas), Manila oder Bangkok (Internetkartendienst).
3. Charakterisieren Sie das kolonialzeitliche Stadtzentrum Yangons (M 5, M 6).
4. Erläutern Sie den Erhalt des urbanen Kulturerbes in Yangon (M 5, M 6).
5. Erörtern Sie die Vor- und Nachteile des Erhalts und der Betonung des kolonialen urbanen Kulturerbes für die südostasiatischen Städte.
6. „Vorrangigste Aufgabe der Stadtplanung in den nächsten Jahrzehnten ist es, die Gleichförmigkeit der südostasiatischen Städte zu überwinden." Nehmen Sie Stellung zu dieser Aussage.

Lage:
• ursprüngliche Lage der Städte im Binnenland
• während der Kolonialzeit Neugründung und Ausbau von Hafenstädten (Rohstoffhandel der Kolonialmächte), Kombination mit Industrieproduktion

Grundriss:
• sehr unterschiedlich je nach Gründungsperiode und Herrschaftsvorstellungen
• teils Schachbrettmuster und Aufteilung in Quartiere
• teils gewachsene Altstädte
• oft eigene Regierungs- und Verwaltungszonen, Parks und Grüngürtel, Industriegebiete und Sonderwirtschaftszonen*

Bevölkerung:
• zumeist multiethnisch und -religiös
• oft separierte ethnische Viertel (Chinatown, Little India)
• seit Mitte 1980er-Jahre zunehmende Urbanisierung, Zuzug von Zehntausenden Migranten aus ländlichen Regionen

Wohngebiete:
• teils gewachsene, gemischte Stadtbereiche
• teils *gated communities** (hochwertige Viertel und solche unterschiedlicher Einkommensgruppen)

Multipolarität:
• oft getrennte Stadtbereiche traditioneller und kolonialer Wirtschaft
• Altstadt (traditionelle Märkte, Shophouses) und moderne Viertel (Hochhausbebauung mit Büroflächen, hochwertigem Einzelhandel, Hotels, Apartmenthochhäuser
• *ribbon development* entlang Infrastrukturlinien (Straßen, Eisen- und Hochbahnen, Metros)

Urban fringe:
• heterogenes Mosaik sehr unterschiedlicher Nutzungen (Verzahnung von Landwirtschaft, Handel, Gewerbe, Industrie und Wohnen)

M 1   Merkmale südostasiatischer Städte

M 2   Skyline von Bangkok

Mit dem teils rasanten Wirtschafts- und Bevölkerungswachstum sind ein tiefgreifender innerurbaner Strukturumbau innerhalb der bereits vor Einsetzen des Wirtschaftsbooms überbauten Stadtareale [, teils unter Auflösung der bisherigen Stadtstrukturen und -funktionen,] einerseits sowie eine enorme stadträumliche Expansion in angrenzende, bis dato nicht urbanisierte Nachbargebiete andererseits verbunden. [...] Teilweise erfolgt ein großflächiger Neu- und Umbau ganzer Teilbereiche der Innenstadt, bei dem erhebliche Teile historischer Innenstadtviertel [...] abgerissen und – zumeist in Form moderner Hochhäuser – neu errichtet werden [...] [z.B. in] Mumbai, Bangkok, Hanoi oder Ho-Chi-Minh-Stadt). Zudem entstehen innenstadtnah auf bisher un- bzw. untergenutzten oder Neulandgewinnungsflächen komplett neue Stadtteile mit moderner Gestaltung und futuristischer Architektur. [...] Auch einzelne symbolträchtige Prestigeobjekte prägen inzwischen die Silhouetten der wohlhabenden Megastädte. [...] Vereinzelt erst werden seit jüngster Zeit Teile der Innenstädte durch Erhalt und Modernisierung historischer Stadtviertel wieder aufgewertet [...]. Eine systematische, in die Modernisierungs- und Revitalisierungsvisionen der Städte integrierte Erhaltung und Aufwertung historischer Altstädte findet jedoch bisher kaum statt, auch der identifikatorische Wert historischer Authentizität als Alleinstellungsmerkmal im globalen Wettbewerb der Megastädte untereinander wurde noch kaum gewürdigt. Weniger beachtet sind ferner bisher Erhalt und Schaffung bzw. die Konzipierung und qualitative Gestaltung öffentlichen Raums in Form etwa großer öffentlicher Platzanlagen sowie miteinander vernetzter Frei- und Grünflächen.

Quelle: Frauke Kraas, Ulrich Nitschke: Megaurbanisierung in Asien. Informationen zur Raumentwicklung 8/2008, S. 449–450

M 3   Quellentext zur Stadtentwicklung* in Südostasien

M 4   Alte und neue Fassaden in Yangon

Kolonialzeitliches Stadtzentrum von Yangon/Myanmar

Auf Grundlage der präkolonialen Siedlung Dagon errichteten die Briten William Montgomerie und Alexander Fraser ab 1852 eine neue Hauptstadt, Rangoon, die unter Integration der bestehenden Pagoden- und Tempelanlagen einen konsequenten Schachbrettgrundriss mit parallel zum Fluss Ost-West-verlaufenden Haupt- und kleineren Nord-Süd-Straßen erhielt. Der zügige Ausbau von Hafen, Straßensystem, administrativen Funktionalbauten und mehrgeschossigen Wohnquartieren erfolgte mithilfe von vor allem aus Indien eingeführten Arbeitskräften. Nördlich des Stadtzentrums wurden Villenviertel, Cantonments (Militärsiedlungen), Wasserreservoire, Parks und Erholungsgebiete eingerichtet. Ursprünglich für 36 000 Einwohner geplant, wuchs Rangoon innerhalb kurzer Zeit von 46 000 (1856) über 98 000 (1872) auf 342 000 Einwohner (1921) [2014: 5,2 Mio.]. [...] Die britische Stadtanlage stellt heute den Kern der historischen Altstadt von (dem 1989 umbenannten) Yangon dar, welcher als urbanes Kulturerbe seit der marktwirtschaftlichen Öffnung Myanmars (1988) unter erheblichem Transformations- sowie Globalisierungsdruck steht. Erhalt und Schutz der Repräsentations- und Wohngebäude aus der Kolonialzeit sind aufgrund ihrer fremdherrschaftlichen Genese durchaus umstritten, doch in dem Maße, in dem die Städte Asiens unter Globalisierungseinfluss an Individualität verlieren, beginnt die Kolonialgeschichte zur Authentizität und Identität beizutragen.

Erhalt urbanen Kulturerbes [in südostasiatischen Städten]

Nachdem bis zum Beginn der 1990er-Jahre zumeist eine ahistorische und undifferenzierte Modernisierung vieler Innenstädte verfolgt wurde, erfuhren urbanes Kulturerbe in den historischen Altstädten und die Revitalisierung

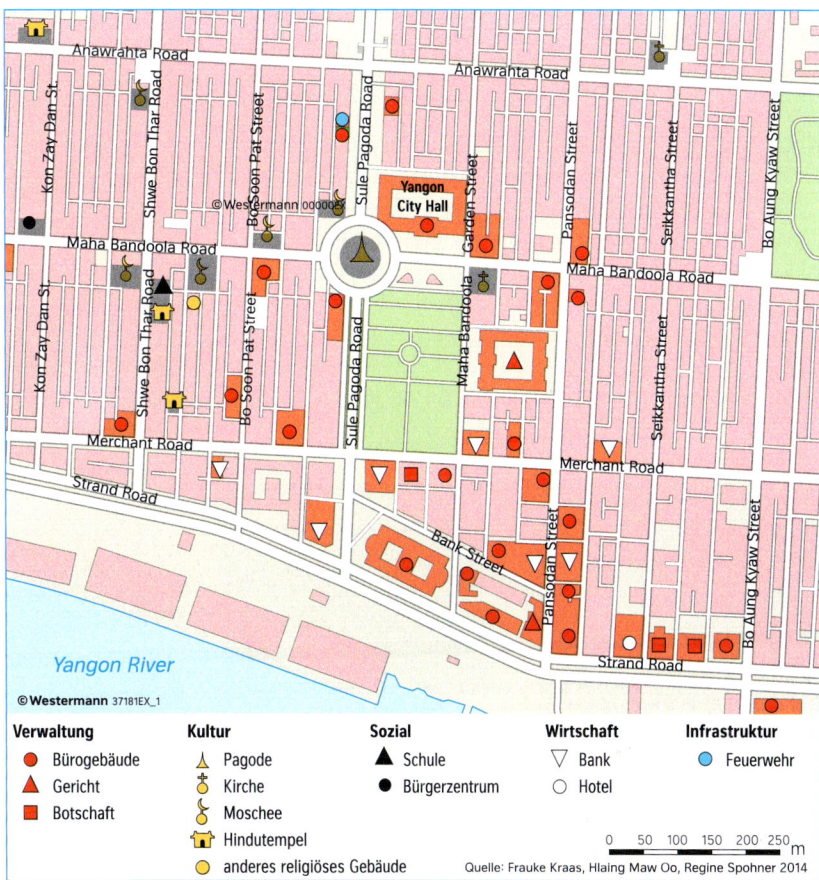

M 7   Gebäude urbanen Kulturerbes in Yangon

von Innenstadtbereichen in den letzten Jahren eine Neubewertung. Von der Rückbesinnung auf urbanes Kulturerbe verspricht man sich positive Effekte, wie den baulichen Erhalt authentischer Zeugnisse historischer Epochen mit zugleich identitätsstiftender, nationenbildender Wirkung für die Zivilgesellschaft. Auch die imageträchtige Attraktivitätssteigerung der Innenstadtbereiche für ausländische Investoren und Touristen sowie verbesserte Chancen eines auf Basis historisch-baulicher Alleinstellungsmerkmale gründenden Stadtmarketings spielen im globalen Wettbewerb der Metropolen eine wichtige Rolle. Viele

Elemente urbanen Kulturerbes, darunter das nicht-materielle *intangible heritage* und gelebte Traditionen, sind jedoch auch durch die weitverbreitete Ignoranz bzw. das Unwissen einer zunehmend globalisierungsorientierten Zivilgesellschaft gegenüber ihren historischen Werten und Wurzeln bedroht. Hierzu zählen urbane Handwerkstraditionen, langjährige soziale Nachbarschaftsverbindungen oder Feste, die zur Stärkung „kollektiven Gedächtnisses" sowie von lokaler Identität, Identifikation und Verantwortung beitragen.
Quelle: Frauke Kraas: Die Städte Südostasiens. In Heinz Heineberg: Stadtgeographie 2017, S. 353

M 5   Quellentext zum kolonialen Rangun (Yangon) und dem Erhalt des urbanen Kulturerbes in südostasiatischen Städten

M 6   Rathaus in Yangon. Blaue Tafeln (rechts) auf Burmesisch und Englisch weisen für Bewohner und Touristen in ganz Yangon auf die Geschichte kolonialer Gebäude hin.

5.6 Übungsklausur

Neue Hauptstädte in Myanmar und Malaysia

1. Beschreiben Sie die funktionale Gliederung von Nay Pyi Taw oder Putrajaya/Cyberjaya.
2. Vergleichen Sie die beiden neuen Hauptstädte bezüglich
   a) dem Einsatz von symbolischen Bauwerken und
   b) der Motive/Gründe für ihre Errichtung.
3. „Die Machthaber schaffen mit den neuen Hauptstädten einen Mikrokosmos einer modernen Nation, nach der sie streben." Nehmen Sie Stellung zu dieser Aussage.

M 3   Putrajaya

M 1   Uppatasanti Pagode in Nay Pyi Taw (erbaut 2006 – 2009)

M 4   Parlament in Nay Pyi Taw

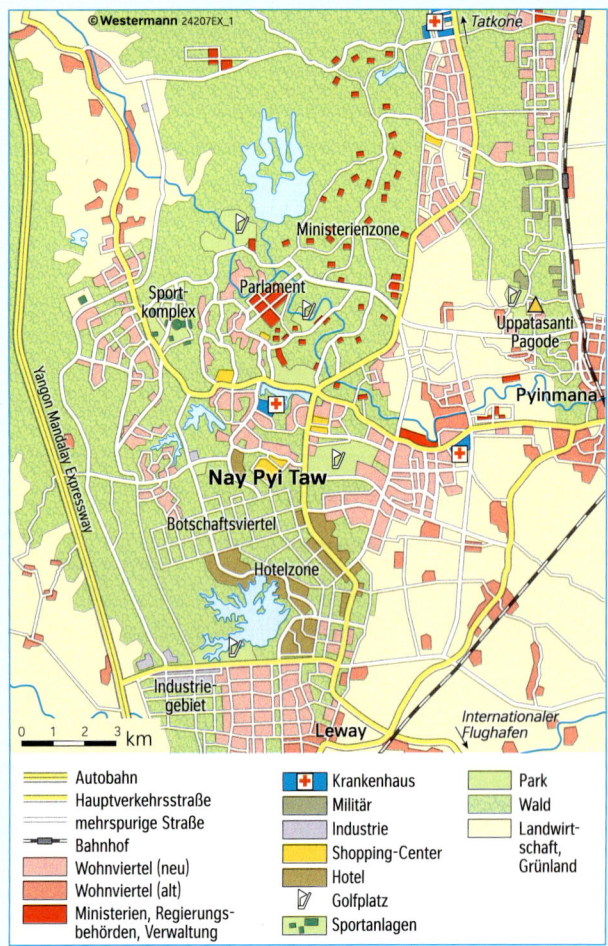

M 2   Nay Pyi Taw: funktionelle Gliederung

In Myanmar, das 2011 nach Jahrzehnten weitgehend global abgekoppelter Entwicklung in eine neue Öffnungsphase eingetreten ist, entscheidet sich zurzeit, welchen Pfad der Stadtentwicklung* das Land einschlagen wird. [...] Mit dem Bau der ca. 350 km nördlich der früheren Hauptstadt Yangon (Rangun) gelegenen neuen Hauptstadt Nay Pyi Taw, seit 2005 offizieller Regierungssitz, wurde eine nach internationalen Vorbildern gestaltete neue Machtzentrale errichtet. Die weitläufig angelegte Stadt wurde an bereits bestehende Siedlungskerne (Pyinmana, Leway und Tatkone) „angedockt" und in großflächige Zonen unterschiedlicher Funktionen – Regierungsbereiche, Versorgungszentren, Wohn-, Botschafts-, Hotel- und Erholungsareale – gegliedert, die durch breite Verkehrsachsen miteinander verbunden sind. Gestalterisch dominieren traditionelle Architekturelemente, wie sie für königliche Paläste oder buddhistische Tempel verwendet wurden sowie moderne internationale Baustile für die Regierungs- und Wohngebäude. Elemente gezielter, sichtbarer Internationalität wurden bei der Planung berücksichtigt, darunter zwei große Kongresszentren, das Gems Emporium – in der zweimal jährlich eine der größten Edelsteinmessen der Welt stattfindet –, internationale Sportstätten, zahlreiche Vier- und Fünf-Sterne-Hotels und ein internationaler Flughafen. Nay Pyi Taw soll somit als Regierungs-, Handels- und Sportstandort sowie zu einer logistischen Drehscheibe Südostasiens ausgebaut werden. Mit der Nordverlagerung der Hauptstadt vom kolonialen Hafenstandort Rangun ins Zentrum des Bevölkerungsschwerpunktes des Landes und ins „historische Kernland" von Zentral-Myanmar wurde von der Regierung ein machtvolles Symbol eigenständiger Entwicklungshoheit gesetzt. Wie viele neu errichtete Städte bedarf sie indes weiterer urbaner Vitalisierung.

Quelle: Frauke Kraas et al.: Stadtmodelle, neue Hauptstädte und Städte der Zukunft in Asien. Geographische Rundschau 6/2018, S. 25 – 26

M 5   Quellentext zu Nay Pyi Taw

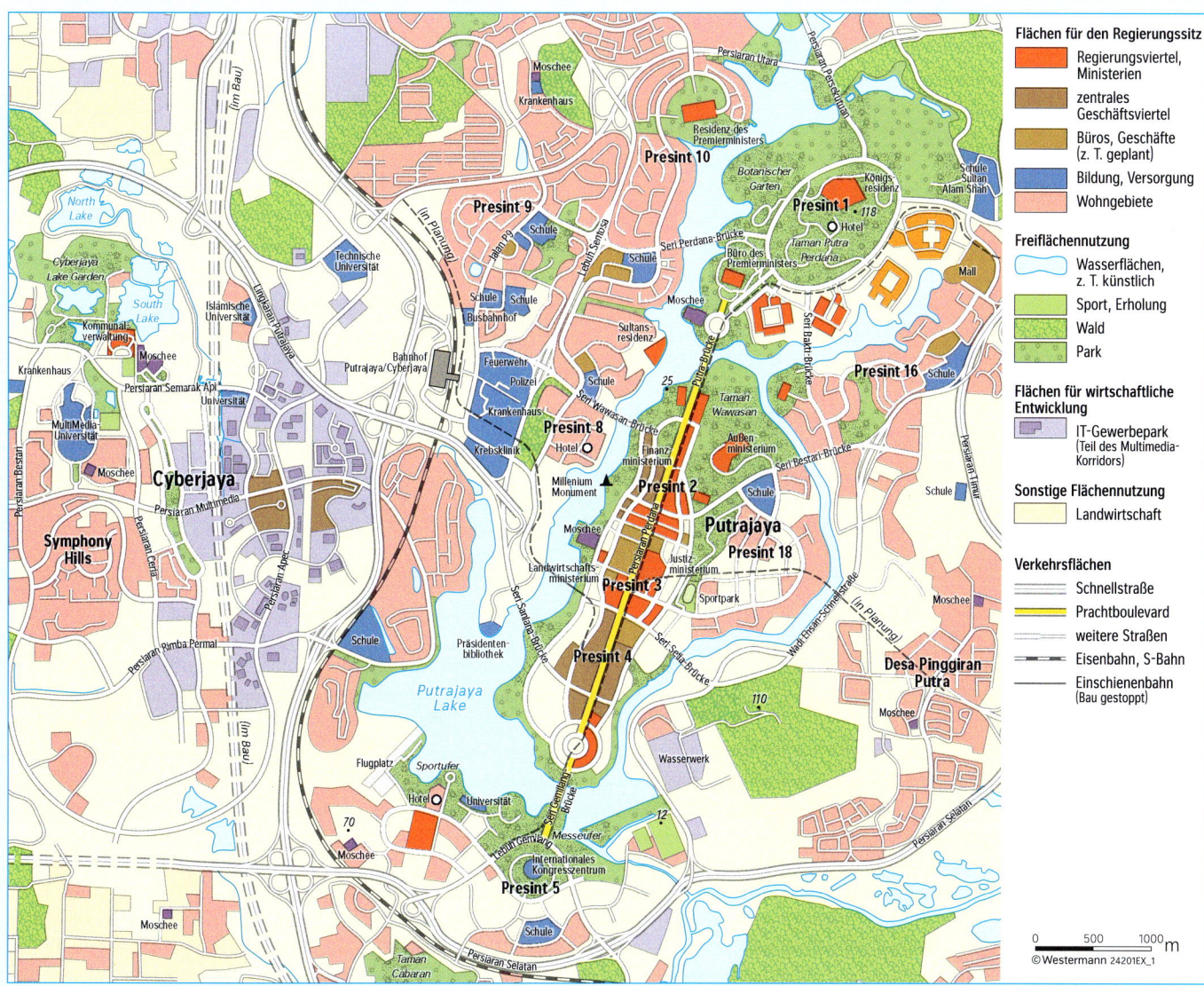

M 6 Putrajaya und Cyberjaya: funktionale Gliederung

Im Rahmen der malaysischen „Vision 2020" wurden nach 1991 gut 25 km südlich von Kuala Lumpur auf einem ehemaligen Plantagengelände [...] die Zwillingsstädte Putrajaya (ab 1995 neuer föderaler administrativer Regierungssitz) und Cyberjaya (als korrespondierender IT-Hub*) erbaut. Sie sollen als potente Symbole für die ambitionierte nationale Modernisierungsagenda sowie eine progressive muslimische Identität des Staates stehen. Für die Konzeption von Putrajaya wurden bewusst nur nationale Architekten und Ingenieure beauftragt, um die nationale Expertise zu unterstreichen. Wie bei anderen postkolonialen Masterplanstädten glaubten die Planer an die Utopie, eine ideale Stadt schaffen und mit ihrem Design eine neue Gesellschaft „formen" zu können. Der Masterplan für Putrajaya greift auf Modelle der Gartenstadt und der intelligenten Stadt zurück. Etwa ein Drittel der Stadtfläche ist als Grünbereich – Parks, Gärten und Putrajaya Lake – gestaltet. Entlang einer zentralen Achse von gut 5 km Länge reihen sich moderne, im markanten islamisch inspirierten Architekturstil gestaltete Regierungsgebäude und Hauptquartiere islamischer Institutionen. Umrahmt wird die „Regierungsachse" von aufgelockert modern gestalteten Ein- und Mehrfamilienhaussiedlungen der oberen und z. T. mittleren Einkommensschichten, deren Bewohner zu mehr als 90 % Bumiputera* sind. Da die zum großen Teil muslimischen Bumiputera laut Verfassung als indigen definiert sind, erhalten sie z. B. bei der Vergabe von Stellen im öffentlichen Dienst oder beim Zugang zu Bildung Sonderrechte.

Das benachbarte Cyberjaya wurde als „flagship ‚intelligent city' technopole" für die neue Innovations- und Wissensökonomie Malaysias hin zum globalen IT-Hub von multinationalen Planungs- und Architekturbüros konzipiert, um ausländische Direktinvestitionen anzuziehen. Neben Hightech-Bürokomplexen und teils noch unbebauten Grundstücken für IT-Universitäten besteht die mit weiten Boulevards und Landschaftsparks gestaltete Stadt aus luxuriösen Gated Communities* und zahlreichen Fünf-Sterne-Hotels mit innovativen Infrastrukturen, womit sie sich an eine technokratische Elite und transnationale Unternehmen richtet. In der Literatur wird das „wannabe Silicon Valley" als steriles Schaustück, Business Process Outsourcing (BPO) Hub mit fehlender Authentizität und mangelndem sozialen Leben beurteilt.

Die malaysischen Zwillingsstädte sind ein typisches Beispiel für moderne Modellstädte, die neue Standards setzen und als Vorlage für andere neue Macht- und IT-Zentren dienen sollen. Viele Elemente werden in anderen malaysischen Städten wiederholt, etwa der neuen Stadt Nusajaya oder der seit 2012 im Aufbau begriffenen „Gigametropole" Smart City Iskandar Malaysia nördlich von Singapur.

Quelle: Frauke Kraas, Tabea Bork-Hüffer, Mareike Kroll: Stadtmodelle, neue Hauptstädte und Städte der Zukunft in Asien. Geographische Rundschau 6/2018, S. 23

M 7 Quellentext zu Putrajaya und Cyberjaya

Zusammenfassung

Zwar blickt Südostasien auf eine zweitausendjährige Stadtgeschichte zurück, doch die Mehrzahl der heutigen Städte – meist Hafenstädte – sind koloniale Gründungen beziehungsweise wurden in der Kolonialzeit einschneidend überformt. Ab den 1980er-Jahren begann in den verschiedenen Staaten zeitversetzt eine rasante Verstädterung, in der sich insbesondere die Hauptstädte zu Megastädten (Manila, Bangkok, Jakarta) oder zu Städten mit mehr als fünf Millionen Einwohnern (Ho-Chi-Minh-Stadt, Kuala Lumpur, Singapur, Yangon) entwickelten. Aufgrund des schnellen Wachstums und eingeschränkter Steuer- und Regierbarkeit haben Städte wie zum Beispiel Bangkok, Manila und Jakarta mit sozialen und ökologischen Problemen zu kämpfen. Andere Städte, insbesondere Singapur, aber auch Kuala Lumpur oder die neuen Hauptstädte von Malaysia (Putrajaya) und Myanmar (Nay Pyi Taw) gelten als vorbildlich hinsichtlich ihrer zielgerichteten Stadtplanung nach internationalen Maßstäben. Die Großstädte in Vietnam, Kambodscha, Laos und Myanmar sind geprägt durch den Übergang zur Marktwirtschaft und zunehmende Globalisierungseinflüsse.

Jakarta und Singapur

Die in niederländischer Kolonialzeit gegründete Stadt Batavia und heutige Hauptstadt Jakarta ist seit der Unabhängigkeit sehr schnell gewachsen. In den letzten vierzig Jahren hat sich die Bevölkerung der Agglomeration Jabodetabek, die auch die Millionenstädte Bogor, Depok, Tangerang und Bekasi miteinschließt, auf knapp 35 Mio. Einwohner verdreifacht. Da sich der Stadtraum weit in ehemalige Reisfelder und Feuchtgebiete ausgedehnt hat, kommt es bei starken Monsunregenfällen regelmäßig zu großflächigen Überschwemmungen. Singapur erscheint bei unterschiedlichen Rankings von Global Cities immer unter den Top Ten. Global Cities sind Städte, die im globalen Städtesystem eine herausragende Stellung haben und wichtige Steuerungsaufgaben für die Weltwirtschaft ausüben. Um der rasanten Stadtentwicklung in Singapur gerecht zu werden, wurden seit der britischen Kolonialzeit zahlreiche Neulandgewinnungsmaßnahmen durchgeführt. Im Bereich intelligenter Infrastruktur, Dienstleistungen und Digitalisierung (Smart City) zählt Singapur heute zu den führenden Städten auf der Welt.

Slums und informelle Siedlungen

Ein Slum im ursprünglichen Sinne ist ein verfallenes, innerstädtisches Viertel, in dem ehemals die einkommensstärkere Mittelschicht gewohnt hat. Marginalsiedlungen sind aus einfachen Baumaterialien errichtete Unterkünfte mit provisorischen oder teils fehlenden Infrastrukturen. Es mangelt oft an adäquater Versorgung wie ausgebauten Straßen, Abwassersystem, Müllabfuhr oder auch Kindergärten und Schulen. Als Squatter bezeichnet man Unterkünfte, die illegal, also ohne Genehmigung, auf einem Grundstück errichtet werden; sie können sich überall im Stadtraum auf (z. T. auch gefährlichen) Freiflächen befinden.

In Slums oder informellen Siedlungen wohnt aber nicht nur die arme Bevölkerung. Aufgrund der Wohnungsnot in vielen südostasiatischen Städten und wegen der günstigen Nähe zum Stadtzentrum bzw. zentralen Orten leben hier auch Menschen mit formellen Arbeitsplätzen und aus der unteren Mittelschicht. In Südostasien sind Slums (von wenigen Ausnahmen abgesehen, etwa Tondo in Manila) in der Regel keine großflächigen Areale, sondern sie verteilen sich als kleine Siedlungen zumeist weit über den Stadtraum.

Eigene Identität oder globalisierte Uniformität

Im Streben nach Modernität und internationaler Geltung sehen inzwischen nicht nur die Skylines vieler Metropolen Südostasiens denen anderer Städte weltweit sehr ähnlich. Auch die Innenstädte scheinen uniform und austauschbar zu sein. Städten mit vorkolonialer und kolonialer Vergangenheit sehen in ihrem urbanen Kulturerbe zunehmend eine Möglichkeit dafür, eigene Identität zu stärken. Während alte Gebäude lange verfielen oder gar abgerissen wurden, sehen neue Konzepte der Stadtentwicklung vor, sie zu erhalten und städtebaulich zu integrieren, auch um die touristische Attraktivität der Städte zu steigern.

In den letzten Jahren wurden in Südostasien zudem neue Planstädte gebaut, die die Kolonialzeit und ihre baulichen Hinterlassenschaften überwinden sowie Modernität und nationale Einheit demonstrieren sollen. Zu ihnen zählen etwa Malaysias Verwaltungszentrum Putrajaya (mit der Nachbarstadt Cyberjaya) und Nay Pyi Taw, seit 2005 Hauptstadt von Myanmar.

Weiterführende Literatur und Internetlinks

Geographische Rundschau
- Die Zukunft der Städte 6/2018
- Indonesien – Mensch und Natur 4/2018
- Smart Cities 7-8/2017
- Vietnam – Laos – Kambodscha 2/2016
- Slums und Ghettos 5/2014

Diercke 360°
- Themenheft „Megastädte" 2/2007
- Themenheft „Singapur" 1/2006

Klaus Claaßen, Thilo Girndt: Stadt und Stadtentwicklung
Braunschweig: Westermann 2019

Klaus Claaßen: Diercke Spezial – Siedlungsräume
Braunschweig: Westermann 2011

Jürgen Bähr, Ulrich Jürgens: Stadtgeographie II.
Braunschweig: Westermann 2009

Statistiken zur Stadtentwicklung
UN Population Division: World Urbanization prospects (Statistiken zur Stadtentwicklung)
- https://population.un.org/wup

UN Habitat (Informationen und Statistiken zu Slums)
- www.unhabitat.org

Dossiers Megastädte
- www.bpb.de/gesellschaft/staedte/megastaedte
- www.scinexx.de/dossier-24-1.html

Globalization and World Cities Research Network (GaWC, Informationen und Statistiken zu Global Cities)
- www.lboro.ac.uk/gawc

Jakarta
www.jakarta.go.id (offiziell)
http://jakarta-tourism.go.id (Tourismus)

Singapur
www.gov.sg (offiziell)
www.yoursingapore.com (Tourismus)

Metro Manila
- www.mmda.gov.ph

Putrajaya
- www.ppj.gov.my/en

Verbindliche Operatoren

Anforderungsbereich I	Anforderungsbereich II	Anforderungsbereich III
beschreiben strukturiert und fachsprachlich angemessen Materialien vorstellen und/oder Sachverhalte darlegen	**analysieren** Materialien, Sachverhalte oder Räume beschreiben, kriterienorientiert oder aspektgeleitet erschließen und strukturiert darstellen	**begründen** komplexe Grundgedanken durch Argumente stützen und nachvollziehbare Zusammenhänge herstellen
darstellen Sachverhalte detailliert und fachsprachlich angemessen aufzeigen	**charakterisieren** Sachverhalte in ihren Eigenarten beschreiben, typische Merkmale kennzeichnen und diese dann gegebenenfalls unter einem oder mehreren bestimmten Gesichtspunkten zusammenführen	**beurteilen** den Stellenwert von Sachverhalten oder Prozessen in einem Zusammenhang bestimmen, um kriterienorientiert zu einem begründeten Sachurteil zu gelangen
gliedern einen Raum, eine Zeit oder einen Sachverhalt nach selbst gewählten oder vorgegebenen Kriterien systematisierend ordnen	**einordnen** begründet eine Position/Material zuordnen oder einen Sachverhalt begründet in einen Zusammenhang stellen	**entwickeln** zu einem Sachverhalt oder zu einer Problemstellung eine Einschätzung, ein Lösungsmodell, eine Gegenposition oder ein begründetes Lösungskonzept darlegen
wiedergeben Kenntnisse (Sachverhalte, Fachbegriffe, Daten, Fakten, Modelle) und/oder (Teil-)Aussagen mit eigenen Worten sprachlich distanziert, unkommentiert und strukturiert darstellen	**erklären** Sachverhalte so darstellen – gegebenenfalls mit Theorien und Modellen –, dass Bedingungen, Ursachen, Gesetzmäßigkeiten und/oder Funktionszusammenhänge verständlich werden	**erörtern** zu einer vorgegebenen Problemstellung eine reflektierte, abwägende Auseinandersetzung führen und zu einem begründeten Sach- und/oder Werturteil kommen
zusammenfassen Sachverhalte auf wesentliche Aspekte reduzieren und sprachlich distanziert, unkommentiert und strukturiert wiedergeben	**erläutern** Sachverhalte erklären und in ihren komplexen Beziehungen an Beispielen und/oder Theorien verdeutlichen (auf Grundlage von Kenntnissen bzw. Materialanalyse)	**Stellung nehmen** Beurteilung mit zusätzlicher Reflexion individueller, sachbezogener und/oder politischer Wertmaßstäbe, die Pluralität gewährleistet und zu einem begründeten eigenen Werturteil führt
	vergleichen Gemeinsamkeiten, Ähnlichkeiten und Unterschiede von Sachverhalten kriterienorientiert darlegen	**überprüfen** Inhalte, Sachverhalte, Vermutungen oder Hypothesen auf der Grundlage eigener Kenntnisse oder mithilfe zusätzlicher Materialien auf ihre sachliche Richtigkeit bzw. auf ihre innere Logik hin untersuchen

Glossar

ADI/Ausländische Direktinvestitionen
Kapitalanlagen im Ausland durch Erwerb von Immobilien, Gründung von Auslandsniederlassungen und Tochterunternehmen, Übernahme von ausländischen Geschäftsanteilen (z. B. Aktien) bzw. von Unternehmen sowie gezielte Reinvestitionen und Direktinvestitionen in Unternehmen.

Agglomeration
Ballungsraum, städtischer Verdichtungsraum mit hoher Wirtschaftskraft und gut ausgebauter Infrastruktur.

Agrarkonzern/Agribusiness
Schon in der Kolonialzeit betrieben bereits multinationale, vertikal integrierte (d.h. von Produktion der Agrarprodukte bis zu ihrer Verarbeitung und Vermarktung in einer Hand) Agrarkonzerne in Südostasien die Plantagen (z. B. Unilever in Indonesien, Del Monte auf den Philippinen). Später entstanden auch heimische, oft mit ausländischem (chinesischem) Kapital verflochtene Konzerne des Agribusiness.

Aquakultur (S. 52)

ASEAN
Verband Südostasiatischer Nationen (Brunei, Kambodscha, Indonesien, Laos, Malaysia, Myanmar, Philippinen, Singapur, Thailand, Vietnam). Der ASEAN trifft sich regelmäßig mit China, Japan und Südkorea (ASEAN+3).

Auslandschinesen
Zu unterscheiden sind Personen mit chinesischem Pass oder mit einem Geburtsort in China von gegebenenfalls seit Generationen im Ausland lebenden Personen chinesischer Abstammung, die in der Regel eine andere Staatsangehörigkeit besitzen, in ihrem „Gastland" mehr oder minder gut integriert sind und oftmals die chinesische Sprache nicht mehr beherrschen. UN- oder staatliche Migrationsstatistiken beziehen sich bei der Erfassung von Auslandschinesen meist auf Staatsangehörigkeit oder Geburtsort. Andere Stellen, die Angaben über die Größe von Diasporagemeinden machen, basieren auf der Selbstzurechnung von Personen (Han-)chinesischer Abkunft, sodass Angaben stark voneinander abweichen. Der Begriff Überseechinesen (von engl.: overseas chinese) wird im Deutschen zum Teil synonym zu Auslandschinesen, zum Teil für chinesischstämmige Staatsangehörige anderer Länder in Abgrenzung zu Auslandschinesen (im Ausland lebende Personen mit chinesischem Pass) verwendet.

Backpacker
Rucksackreisende, die meist selbstbestimmte Rundreisen machen.

Brandfeldbau
Landwirtschaftliche Nutzung nach Abbrennen der oberen Vegetation eines Primär- oder Sekundärwaldes (in Südostasien keine Rodung!), um die oftmals geringe Ertragsfähigkeit tropischer Böden vorübergehend auszugleichen. Der Brand erfüllt dabei einige wichtige Funktionen: Er liefert Nährstoffe in Form von Aschedünger, lockert den Boden, vernichtet Unkraut und andere Schädlinge und sorgt durch die Aschelieferung für eine deutliche Anhebung des pH-Wertes der normalerweise sehr sauren Böden. Durch die häufigen Starkregen werden die Asche und die dünne Humusauflage aber schnell fortgeschwemmt. Außerdem beginnt das Unkraut, ungehemmt zu wuchern, sodass bereits im zweiten Jahr mit deutlichen Ertragseinbußen zu rechnen ist. In den immerfeuchten Tropen beschränkt sich deshalb die Anbauphase traditionell auf nur ein Jahr.

BIP/Bruttoinlandsprodukt
Maß für die wirtschaftliche Leistung einer Volkswirtschaft, definiert als Gesamtwert aller Güter, d. h. Waren und Dienstleistungen,

die innerhalb eines Jahres innerhalb der Landesgrenzen einer Volkswirtschaft hergestellt wurden, nach Abzug aller Vorleistungen.

Bruttoregionalprodukt

Maß ähnlich dem -> BIP für die wirtschaftliche Leistung innerhalb einer regionalen Gliederungsebene (Provinz, Bundesland etc.).

Brain Drain

volkswirtschaftliche Verluste durch die Migration von hochqualifizierten Arbeitskräften (durch Verlust von Know-how und Ausbildungsinvestitionen und Schwächung der heimischen Wirtschaft und Wissenschaft).

Bumiputera

(auch Bumiputra) indigene Bevölkerung Malaysias, vor allem als Abgrenzungsbegriff zur chinesischen und indischen Bevölkerung Malaysias.

Cash Crops

für den Export angebaute Agrarprodukte.

CBD/Central Business District

City, funktionaler Kernbereich und Hauptgeschäftsbereich von Großstädten.

Cluster

räumliche Konzentration von kooperierenden Unternehmen und Institutionen (Forschungseinrichtungen, Hochschulen) innerhalb eines Wirtschaftsbereichs.

demografischer Übergang

Modellvorstellung zur Veränderung der generativen Verhaltensweisen einer menschlichen Population von der vorindustriellen Bevölkerungsentwicklung mit hohen Geburten- und Sterberaten zum industriegesellschaftlichen Verhalten mit geringen Geburten- und Sterberaten.

Dienstleistungen

Bei Dienstleistungen steht nicht die materielle Produktion im Vordergrund, sondern die in einem Zeitraum erbrachten Leistungen zur Deckung eines Bedarfs. Der Erbringer solcher Leistungen wird als Dienstleister bezeichnet. Es wird zwischen personenbezogenen Dienstleistungen, die von Privatpersonen nachgefragt werden (z. B. medizinische Dienstleistungen, Gastronomie) und unternehmensorientierten Dienstleistungen, die von Unternehmen nachgefragt werden (z. B. Sicherheitsdienste, Unternehmensberatung) unterschieden.

Diversifizierung

Maßnahmen zum Abbau einseitiger Wirtschaftsstrukturen.

Entwaldung/Deforestation

Umwandlung einer Waldfläche hin zu einer anderen Landnutzungsform (z.B. Siedlung, Straße, Landwirtschaft)

ethnische Minderheit (S. 26)

Fertilitätsrate

(zusammengefasste Fruchtbarkeitsziffer/ Total fertility rate, TFR) Die Kennzahl gibt an, wie viele Kinder eine Frau (15 bis 45 Jahre) im Laufe ihres Lebens bekommen würde, wenn die für den gegebenen Zeitpunkt maßgeblichen Fruchtbarkeitsverhältnisse der betrachteten Population als konstant angenommen werden. Das Erhaltungsniveau beträgt 2,1 Kinder je Frau.

Food Crops

landwirtschaftlich angebaute Produkte, die vornehmlich der Selbstversorgung (Subsistenzwirtschaft) dienen und lediglich in geringem Maße auf dem Markt verkauft werden.

Fragmentierung

(in der Stadtgeographie) bisher homogene Teilräume innerhalb einer Stadt lösen sich in kleinere funktionale und sozialräumliche Einheiten auf, die oft direkt aneinandergrenzen, aber voneinander abgeschottet sind (z. B. -> Gated Communities).

Freihandelsabkommen

Vertrag zur Gewährleistung des Freihandels zwischen den vertragschließenden Staaten, Verzicht auf Handelshemmnisse.

Gänseflugmodell (S. 57)

Gated Community

geschlossener Wohnkomplex mit verschiedenen Arten von Zugangsbeschränkungen.

Global City

Städte mit einer zentralen Steuerungsfunktion innerhalb der globalisierten Weltwirtschaft.

Globalisierung

Bezeichnung für die globale Durchdringung der Märkte. Sie wird vor allem bewirkt durch die zunehmende Bedeutung der internationalen Finanzmärkte, den Welthandel sowie die internationale Ausrichtung von Unternehmen und wird begünstigt durch neue Kommunikationstechniken.

Greater Mekong Subregion

länderübergreifende Kooperationsinitiative im Mekong-Flussbeckens, entstanden 1992 mit dem Start eines Entwicklungsprogramms der Asiatischen Entwicklungsbank, das die sechs asiatischen Länder Kambodscha, China (insbesondere die Provinz Yunnan und die Autonome Region Guangxi Zhuang), Laos, Myanmar (Burma), Thailand und Vietnam zusammenführte.

Grüne Revolution

Anwendung neuer landwirtschaftlicher Anbaumethoden zur Steigerung der Agrarproduktion in Entwicklungsländern ab Mitte der 1960er-Jahre. Entscheidend dafür war die Einführung neuer Hochertragssorten bei Weizen, Mais und Reis, die deutlich höhere Erträge ermöglichten, aber gleichzeitig die Verwendung größerer Mengen Wasser, Energie, Düngemittel und Pflanzenschutzmittel erforderlich machten und mit einer fortschreitenden Mechanisierung verbunden waren.

Handelsbilanz

(auch Außenhandelsbilanz, Warenbilanz oder Warenhandelsbilanz) rechnerische Gegenüberstellung aller Warenimporte (Einfuhr) und Warenexporte (Ausfuhr) einer Volkswirtschaft innerhalb eines bestimmten Zeitraums.

Hightechbranche

Wirtschaftszweig, der forschungs- und entwicklungsintensiv ist und auf modernster Technologie basiert.

Importsubstitution

Ersetzen von Importen durch Inlandsprodukte.

Index

In der Geographie und anderen Wissenschaften wird mit einem Index ein komplexes Phänomen (menschliche Entwicklung, Armut, soziale Ungleichheit, politische Teilhabe u. v. m.) gemessen und mit Zahlen dargestellt, um soziale Gruppen oder Räume (Länder, Städte etc.) miteinander zu vergleichen (Rangliste) oder Entwicklungen im Laufe der Zeit beobachten zu können. Dabei werden meist verschiedene messbare Einzelindikatoren kombiniert, um – mit einem mathematischen Verfahren – einen Wert auf einer Skala mit einem Minimal- und einem Maximalwert zu bestimmen.

indigene Bevölkerung (S. 26)

Infrastruktur

Ausstattung eines Raumes mit materiellen Einrichtungen, die die Grundlage für die Ausübung der Daseinsgrundfunktionen von Mensch und Gesellschaft bilden und wirtschaftliche und soziale Entwicklung ermöglichen (Ver- und Entsorgung, Verkehrsmittel und -wege, Kommunikationsnetze, Einrichtungen des Gesundheits- und Bildungswesens).

IT-Hub
hier Standort von Unternehmen der Informationstechnik.

Kaufkraft
Wert des Geldes, einer Währung in Bezug auf die Menge der Waren und Dienstleistungen, die dafür gekauft werden können.

Kaufkraftparität
Maßeinheit zum Vergleich verschiedener Währungen. Dies geschieht nicht über den Wechselkurs, sondern über die Kaufkraft. Diese wird über einen repräsentativen Warenkorb ermittelt.

Klimawandel
Begriff, der die Veränderungen des globalen Klimas zusammenfasst, im speziellen meint der Begriff die von Menschen verursachte globale Erwärmung seit Beginn der Industrialisierung durch Anreicherung von Treibhausgasen in der Atmosphäre.

Land Grabbing
zum Teil illigetime oder illegale Aneignung von Land meist in Entwicklungsländern, oft durch wirtschaftlich oder politisch starke Akteure aus Industrie- und Schwellenländern. Diese pachten oder kaufen große Agrarflächen, auf der vorrangig -> Cash Crops oder Energiepflanzen für den Export angebaut werden.

Leichtindustrie
Verbrauchsgüter-/Konsumgüterindustrie.

Lithosphärenplatte
Teil der Lithosphäre (äußerste Schicht des Erdmantels, Erdkruste) subkontinentaler bis kontinentaler Größe (umgangssprachlich auch Kontinentalplatte).

Logistik
Bereich der Wirtschaft, der sich mit dem Transport und der Lagerung von Gütern und den damit notwendigen Planungs- und Steuerungsvorgängen beschäftigt.

Marktwirtschaft (freie)
Wirtschaftssystem, in dem die Produktion und der Preis von Waren durch Angebot und Nachfrage geregelt werden ohne/mit geringer staatlicher Lenkung der wirtschaftlichen Prozesse. Der Staat setzt nur die Rahmenbedingungen, innerhalb derer die wettbewerbliche Koordination wirkungsvoll erfolgen kann, und stellt öffentliche Güter bereit.

Megastadt
Stadt bzw. ->Agglomeration mit mehr als zehn Millionen Einwohnern (früher 5 Mio. Ew.).

Metropole/Metropolisierung (S. 80)

Migration
Wanderung von Individuen oder Gruppen mit dem Ergebnis eines nicht nur kurzzeitigen Wohnortwechsels.

Nachhaltigkeit
Leitgedanke für eine zukunftsfähige Entwicklung in allen Lebensbereichen. Dabei sollte so gehandelt werden, dass künftigen Generationen ein intaktes ökologisches, soziales und wirtschaftliches Gefüge bleibt.

nachholende Entwicklung
Aufholprozess eines Entwicklungslandes gegenüber den Industrieländern. Wandlungsprozesse, die in Industrieländern lange Zeit in Anspruch nahmen, sollen hierbei in kurzer Zeit bewältigt werden.

Nahrungssicherheit/Ernährungssicherheit
Nahrungssicherheit ist gemäß einer Definition der Weltbank ein Zustand, bei dem die gesamte Bevölkerung eines Landes jederzeit Zugang zu der für ein aktives und gesundes Leben notwendigen Nahrung hat. Die Verfügbarkeit, der Zugang, die Nutzung und die Stabilität sind die vier Säulen der Nahrungssicherheit. Der Begriff Ernährungssicherheit, der manchmal auch synonym verwendet wird, schließt darüber hinaus in der Weltbank-Definition auch die gesundheitliche Versorgung v. a. von Frauen und Kindern und Umweltfaktoren mit ein.

ÖPNV
Öffentlicher Personennahverkehr, öffentlicher Verkehr mit Fahrzeugen des Straßen-, Schienen- und Schiffsverkehrs im Linienbetrieb.

Plantage
Kapitalintensive exportorientierte Betriebe, die auf Basis von Lohnarbeit große Flächen von oft mehreren Tausend Hektar vornehmlich mit einer mehrjährigen Dauerkultur (z. B. Zuckerrohr, Kaffee, Tee, Kautschuk Ölpalmen, Ananas) bewirtschaften und Fabriken zur Aufbereitung der Agrarprodukte unterhalten. In Südostasien gibt es daneben auch kleinere (50 bis einige 100 Hektar) Großpflanzungen ohne Aufbereitungsfabrik.

Planwirtschaft
von einer staatlichen Stelle zentral geplante Volkswirtschaft.

Plattentektonik
Modellvorstellung, nach der die Erdkruste zusammen mit der oberen Schicht des Erdmantels in unterschiedlich große und unterschiedlich mächtige Platten gegliedert ist, die durch Energie aus dem Erdinneren angetrieben werden und auseinanderdriften, zusammenprallen und aneinander vorbeischrammen können.

Polarisierung
(in der Stadtgeographie) Muster der Verteilung armer und reicher Bevölkerungsgruppen auf die einzelnen Stadtteile.

Primatstruktur
Siedlungsstruktur eines Landes, die durch das Vorhandenseins eines sehr großen städtischen Zentrums, meist die Hauptstadt, und das weitgehende Fehlen von Mittelstädten gekennzeichnet ist. Die Aktivitäten des sekundären und tertiären Sektors konzentrieren sich auf die Primatstadt.

Pro-Kopf-Einkommen
statistische Durchschnittsgröße, die das Volkseinkommen (z.B. -> Bruttoinlandsprodukt) eines Landes zu seiner Bevölkerungszahl ins Verhältnis setzt.

Produktivität
volkswirtschaftliche Kennzahl für Leistungsfähigkeit. Sie bezeichnet das Verhältnis zwischen produzierten Gütern und den dafür benötigten Produktionsfaktoren.

räumliche/regionale Disparitäten
Disparität (Ungleichheit) zwischen Räumen, ungleiche Ausstattung von Räumen mit Arbeitsplätzen, Dienstleistungen, Infrastruktur ode bezüglich sozioökonomischen und demografischen Merkmalen.

Satellitenstadt
in der Randzone einer Stadtregion gelegene Siedlung mit überwiegender Wohnfunktion („Schlafstadt").

Schwerindustrie
Eisen- und Stahlindustrie (Verhüttung von Erzen und die Weiterverarbeitung von Metallen, in weiterem Sinn auch Eisen- und Steinkohlebergbau).

Seidenstraßen-Initiative
(One Belt, One Road, Belt and Road Initiative) 2013 von China gestartetes Projekt zum Auf- und Ausbau interkontinentaler Handels- und Infrastrukturnetze (Straßen, Eisenbahnen, Häfen, Flughäfen, Pipelines, Telekommunikationsnetze etc.) zwischen der China und über 60 weiteren Ländern Afrikas, Asiens und Europas (begrifflich angelehnt an die historische Seidenstraße zwischen China und dem Mittelmeerraum). Es wird dabei zwischen einer kontinentalen und einer maritimen Seidenstraße unterschieden.

shifting cultivation
Oberbegriff für Landwechselwirtschaft (ohne Siedlungswechsel) und Wanderfeldbau (mit Siedlungswechsel); Formen tropischen Feldbaus mit Flächenwechsel.

Smart City
Sammelbegriff für gesamtheitliche Entwicklungskonzepte, die darauf abzielen, Städte effizienter, technologisch fortschrittlicher, grüner und sozial inklusiver zu gestalten.

Sonderwirtschaftszone
Gebiet innerhalb eines Staates, in dem besondere, die wirtschaftlichen Aktivitäten fördernde Regelungen (z. B. niedrige Steuern, Zölle) gelten.

soziale Disparitäten
ungleiche Lebensbedingungen von Menschen in sozialer/wirtschaftlicher Hinsicht auf regionaler, nationaler und globaler Ebene.

Stadtentwicklung
räumliche und historische, insbesondere aber auch die zukünftige Gesamtentwicklung einer Stadt. Im Unterschied zur Stadtplanung, die primär die baulich-räumliche Entwicklung einer Stadt oder deren Bereiche in einem relativ kurzen Zeithorizont lenkt, zielt Stadtentwicklung auf die langfristige Steuerung der Gesamtentwicklung einer Stadt ab. Sie umfasst neben den baulich-räumlichen Entwicklungen auch gesellschaftliche, wirtschaftliche, kulturelle und ökologische Bereiche.

Strukturwandel
Der Begriff wird vorwiegend im wirtschaftlichen Sinne verwendet und bedeutet hier, dass sich die bisherigen Beziehungen zwischen (intersektoraler Strukturwandel) bzw. innerhalb der einzelnen Wirtschaftsbranchen (intrasektoraler Strukturwandel) bzw. innerhalb einzelner Regionen (regionaler Strukturwandel) drastisch ändern.

Subduktion
Vorgang in der -> Plattentektonik, bei dem eine -> Lithosphärenplatte unter eine andere taucht und eingeschmolzen wird.

Subsistenz
Wirtschaften mit dem Ziel der Selbst- und Eigenversorgung.

Suburbanisierung
Verlagerung von Nutzungen und Bevölkerung aus der Kernstadt, dem ländlichen Raum oder anderen metropolitanen Gebieten in das städtische Umland bei gleichzeitiger Reorganisation der Verteilung von Nutzungen und Bevölkerung in der gesamten Fläche des metropolitanen Raums.

Staudamm/Talsperre
Eine Talsperre ist eine Stauanlage, die in einem Tal durch Bau eines Staudamms (eine Aufschüttung von Kies, Schotter, Erde etc.) oder einer Staumauer (aus Stein, Beton etc.) einen Fluss aufstaut. Häufig wird im Deutschen Staudamm auch als Synonym für Talsperre (engl.: dam) verwendet.

Tigerstaat
Bezeichnung für die sich wirtschaftlich schnell entwickelnden Staaten Südkorea, Republik China (Taiwan) und Singapur sowie die chinesische Sonderverwaltungszone Hongkong (in den 1980er-Jahren geprägt). Gelegentlich spricht man von den in ihrer wirtschaftlichen Entwicklung nachfolgenden Staaten Thailand, Malaysia sowie Indonesien, Philippinen und Vietnam als Tigerstaaten der zweiten/dritten Generation oder als Pantherstaaten.

Transformation
Umwandlung, z.B. Wechsel der politischen Grundordnung und meist auch der gesellschaftlichen und wirtschaftlichen Ordnung.

urban fringe
dünner besiedelte verstädterte Umland- oder Vorortzone, die baulich weitgehend mit der Stadt verbunden ist.

verarbeitendes Gewerbe
Bezeichnung für alle Industriebetriebe, die Rohstoffe und Zwischenprodukte weiterverarbeiten und dabei auch Endprodukte erzeugen. Zum Wirtschaftsbereich der verarbeitenden Industrie zählt das Grundstoff- und Produktionsgütergewerbe, das Investitionsgüter produzierende Gewerbe, das Verbrauchsgüter produzierende Gewerbe sowie das Nahrungs- und Genussmittelgewerbe. In der Wirtschaftsstatistik ist das verarbeitende Gewerbe der wichtigste Bereich des produzierenden Gewerbes.

Verstädterungsgrad
Anteil der Stadtbevölkerung an der Gesamtbevölkerung.

Verstädterungsrate
Veränderung des Anteils der Stadtbevölkerung an der Gesamtbevölkerung pro Jahr, also prozentuale Veränderung des -> Verstädterungsgrads.

Wissensökonomie
nachindustrielle Wirtschaftsform und -struktur, in der Wissen die zentrale Ressource bildet.

Bildnachweis